—05.98—

—05.98—

Verbrannt
bis zur Unkenntlichkeit

INHALT

VERBRANNT

BIS ZUR
UNKENNTLICHKEIT

DIE ZERSTÖRUNG
DRESDENS 1945

DZA VERLAG
für Kultur
und Wissenschaft

**Begleitbuch zur Ausstellung
im Stadtmuseum Dresden
Februar bis Juni 1995**

ISBN 3-9804226-0-7

Herausgegeben von der Landeshauptstadt Dresden,
Stadtmuseum Dresden, Direktor Matthias Griebel
01067 Dresden, Wilsdruffer Straße 2

© DZA Verlag für Kultur und Wissenschaft, 1994
Alle Rechte, insbesondere der Reproduktion und der Verbreitung durch
Print- und elektronische Medien, vorbehalten.
Gestaltung: Dietmar Kunz
Redaktionsschluß: 21. 11. 1994
Gesamtherstellung: Druckerei zu Altenburg GmbH

ZUM GELEIT

Dresden – die in aller Welt gerühmte Kunststadt, deren Schönheit seit vielen Generationen in Wort und Bild gepriesen wurde – verbrannte im Feuersturm der furchtbaren Bombennacht vom 13. zum 14. Februar 1945 bis zur Unkenntlichkeit. Wohl kaum ein anderes Ereignis in der Geschichte der sächsischen Landeshauptstadt gefährdete so nachhaltig ihren Fortbestand wie die Zerstörung vor nunmehr 50 Jahren.

Nur die ältere Generation erinnert sich noch an die Jahre in Dresden, als das Kriegsgeschehen noch fern der Stadt war und Aufmärsche oder sonntägliche Platzkonzerte den Schmerz über erste Gefallenenmeldungen übertönen sollten. Viele hatten damals hoffend Legenden und Gerüchte aufgegriffen, Dresden bliebe eine unzerstörte Stadt. Doch der Luftkrieg brach mit allen seinen Schrecken auch über die bis dahin fast unversehrte Stadt herein. Ein grauenvoller Bombenhagel löschte unzählige Menschenleben aus und verwandelte die berühmte und vielgepriesene Kunst- und Kulturstadt in eine apokalyptische Ruinenlandschaft.

Erst heute, 50 Jahre nach dem schrecklichen Geschehen, heilen langsam die tiefen Wunden. Dennoch wird vieles unwiederbringlich verloren bleiben.
Das vorliegende Buch des Stadtmuseums, das auf bisher nicht erschlossenen authentischen Bild- und Textdokumenten beruht, ist mehr als ein Erinnern an die Schrecken jener Nacht im Februar 1945. Für die Überlebenden werden grauenvolle Bilder wach, die Nachgeborenen werden voller Betroffenheit über das Geschehene nachdenken – alle aber werden gemahnt, den Frieden zu bewahren.

Dresden teilt sein Schicksal mit vielen Städten, deren lange Reihe von London, Rotterdam, Coventry, Warschau, Leningrad und Stalingrad bis Köln, Magdeburg und Hamburg reicht. Mit vielen dieser einst im Krieg so schwer verwundeten Städte ist Dresden heute in guter Partnerschaft verbunden. Sie alle eint der Wunsch nach Verständigung, Versöhnung und sinnvoller Zusammenarbeit.

Nun endlich da sich das Gesicht unserer Stadt Tag für Tag verändert, Altes rekonstruiert wird und Neues entsteht, gewinnt das Antlitz unserer Elbestadt auch zunehmend den Zauber seiner alten Schönheit zurück. Visionen von einem blühenden Elbflorenz werden wahr in einer Stadt, die sich der Vergangenheit und Gegenwart gleichermaßen verpflichtet fühlt.

Herbert Wagner

Dr. Herbert Wagner
Oberbürgermeister der Landeshauptstadt Dresden

ZUM KRIEGSALLTAG IN DRESDEN 1939 BIS 1945

Heidrun Reim

Für den größten Teil der heutigen Bevölkerung ist der Zweite Weltkrieg nicht mehr bewußt erlebte Vergangenheit.

Über militärische Operationen und die Widerstandsbewegungen wurden in den zurückliegenden Jahren vielfältige Publikationen veröffentlicht. Weitaus weniger ist vom Alltagsleben der Menschen in jener Zeit bekannt. Manch einer wird sich fragen: kann eigentlich die Generation, welche den Krieg nur aus Geschichtsbüchern kennt, den Alltag im Krieg noch nachvollziehen? Sicher ist das heute nur anhand der Auswertung archivalischer Quellen und der Befragung von Zeitzeugen möglich.

Die Aussagen werden in hohem Maße subjektiv geprägt sein, da die Menschen das Leben im Krieg unterschiedlich wahrgenommen haben. Die Ursachen dafür liegen in der sozialen Stellung, dem Lebensalter und zufälligen Konstellationen begründet. Mit diesem Beitrag soll begonnen werden, die Alltagsprobleme der Dresdner Bürger darzustellen, ohne den Anspruch auf Vollständigkeit zu erheben.

Als am 1. September 1939 Hitlerdeutschland mit dem Einmarsch in Polen den Zweiten Weltkrieg entfesselte, waren Jahre der intensiven Vorbereitung auf diesen Krieg vorausgegangen. Die entscheidende Weichenstellung erfolgte bereits am 30. Januar 1933, als das nationalsozialistische Regime an die Macht kam. Auch in Dresden, der bedeutenden Kunst-, Kultur- und Touristenstadt, setzten sich die neuen Machtverhältnisse rasch durch. Alle bedeutenden Ämter wurden mit Nationalsozialisten besetzt und die Mehrzahl der Bürger Dresdens arrangierte sich mit dem neuen Regime.

Am 1. Februar 1933 paradierten Stahlhelm und SA vor dem Dresdner Rathaus gemeinsam für Hitler und Hindenburg. Bereits im Oktober 1933 fand eine erste Luftschutzübung in Dresden statt. Die Rüstungsproduktion wurde wie

im gesamten Reich forciert. Zu den wichtigsten Rüstungsbetrieben in Dresden gehörte das Sachsenwerk Niedersedlitz und das Zeiß-Ikon-Werk in Striesen.

Wesentlicher Bestandteil der Kriegsvorbereitungen war die Beeinflussung des Denkens der Menschen durch die nationalsozialistische Propaganda. So begann das Deutsche Hygiene-Museum 1933 mit Einführungskursen in »Rassenkunde und Rassenpflege« für Lehrer. Zur Durchsetzung der neuen Ideologie mußten die Lehrenden überzeugte Regimeanhänger sein, um die Kinder zu getreuen Gefolgschaftern erziehen zu können. Mit propagandistischen Großveranstaltungen, wie der Reichstheaterwoche 1934, zu der Hitler nach Dresden gekommen war, mit Fackelzügen und sonntäglichen Platzkonzerten versuchten die neuen Machthaber, Masseneinfluß zu gewinnen. Mit Berufsverbot, Entlassungen, Gewalt und Terror wurde gegen jene vorgegangen, die sich dem nazistischen Gedankengut widersetzten oder die nicht in das Konzept dieses Systems paßten.

Von Anfang an setzte eine beispiellose Verfolgung der jüdischen Bürger Dresdens ein, die schließlich zum Brand der von Semper erbauten Synagoge in der Nacht vom 9. zum 10. November 1938 führte. Waren es Hilflosigkeit, Gleichgültigkeit oder gar Zustimmung, daß es soweit kommen konnte?

Wie überall in Deutschland so hatte auch die Dresdner Bevölkerung nicht an einen tatsächlichen Kriegsbeginn geglaubt. Man verließ sich auf die Beteuerungen der Nationalsozialisten, die die Erhaltung eines ewigen Friedens propagierten. Da begann der Polenfeldzug.

Die Mehrzahl der Bürger Dresdens spürte den Krieg anfangs nur wenig. Die Ehemänner, Väter und Söhne mußten zwar in den Krieg ziehen, aber die Gefallenenmeldungen hielten sich in Grenzen. ›Der‹ Freiheitskampf‹ druckte am 2. September 1939 die »Führerrede im Wortlaut: Rascher Vormarsch unserer Truppen, Deutsche Luftwaffe beherrscht den polnischen Luftraum – zahlreiche gegnerische Flugplätze zerstört –«. Von nun an konnten die Men-

Seite 6:
Postplatz/Ecke Wallstraße
Kurt Schaarschuch/Fotoarchiv Stadtmuseum

Die Schloßstraße zur Reichstheaterwoche 1934
aus: Sachsen umjubelt den Führer
Ein Bildbericht über den ersten Staatsbesuch Adolf Hitlers anläßlich der
Reichs-Theaterfestwoche vom 27. bis 30. Mai 1934
Bibliothek Stadtmuseum

schen täglich in den Sondermeldungen und Zeitungen den siegreichen Vormarsch der Wehrmacht verfolgen. Noch spielte sich der Krieg in fremden Ländern ab, gab es keine ausgebrannten Ruinen auf deutschem Boden.

Die ersten Einschränkungen im täglichen Leben, verordnet durch gesetzliche Bestimmungen, waren für die Menschen noch nicht so gravierend. An das Verbot des Abhörens ausländischer Sender hatte man sich gewöhnt, auch an das Erstellen der Ahnentafel bei Heirat, an Verdunkelungen, an Rationierungen, an die Organisation der Jungen und Mädchen in Hitlerjugend (HJ) und Bund deutscher Mädel (BdM), an Pflichtjahr und Reichsarbeitsdienst, an Ferntrauungen, an Mutterkreuze für Frauen mit einer großen Kinderschar, an die Eintopfsonntage, an den simplen Aufdruck »Schweigen, nicht schwätzen! Der Feind hört mit!« und daran, daß kulturelle Einrichtungen ge-

schlossen wurden. Bereits vier Tage vor Kriegsbeginn konnte die Gemäldegalerie aus »Sicherheitsgründen« nicht mehr besucht werden.[1] Diese Maßnahme berührte die Menschen wenig, da sie mit Ausbruch des Krieges andere Probleme hatten. Die Skulpturensammlung und das Historische Museum schlossen wegen der Schwächung des Personalbestandes durch Einberufung zur Wehrmacht erst am 15. 1. 1942 und das Grüne Gewölbe am 15. 6. 1942.[2]

Ab April 1941 durften keine öffentlichen ›Tanzlustbarkeiten‹ mehr stattfinden, wer aber die Zerstreuung suchte, fand sie bei Kino- und Varietévorstellungen. Theater, Oper und Konzerte konnten noch wie gewohnt besucht werden.

Mit Ausbruch des Krieges wurde die bereits seit 1933 an Spenden und Sammlungen gewöhnte Bevölkerung auch noch auf die Unterstützung der Wirtschaft im Krieg orientiert. Man forderte von ihr weitere Opfergänge, die alle Seiten ihres Lebens erfaßten. Fester Bestandteil im täglichen Leben waren Sammlungen für das ›1. Kriegswinterhilfswerk‹ zur Aufbesserung der Kriegskasse. Das galt als Pflichterfüllung gegenüber der ›Volksgemeinschaft‹. Im September 1939 berichtete die Zeitung ›Dresdner Nachrichten‹ stolz über die erfolgreiche ›Reichsstraßensammlung‹ unter der Überschrift »Mit Musik und Büchsenklang ins Kriegswinterhilfswerk«. Auch Sammlungen von Sachspenden waren an der Tagesordnung. So befand sich z. B. ein großes Kleiderlager in der Landhausstraße 7/9.[3] Junge Frauen und Mädchen, die ihr Pflichtjahr zu leisten hatten, brachten die Kleidungsstücke in Nähstuben in Ordnung. Nicht jeder Minderbemittelte wollte sich mit solchen aufgearbeiteten Kleidungsstücken zufriedengeben. Dazu bemerkte das Wohlfahrtsamt kritisch, »solange während der Kriegswirtschaft im Bezugsscheinverfahren von jedem Volksgenossen verlangt wird, daß er abgetragene und schäbig gewordene Kleidungsstücke noch aufträgt, ... müssen das die Minderbemittelten erst recht tun.«[4]

Mit der ›Reichsmetall-Spende‹ forderte man von der Bevölkerung im Frühjahr 1940 einen weiteren Beitrag für den ›Sieg‹.

Im harten Winter 1941/42 begann die Wollsachensammlug für die Soldaten im Osten. Die Menschen spendeten bereitwillig, da auch ihre Angehörigen zumeist betroffen waren. Die Zeitungen werteten die Sammlung als »ein überwältigendes Bekenntnis der Verbundenheit mit der kämpfenden Front«.

Auch die Ausgabestelle Landhausstraße stellte geeignete Kleidung zur Verfügung, z. B. »1 pelzgefütterte Weste, 20 Paar gewalkte Strumpfstulpen, 100 Stück Pullover und Strickjacken und eine größere Anzahl selbstgefertigter Fausthandschuhe aus Tuchresten.«[5]

In den Nähstuben fehlte es an Arbeitskräften. Zur »Stärkung des Arbeitswillens« bekamen die Pflichtarbeiterinnen zu Weihnachten 1942 eine einmalige Unterstützung von 10 Reichsmark und jede Vorarbeiterin 15 Reichsmark.[6] Es arbeiteten sogar Frauen bis ins hohe Alter von 80 Jahren.[7]

Der Konzentration aller Kräfte auf das Frontgeschehen diente auch das Gesetz über Ferntrauungen vom 4. November 1939. Der im Heeresdienst Stehende mußte dazu seine vollständigen Unterlagen, den Ahnenpaß und die Verpflichtung ›reinrassig‹ zu sein, seinem Kommandeur überreichen, der alle weiteren Angelegenheiten regelte. Ende November 1939 stand Dresden mit 5 Ferntrauungen an der Spitze der sächsischen Städte.[8] Die Zahl stieg während des Krieges weiter an und führte dazu, daß viele Frauen ihren Ehemann nie gesehen hatten.

Die Bevölkerung hatte sich an viele Sparmaßnahmen zu gewöhnen. Durch die Einziehung der Fahrzeuge für militärische Zwecke fiel der individuelle Kraftverkehr, der sich in den dreißiger Jahren stark entwickelt hatte, zunehmend weg. Der Kraftomnibusverkehr in der Stadt wurde teilweise stillgelegt. Die Bürger mußten die Straßenbahn nutzen, was für viele längere Wege- und Wartezeiten bedeutete. Mit der Einberufung erfahrener Fachkräfte des städtischen Nahverkehrs zur Wehrmacht mußten die entstandenen Lücken kurzfristig durch den Einsatz von Hilfskräften geschlossen werden. Auch hier übernahmen die Frauen die Tätigkeiten der Männer: im Fahrbereich, in der Verwaltung und auch in den Fabriken. In ausgewählten Bereichen wurden dienstverpflichtete ausländische Arbeitskräfte, insbesondere Norweger und Tschechen, eingesetzt.[9]

Sollten noch in den dreißiger Jahren großangelegte Parteibauten am neugeplanten Adolf-Hitler-Platz vor dem Hygiene-Museum entstehen, so mußten diese Planungen aufgrund des Mangels an Arbeitskräften und Baumaterialien zurückgestellt werden. Auch andere NS-Prestigeobjekte, wie die Schaffung des Mutterplatzes am Hygiene-Museum, wurden von den Sparmaßnahmen betroffen. Trotz der sich bereits abzeichnenden kriegsbedingten Mangelerscheinungen hielt man im Glauben an einen raschen Sieg an dem Erlaß des Führers und Reichskanzlers Adolf Hitler vom 17. 2. 1939 über städtebauliche Maßnahmen der Stadt Dresden fest. So hieß es u. a. »Vom Rathausplatz wird eine breite Aufmarschstraße nach dem auf den Güntzwiesen geplanten monumentalen Forum der Partei führen ….«[10] Mit der Ausweitung des Kriegsgeschehens 1941 wurden einschneidende Einschränkungen in allen Bauausführungen wirksam. Die Richtlinie über behelfsmäßige Kriegsbauweise vom 2. 7. 1941 ging von dem Grundsatz aus »alles so einfach wie möglich« zu bauen.[11] Ziel war es, wie es im Göring-Er-

Platzkonzert der Wehrmacht auf dem Altmarkt am 6. 7. 1940
Kurt Schaarschuch, Fotoarchiv Stadtmuseum

laß vom 20. 6. 1941 hieß, daß diese Behelfsbauten in der Regel den Krieg überdauern sollen. Der ›Dresdner Anzeiger‹ vom 19. November 1941 verkündete »Behelfsbauten müssen genügen«. Für den Wohnungsbau bedeutete dies beispielsweise den Verzicht auf die Verkachelung von Treppenhäusern, das Anbringen bildnerischen und architektonischen Schmuckes und das Verputzen.

Die Zeitung ›Der Freiheitskampf‹ vom 8. April 1942 meldete, daß alle Erlasse für Bauvorhaben mit Ausnahmegenehmigungen zum 15. April aufgehoben und durch die Anordnung vom 17. März des Jahres ersetzt werden. »Das gesamte Bauschaffen muß danach in den nächsten Monaten auf ein Mindestmaß beschränkt werden, um der Rüstung die notwendigen Arbeitskräfte zuzuführen, die Ernährungslage zu sichern und die Schwierigkeiten zu verringern. Es können nur die wichtigsten Bauten weitergeführt werden.« Aus einem Artikel des Dresdner Jahrbuches von 1942 geht hervor, daß die großangelegten Parteibauten bis nach dem Krieg zurückzustellen sind. Die für die 629 713 Einwohner der Stadt immer offensichtlicher werdenden Einschränkungen und das rigorose Durchsetzen zentraler Erlasse und Verordnungen sind auf's Engste mit der Person des Oberbürgermeisters Nieland verbunden, der am 5. 2. 1940 das bisherige Stadtoberhaupt Zörner ablöste. Die Amtseinführung des Oberbürgermeisters nahm der Reichsstatthalter und Gauleiter Mutschmann persönlich vor.

Der Überfall auf die Sowjetunion am 21. Juni 1941 brachte auch für die Dresdner Bürger einen spürbaren Einschnitt ins Alltagsleben. Der Krieg traf immer häufiger die eigene Familie, Freunde, Nachbarn und Bekannte. Die Traueranzeigen für die ›Gefallenen‹ mehrten sich.

Mit der Verkündung des ›totalen Krieges‹ durch den Reichspropagandaminister Goebbels im Februar 1943 traten verschärfte Maßnahmen nach innen in Kraft, die die Bevölkerung unmittelbar und direkt betrafen. So durfte z. B. nach einer Regelung vom 1. September 1943 Eisen für Öfen, Herde, Gaskocher, Ausgußbecken und Klosetteinrichtungen nur noch gegen Bezugsscheine bzw. Eisenmarken ausgegeben werden.[12] Die Eisenmarken waren ein Äquivalent für gesammelten Schrott.

Schon zu Beginn des Krieges galt die Errichtung von Kindertagesstätten als wichtige genehmigte Baumaßnahme, um die Kinder von den Frauen zu betreuen, die in der kriegswirtschaftlichen Produktion eingesetzt wurden.[13]

Großes Augenmerk galt dem zivilen Luftschutz. Bereits 1936 gab es Anweisungen an die Angestellten der städtischen Dienststellen, daß bei Fliegeralarm die Sammelschutzräume in den städtischen Gebäuden Landhausstraße 7/9 aufzusuchen sind.[14] Die Luftschutzübungen in den öffentlichen Einrichtungen wurden jedoch 1938 noch nicht ernst genommen. Die Bevölkerung erhielt Merkzettel und Broschüren zum »Selbstschutz« bei eventuellen Luftangriffen.

Mit Beginn des Krieges wurden auch Angriffe auf deutsche Städte angenommen. Die Stadt Dresden bildete dabei keine Ausnahme. Die Dresdner Familien hatten Vorkehrungen zu treffen, um sich vor Bombenabwürfen zu schützen. In den Häusern wurde Vorsorge zur Verdunkelung getroffen, wurden Luftschutzkeller eingerichtet und der Hausrat listenmäßig erfaßt. Ab dem 28./29. August 1940, als zum ersten Mal in Dresden die Sirenen heulten, wurden Fliegeralarme zu gewohnten Ereignissen. Am 8. Mai 1941 schickte das Stadtwohlfahrtsamt an die Nachlaßverwaltungsstelle einen Beschluß: »Da Fliegerangriffe auf Dresden nicht ausgeschlossen sind, muß damit gerechnet werden, daß Familien, die durch Vernichtung der Wohnungen ihren Hausrat eingebüßt haben, wieder mit dem notwendigsten Hausrat auszustatten sind.«[15] Auf der Königsbrücker Straße 117 wurde daraufhin ein Lager eingerichtet. In diesem mußte für 50 Familien Hausrat zusammengestellt werden, bestehend aus je 2 Betten mit je einer Steppdecke und Bettwäsche, einem 2-teiligen Kleiderschrank, 1 Tisch mit 4 Stühlen, 1 Küchenschrank, 1 Küchentisch und 2 Stühle, 1 Bank, Küchengeschirr, 1 Aufwaschfaß usw.[16]

Dazu bediente man sich oft der frei gewordenen Hausratsposten von Juden. Die noch zu Beginn des Krieges in Dresden lebenden etwa 1000 Juden wurden vom öffentlichen Leben ausgeschlossen und, sofern nicht deportiert, in sogenannten ›Judenhäusern‹ in der Zeughausstraße Nr. 1 und Nr. 3 isoliert. Ein erster Judentransport ging am 21. Januar 1942 von Dresden nach Riga. Weitere Transporte folgten 1942 nach Theresienstadt. Das Oberfinanzpräsidium Dresden, Devrientstraße, wickelte für die ›ausgesiedelten‹ Juden die Vermögenswerte und den Hausrat ab. Die Vertreter des Stadtwohlfahrtsamtes und der Nationalsozialistischen Volkswohlfahrt (NSV) legten nach Besichtigung des Hausrates dessen Verwendungszweck fest. Sie berücksichtigten vorrangig die Forderungen des Oberfinanzpräsidiums, geeignetes Inventar wie Klaviere, Teppiche, Schreibtische, Bücherschränke zur Ausstattung der Finanzschulen zu verwenden. Runde Tische und Sessel dienten der Ausstattung von Offizierskasinos.[17] Die NSV-Kreisamtleitung benötigte den Hausrat zur Versorgung der Umsiedler und Rückwanderer, die Nachlaßverwertungsstelle zur Bereitstellung von 100 Hausratposten für Luftkriegsgeschädigte.

Am 19. Oktober 1942 konnte das Stadtwohlfahrtsamt die vollständige Zusammenstellung von Hausrat für 100 Familien melden. Dieser lagerte in den vier großen Lagerräumen Königsbrücker Straße 117, Löbtauer Straße 70, Chemnitzer Straße 4a und Blumenstraße 88.

Die Erfahrungen der bereits bombardierten Städte Deutschlands zeigten, daß der in Dresden bereitgestellte Hausrat für 100 Familien bei weitem nicht ausreichend war. So sollte nun mindestens Hausrat und Kleidung für 300 Familien zusammengestellt werden. Wieder war der Hausrat von Juden fester Bestandteil der Planungen, z. B. die Wohnungseinrichtungen aus 50 Wohnungen von Juden, die in der Kriegswirtschaft arbeiten mußten und in Baracken untergebracht wurden.

Die Behörden von Dresden hatten 1943 darüberhinaus auch damit zu tun, weitere Hausratbestände aus den bombardierten Städten des Rheinlandes und aus Norddeutschland zu übernehmen. Da die inzwischen geschaffenen 8 Lagerräume nicht mehr ausreichten, mußte nach Einlagerungsmöglichkeiten auf dem Land (Säle in Gasthöfen, Vereinszimmer, Garagen usw.) gesucht werden.

Sollte es zur Bombardierung Dresdens kommen, so war vorgesehen, die obdachlos Gewordenen in Dresdner Altersrentnerheimen behelfsmäßig unterzubringen. Eine beklemmende Angst unter der Bevölkerung machte sich vor allem nach der verheerenden Angriffswoche Ende Juli/Anfang August 1943 gegen Hamburg breit. Viele Dresdner suchten Schutz bei Verwandten und Bekannten auf dem Land. Am 4. Dezember 1943 erfolgte ein verheerender Angriff auf Leipzig. Die ›Ausreisewilligen‹ müssen recht zahlreich gewesen sein, denn die Versorgung der Dresdner auch an den neuen Wohnorten war Verhandlungsgegenstand der städtischen Ämter. Das Ernährungsamt regelte mit einer Dienstanweisung vom 11. Dezember 1943 alle Unklarheiten. Nicht jedem Bürger wurde gestattet, Dresden ohne Genehmigung zu verlassen. Nur die Bürger, die nicht in der Rüstungsindustrie bzw. in anderen wichtigen Bereichen wie z. B. Luftschutz eingesetzt wurden, besaßen eine relative Bewegungsfreiheit. Im April 1944 mußten berufstätige Männer und Frauen innerhalb eines Monats mehrmals zum Luftschutzdienst zur Verfügung stehen.

1. männliche Jugendliche von 15 Jahren bis zu 4 mal
2. männliche Jugendliche von 16 bis 18 Jahren bis zu 8 mal
3. Männer über 18 Jahre bis zu 10 mal
4. Frauen über 18 Jahre bis zu 8 mal
5. Frauen mit einem oder zwei Kindern unter 14 Jahren sowie weiblichen Jugendlichen zwischen 15 und 18 Jahren bis zu 4 mal

Viele Menschen taten bereitwillig alles für den ›Sieg‹, aber auch Unmut machte sich breit und man sehnte sich nach baldigem Frieden.

Nach dem gescheiterten Attentat auf Hitler fand am nächsten Tag, dem 21. Juli 1944, »unter dem Jubel zehntausender Dresdner«, wie die örtliche Presse berichtete, eine »Treuekundgebung für den Führer« statt. Angesichts dieser Zahl könnte man meinen, daß noch ein großer Teil der Dresdner Bevölkerung an den ›Endsieg‹ Hitlers glaubte.

Mit dem Erlaß Hitlers über den ›totalen Kriegseinsatz‹ vom 25. Juli 1944 wurden noch einmal alle bestehenden Maßnahmen verschärft. Das führte u. a. zu einer Überprüfung des gesamten Staatsapparates, einschließlich Reichsbahn, Reichspost und aller öffentlichen Anstalten, Einrichtungen und Betriebe mit dem Ziel, durch einen restlosen rationellen Einsatz von Menschen und Mitteln, durch Stillegung oder Einschränkung minder kriegswichtiger Aufgaben alle Kräfte für die Wehrmacht und Rüstung freizusetzen. Auch für die Bediensteten der Stadt Dresden galt nun die Sechzigstundenwoche. Oberbürgermeister Nieland ordnete weiterhin an, daß alle Beamten und Angestellten so lange zu arbeiten haben, bis sämtliche Dienstgeschäfte erledigt wären.[18] In den Betrieben mußten die Arbeiter, zumeist Arbeiterinnen, bis zu 72 Stunden arbeiten um die Front schnellstens mit Kriegswichtigem zu beliefern.

Am 31. August 1944 schlossen auch die Theater. Die Semper-Oper gab ihre letzte Vorstellung mit Webers ›Freischütz‹ und das Schauspielhaus mit Goethes ›Iphigenie‹.[19] Die Schauspieler, Sänger und Dichter wurden in die Rüstungsindustrie zwangsverpflichtet.[20] Die Kinos spielten weiterhin zur Kriegsablenkung meist harmlos-amüsante Unterhaltungsfilme. Auch die Varietés boten bis zuletzt Unterhaltung. Am Abend des 13. Februar 1945 gab der Zirkus Sarrasani seine letzte Vorstellung.[21]

Hitler versuchte noch ein letztes Mal, alle Kräfte für den ›Endsieg‹ zu mobilisieren. Mit dem Erlaß über die Bildung des ›Volkssturmes‹ vom 18. Oktober 1944 wurden alle Männer, die vorher als ausgemustert galten oder angesichts ihres jungen Alters noch nicht einberufen worden waren, zu einem letzten Aufgebot zusammengestellt. Viele Dresdner Männer traf dieses Schicksal. Roger Rössing, ein 15jähriger Dresdner Junge, erhielt noch am 27.1.1945 die Aufforderung, sich beim Nachwuchsoffizier zur Beratung einzufinden.[22]

Bis zum 7. Oktober 1944 war Dresden unzerstört geblieben. Die in der Stadt verbliebenen Menschen oder jene, die aus bombengeschädigten Städten hier ein einstweiliges Zuhause gefunden hatten, hofften angesichts des nahenden Kriegsendes darauf, daß Dresden nicht zerstört werde. Diese Hoffnungen sollten sich als trügerisch erweisen.

Leben mit Rationierungen

Fast jeder, der sich an die Kriegsjahre erinnert, denkt dabei an Lebensmittelkarten, an Sonderzuteilungen und an Lebensnotwendiges, das es galt, durch ein aufwendiges Rationierungssystem zu verteilen. Die Rationierung der Lebensmittel war in Dresden und ganz Deutschland anfangs relativ großzügig und gut vorbereitet.

Ernährungsmißstände, wie sie im Ersten Weltkrieg geherrscht hatten, traten nicht auf. Man hatte aus den Pannen gelernt und bereits ab 1933 die kriegsernährungswirtschaftliche Organisation aufgebaut und ab 1934 jährliche Kriegsernährungspläne ausgearbeitet. Die Kriegsernährungswirtschaft war somit ein Gebiet, das sehr sorgfältig vorbereitet war.

Am 27. August 1939 erfolgte mit der »Verordnung zur vorläufigen Sicherstellung des lebenswichtigen Bedarfs des deutschen Volkes« die Verbrauchsrationierung, zunächst für Fleisch, Fette, Zucker, Textilien, Schuhe und Lederwaren, Kohle sowie Erzeugnisse, die diese Grundstoffe enthielten (wie z. B. fetthaltige Seifen usw.). Vier Wochen später, am 25. September, wurde die Rationierung auch auf Brot und Eier ausgedehnt und die im wesentlichen bis Kriegsende bestehen gebliebene Form der

Lebensmittelkarte eingeführt. Weitere sechs Wochen später, am 16. November 1939, folgte die Kleiderkarte, um die Textilbewirtschaftung unter Kontrolle zu halten. Die straffe Organisation der ›Bewirtschaftung‹ und die rücksichtslosen Strafen bei Zuwiderhandlungen gegen diese ›Verbrauchsregelung‹ hatten die staatliche Verwaltung der Ressourcen bis zum Ende des Krieges recht gut funktionieren lassen. Entscheidend war dabei auch, daß Deutschland schon bald nach Kriegsbeginn auf Zwangslieferungen aus den Besatzungsgebieten zurückgreifen konnte.

Durch die Tagespresse bekam die Dresdner Bevölkerung genaue Informationen über die Handhabung des Bezugscheinsystems. Die Zeitung ›Dresdner Nachrichten‹ veröffentlichte am 23. September 1939 unter der Überschrift »Lieber bescheidenere, dafür gesicherte Rationen« einen Wegweiser durch das neue Lebensmittelkartensystem. Es gab eine Mindestzuteilung für den ›Normalverbraucher‹ und zwei Zusatzstufen für den ›Schwer- und Schwerstarbeiter‹.[23]

Zweifellos wurden damit zugleich Anreize für die Arbeit in der kriegswichtigen Industrie geschaffen.

Pro Woche erhielten beispielsweise:

Gramm	Normal-verbraucher	Schwer-arbeiter	Schwerst-arbeiter
Brot	2 400,00	3 800,00	4 800,00
Fleisch	500,00	1 000,00	1 200,00
Butter	80,00	80,00	80,00
Margarine	125,00	187,50	250,00
Käse	62,50	62,50	62,50

Für jeden war Magermilch frei erhältlich. Vollmilch gab es allerdings nur für Kinder und werdende Mütter. Ein Austausch der rationierten Lebensmittel untereinander war nicht möglich; sie wurden, wie auf den Lebensmittelkarten ausgewiesen, bereitgestellt. Juden waren vom Bezug von Schwer- und Schwerstarbeiter-Lebensmittelkarten ausgeschlossen. Hatten sie bereits Sonderkarten erhalten, so mußten sie diese wieder zurückgeben.[24]

Die Bevölkerung wurde ständig ermahnt, strengste Sparsamkeit mit Produkten walten zu lassen. In der Zeitung erschienen für die Dresdner Hausfrau Rezeptvorschläge über »zeitgemäße Kochkunst«.

Die Menschen mußten mit einer Fülle von bürokratischen Sonderregelungen fertig werden. So gab es Reisemarken für den Urlaub, besondere Zuteilungen für stillende Mütter und kranke und gebrechliche Personen. Auch Soldaten erhielten, wenn sie auf Heimaturlaub in Dresden weilten, ein Merkblatt, das über den Umgang mit Lebensmittelkarten informierte.

Die Lebensmittelkarten mußten in den Geschäften angemeldet werden. Auf Grundlage der Anmeldungen bestellte der Geschäftsinhaber die Waren. Ab 23. Oktober 1939 wurde aus der bisherigen ›Lebensmittelkarte‹ die ›Nährmittelkarte‹.[25] Diese war nicht mehr mit einem Aufdruck der Mengenangabe versehen. Sie hatte lediglich für die Behörden den Vorteil, bei ständigen Veränderungen der bereitgestellten Nahrungsmittel variabel einsetzbar zu sein. Zusätzlich gab es eine Reihe von Sonderzuteilungen, z. B. bei Familienfeiern von »besonderer Bedeutung« (Hochzeiten, Kindtaufen u. a.) bis zu 12 Personen.[26] Sonderzuteilungen erhielten auch Werkküchen kriegswichtiger Industriebetriebe und Kinder und Jugendliche, die als Blutspender registriert waren. Letztere erhielten zusätzlich Fleisch und Nährmittel.

Diese Regelungen galten jedoch nicht für die jüdische Bevölkerung. Ab der 42. Zuteilungswoche (19. Oktober 1942) erhielten die Juden keine Weizenerzeugnisse (Kuchen, Weißbrot, Weizengebäck) mehr. Sie waren auch bei der Vergabe von Lebensmitteln ständig und überall Diskriminierungen ausgesetzt und durften nur in bestimmten Geschäften einkaufen. Die Karten wurden sogar mit dem Überdruck »Jude« gekennzeichnet.

Da bis 1942 neben einer Reihe von Sondergenehmigungen noch verschiedene Nahrungsmittel frei erhältlich waren, kann davon ausgegangen werden, daß sich die Ernährung der Dresdner Bevölkerung bis 1942 kaum nennenswert verschlechterte.

Ab dem Jahr 1943 gab es schrittweise weitere Einschränkungen. Die Ämter der Stadtbezirke verfügten strengste Vorschriften über die Aufbewahrung und Ausgabe von Lebensmittelnachweisen. Über jegliche Differenzen mußte täglich eine schriftliche Meldung an den Dienststellenleiter des Ernährungsamtes erstattet werden.[27]

Infolge allgemeiner Fleischkürzungen ab 31. Mai 1943 wurden auf der Reichskarte für Urlauber die Fleischabschnitte ersatzlos entwertet. Auch bei der Kartoffelversorgung traten erste spürbare Schwierigkeiten auf. Die Ausgabe mußte auf die dringlichsten Notfälle beschränkt werden. Im November des gleichen Jahres führte der Engpaß an Kartoffeln dazu, ersatzweise Brot abzugeben.

Zur Sicherung der Versorgung bestand für landwirtschaftliche Kleinbetriebe eine Ablieferungspflicht an Naturalien. So mußten z. B. Geflügelhalter in der Zeit vom 1. Oktober 1942 bis zum 30. September 1943 je Henne oder Ente mindestens 60 Eier abgeben. Die Kleinerzeuger waren ver-

Blumenmarkt auf dem Altmarkt
14. September 1940
Kurt Schaarschuch, Fotoarchiv Stadtmuseum

kaufen.[29] Marmelade wurde durch Rübensaft und Kunsthonig ersetzt.

Die Weihnachtszuteilungen von 125 g Süßigkeiten und 500 g Äpfeln im Jahre 1944 bekamen nur noch Kinder und Jugendliche bis zur Vollendung des 18. Lebensjahres. Familien erhielten eine einmalige Sonderzuteilung von Fleisch und Eiern.

Wie an die Lebensmittelrationierung, so hatten sich die Bürger Dresdens auch an eine ganze Reihe anderer Einschränkungen und Maßnahmen zu gewöhnen. Hausbrandkohle, Spinnstoffwaren und Leder gab es z. B. auch auf Bezugsschein. Bis 1941 wurde ein ungeheurer bürokratischer Aufwand mit einer Fülle von Genehmigungen betrieben. Später gab es Spinnstoff- und Schuhwaren nur noch auf besonderen Antrag, wenn ein Bedarf nachgewiesen werden konnte.

Schon zu Beginn des Krieges war die Bevölkerung in der Tagespresse zu größter Sparsamkeit angehalten und über neueste Ersatzprodukte aufgeklärt worden. Unter der Überschrift »Reizende Holzschuhmodelle für den Winter« informierte die Dresdener Zeitung am 16. 9. 1940 über eine Schuhmesse im Austellungspalast. Dort wurde auch der neueste Glasschuh vorgestellt.

Unter der Überschrift »Schont die Fahrräder!« hatte jeder Bürger auf die Schonung der Bereifung zu achten. Es war in keiner Weise zu rechtfertigen, wenn Kinder und Jugendliche »nutz- und planlos« mit dem Fahrrad fuhren. Auch kürzere Fahrten zur Schule sollten unterbleiben.[30]

In den Akten finden sich immer wieder Hinweise auf die Verknappung bestimmter Waren, besonders des Leders.

1942 wurde eine Anordnung erlassen, die den Verkauf des knapp gewordenen Schulmaterials (Hefte, Farbkästen, Pinsel, Radiergummi) regelte.[31] Auch der Bezug von Brennspiritus für den Unterricht in Physik und Chemie bedurfte der Genehmigung.

Mit dem totalen Kriegseinsatz wurden auch die Beschäftigten der städtischen Verwaltung zur Einsparung von Papier und Strom aufgerufen. Eine ähnliche Situation des Mangels zeichnete sich bei fast allen Waren des täglichen Bedarfs ab, zunehmend, je länger der Krieg dauerte.

pflichtet, ein Eierbuch zu führen. Die Mitarbeiter der Stadtbezirke hatten festzustellen, welche Einwände wegen dieser neuen verschärften Bestimmungen von den Erzeugern geltend gemacht wurden.

Obwohl sich die Versorgungssituation zunehmend verschlechterte, wurde auf weihnachtliche Sonderzuteilungen nicht verzichtet. Zur Hebung der Kampfmoral der »geschundenen Soldaten« bekamen diejenigen, die in »vorderster Linie im Kampf gegen den Feind« eingesetzt waren, ein »Führergeschenk«. Das war ein Lebensmittelpaket oder eine Lebensmittelkarte mit der Bezeichnung »Führergeschenk für Fronturlauber« sowie 10 Reichsmark zum Einkauf von Lebensmitteln.[28]

Noch drastischer verschärfte sich die Versorgungslage im Jahre 1944 mit der sich abzeichnenden Niederlage Deutschlands. Die Kriegsdauer und der Kriegsverlauf hatten die Reserven an lebenswichtigen Gütern aufgebraucht.

Ab August erschienen fast täglich neue Dienstordnungen über Einsparungen, die das Leben der Bürger immer mehr einschränkten. Oft mußte auf Ersatzprodukte zurückgegriffen werden. Für das Sammeln von einem Kilogramm Bucheckern gab es im Geschäft 200 Gramm Margarine zu

Schulalltag

Das gesamte Schulsystem war während des Dritten Reiches nach dem Willen des NS-Regimes mit nationalsozialistischem Gedankengut durchzogen.

Hitler bemerkte: »Der völkische Staat hat … seine gesamte Erziehungsarbeit in erster Linie nicht auf das

Marktstand
14. September 1940
Kurt Schaarschuch, Fotoarchiv Stadtmuseum

forderung der Wehrmacht Schulräume, Schulgeräte und dergleichen zu überlassen sind. In Abhängigkeit von besonderen Verhältnissen hatte der Schulleiter zu entscheiden, ob der Unterricht weitergeführt werden konnte oder ob die Schüler zu beurlauben waren.[34] Im Dezember 1939 waren bereits 4 Schulen zur Unterbringung von Volksdeutschen aus dem Osten freigelenkt worden.

Aus den Akten des Dresdner Schulamtes und insbesondere aus einer Schulchronik der 40. Volksschule, die sich auf der Cottbuser Straße 34 im Stadtteil Trachau befand, ist ersichtlich, daß das Schulleben bis Ende 1942 in geregelten Bahnen verlief. Wie es sich vollzog, das schildert der Dresdner Schüler H. Grohmann aus der 5. Klasse in einem Hausaufsatz aus dem Jahre 1940:

»Wie kann ich als deutscher Junge dem Vaterlande dienen?

Der jetzige Krieg fordert von uns alle Kräfte für den gemeinschaftlichen Sieg. Es kämpft nicht nur die Front, sondern auch die gesamte Heimat. Wenn die Heimat versagt, hat die Front keinen Stützpunkt mehr und muß zusammenbrechen, wie es 1918 geschah. Deshalb hat sich jeder Deutsche, ob alt oder jung, für sein Vaterland im verstärkten Maße einzusetzen.

Auch wir können und müssen uns für unser Vaterland einsetzen. In der Schule helfen wir schon durch Knochensammlung an dem Vierjahresplan mit. Dieser will unser Vaterland wirtschaftlich unabhängig von anderen Staaten, besonders von den Feindstaaten, machen. Wir können jetzt auch durch die Schule sparen. Dadurch nützen wir unserer Schule und helfen auch dem Staate, daß er die riesige Rüstung, die ein so großes Volk braucht, überhaupt zustande bringen kann. Zum Anfang des Krieges war in unserer Schule, wie in allen anderen deutschen Schulen, der Luftschutzwachdienst eingeführt. Wir konnten dadurch unsere Schule retten, wenn ein Fliegerangriff auf unsere Stadt durchgeführt worden wäre. In W.H.W. Veranstaltungen können wir für unsere armen Volksgenossen Geld sammeln, das wir dann zur Weiterverteilung der N.S.V. übergeben.

Aber nicht nur in der Schule, sondern auch im Elternhaus können wir dem Vaterlande dienen. Im Luftschutz werden die meisten von uns sicher als Melder tätig sein. Aber wenn aus einer Familie der Vater eingezogen ist, so ist es unsere Pflicht, der Mutter zu helfen. Wir können Besorgungen machen u.s.w. Die Knappheit an Lieferwagen und Arbeitskräften erfordert es auch, daß wir selbst die Kohlen vom Händler holen. Wir müssen auch dafür sorgen, daß Küchenabfälle in den Erntehilfswerk-Eimer geschüttet werden und nicht in die Aschengrube. Indem wir alte Fahrradreifen abgeben, helfen wir, daß Rohstoffgummi eingespart wird. Wenn einer einen Garten

Einpumpen bloßen Wissens einzustellen, sondern auf das Heranzüchten kerngesunder Körper.«[32]

Für die Beeinflussung der Kinder wurde geschickt und zielgerichtet deren Spieltrieb genutzt. Spielzeug und Bilderbücher dienten vielfach der militärischen Erziehung. Mit vielen Gesellschaftsspielen, wie z. B. »Bomben auf Engelland« konnte der Krieg im Wohnzimmer nachvollzogen werden.

Die Lesebücher der Schüler hatten vielfach Themen des Alltages im Dritten Reich zum Inhalt wie z. B. »Der Führer kommt«, die »Winterhilfe« u. a. Analogen Themen waren die Mehrzahl der Schüleraufsätze gewidmet. Der Biologieunterricht mit dem Gebiet ›Rassenkunde‹ entwickelte sich zu einem wichtigen Unterrichtsfach.

Seit 1939 waren die Jugendlichen gesetzlich zum Dienst in den NS-Organisationen ›Hitlerjugend‹ und ›Bund deutscher Mädel‹ verpflichtet. Die Lehrer hatten auf Schüler, die Ämter in diesen Organisationen begleiteten, Rücksicht zu nehmen.[33] Von den Auswirkungen des Krieges blieb auch das Schulsystem nicht verschont. Lehrer wurden z. B. zur Front abkommandiert und Schulen zusammengelegt. Diese allgemeine Entwicklung war auch für Dresdner Schulen charakteristisch.

In einem vertraulichen Schreiben vom 27. August 1939 wurde vom Stadtamt für Volksbildung verfügt, daß auf Anhat, so kann er statt Blumen einmal Gemüse oder etwas anderes für die Ernährung wichtiges anbauen.

Am meisten helfen wir dem Vaterlande in der H. J. Bei der Altmetallsammlung gehen wir von Haus zu Haus und lassen uns von allen Haushaltungen Silberpapier, leere Tuben und Flaschenhüllen geben. Neuerdings ist auch die Sammlung von Säcken angeordnet. Durch Straßensammlungen und Abzeichenverkauf helfen wir der N.S.V. Einige von uns übernehmen auch Postdienst, Luftschutzdienst, Feuerwehrdienst und Verkaufsdienst. Durch Austragen von Zetteln und Anbringen von Plakaten leisten wir der NSDAP wertvolle Hilfe. Auch durch Dienst in Lazaretten und Kasernen helfen wir aus, wo die eigentliche Arbeitskraft eingezogen ist.

So können wir unserem Vaterlande in der Kriegszeit in der Schule, im Elternhaus und in der H. J. dienen. Überall, wo Arbeitskräfte fehlen, müssen wir einspringen, um zum gemeinschaftlichen Siege an der Front und in der Heimat zu verhelfen. Das tun wir auch gern.«[35]

Bei den Lehrern der 40. Volksschule gab es im Jahre 1941 die ersten Opfer. Die Lehrer, die nicht an der Front kämpften, leisteten ihren Kriegsdienst beim Luftschutz. Schüler und Schülerinnen erhielten eine Ausbildung als Sanitäts- und Feuerwehrhelfer.

Ab 1942 wurden auch Schulen von den kriegsbedingten Sparmaßnahmen immer stärker betroffen. So gab es beispielsweise Schulhefte nur gegen Bescheinigung der Schule. Ab dem 17. 8. 1942 sogar nur noch gegen Vorlage von Heftmarken, die von der Schule ausgegeben wurden. Das betraf auch andere Schulartikel, wie z. B. Zeichenblöcke, Radiergummi und Farbe. Das Kontingent an Turnschuhen wurde aus kriegswirtschaftlichen Gründen nicht erhöht.

Im Jahre 1942 erhielten die Lehrer 3 Wochen Urlaub, die vor dem 1. 4. 1888 geborenen 4 Wochen. In der übrigen Ferienzeit hatten sie in den städtischen und staatlichen Ämtern, in der Industrie und in der Landwirtschaft ihren Kriegseinsatz zu leisten. Bei Bedarf wurden auch Schüler in der lebensmittelverarbeitenden Industrie eingesetzt. Aus den städtischen und staatlichen höheren Schulen waren in den Sommerferien etwa 100 Sechzehn- bis Achtzehnjährige »im Interesse der Heeresverpflegung und Volksernährung« bei der Firma Gebrüder Lommatzsch (Gurkenkonserven- und Sauerkohlfabrik) auf der Bautzner Straße 13 sowie in der Zweigfabrik Leipziger Straße 27/29 beschäftigt.[36] In der Woche vom 7.–12. 9. 1942 arbeiteten zwei Oberklassen der 40. Volksschule in der Konservenfabrik Essig-Kühne am Moritzburger Platz. Von 7–13 Uhr schälten die Mädchen Gurken, schabten sie aus, schnitten und putzten Gemüse. Während der Weihnachtsferien hat-

Autobushaltestelle an der Seestraße
14. September 1940
Kurt Schaarschuch, Fotoarchiv Stadtmuseum

ten die Lehrer wieder im Wirtschaftsamt, im Ministerium, bei Parteidienststellen und in der Heereswaschanstalt ihren Dienst zu leisten.

Die Erträge der Schulgärten waren als fester Bestandteil der Volksversorgung eingeplant. In den Kriegsjahren baute man in diesen vor allem Gemüse und Kartoffeln an. Dem Stadtamt für Volksbildung mußten die Ernteerträge schriftlich gemeldet werden. Versäumnisse wurden sogar angemahnt.[37]

Die Weihnachtsferien begannen in der 40. Volksschule bereits am 15. Dezember, um Kohlen und Strom zu sparen. Eine Zusammenlegung mit der 56. Volksschule war aus gleichen Gründen mit Beginn der Heizperiode erfolgt. Das führte zu einer Reduzierung der Unterrichtsstunden. Damit war es möglich, alle Klassen an den Vormittagen zu unterrichten.

Die Familien der Schüler wurden im Winter 1942/43 mit der sich abzeichnenden Niederlage der 6. deutschen Armee in Stalingrad immer öfter von Trauerfällen betroffen, da besonders viele Soldaten aus dem Dresdner Raum dort kämpften. Nach der Kapitulation der Armee in Stalingrad wurde für viele Schüler zur Gewißheit, daß sie Vater oder Bruder verloren hatten.

Im Jahre 1943 gestaltete sich die Durchführung des Unterrichts immer schwieriger, da weitere Schulen für kriegswichtige Zwecke genutzt wurden.

Die Oberbürgermeister verschiedener sächsischer Städte erhielten am 12. Juli 1943 einen geheimen Auftrag von dem Reichsstatthalter Mutschmann, die Aufnahme von Schulen und kompletten Klassen aus den Luftkriegsgebieten Deutschlands in ihrem Amtsbereich zu organisieren.[38]

Die Erhaltung der Schulen und ihrer Klassen waren erklärtes Ziel, um eine ordnungsgemäße Betreuung der Schüler durch ihnen bekannte Lehrkräfte sowie die HJ zu gewährleisten. Die dazu notwendigen Pläne waren bis zum 31. Juli zu erarbeiten. In dem vorgelegten Plan der Stadt Dresden wurde auf die kritische Situation an den Dresdner Schulen hingewiesen. Man stellte fest, daß noch weitere Schulen nicht nur als Durchgangslazarette für die Wehrmacht, sondern auch zur Einrichtung städtischer Hilfskrankenhäuser für Kranke und Bombengeschädigte aus Westdeutschland bereitgestellt werden müßten. Weiterhin war mit einer Doppelbelegung der Schulen mit Dresdner Kindern und mit Kindern aus bombardierten Gebieten zu rechnen. Viele Dresdner Schulen waren bereits überbelegt, das betraf vor allem die Schulen in der Neustadt. Verschärft wurde die Situation noch durch den Einschulungszuwachs aus geburtenstarken Jahrgängen, der zu einem stetigen Ansteigen des Schulraumbedarfs seit 1941 führte. Waren es bis 1940 jährlich 5500 Einschulungen, so kamen 1943 8500–9000 Kinder zur Schule. Bei einer Klassendurchschnittszahl von 35–40 Schülern hatte das zur Folge, daß jährlich 100 bis 120 Klassen mehr gebildet werden mußten.

Die Einhaltung des am 4.1.1943 erlassenen Gesetzes zum »Schutz der Schuljugend«, sich bei öffentlicher Luft-Warnung in die Schutzräume zu begeben, war durch Erhöhung der Schülerzahlen nicht mehr gewährleistet. Die Kapazität der Schutzräume reichte nicht für alle Kinder, da oft Rettungsstellen eingebaut waren und dadurch die gesamten Keller- und ein Teil der Erdgeschoßräume für Luftschutzzwecke verloren gingen. 1943 waren die Schulen in Dresden wie folgt belegt:

5 mit Wehrmacht
6 als Lazarett
1 mit Polizei
5 mit Aufnahmelagern (3 Volksdeutsche, 1 KLV-Lager, 1 Lager für Entladekommandos der Reichsbahn)
1 als städtisches Hilfskrankenhaus

In weiteren 24 Schulen befanden sich Rettungsstellen, in 11 Bau- und Störtrupps der Drewag zur Bekämpfung von

Zeitungsstand auf dem Postplatz
14. September 1940
Kurt Schaarschuch, Fotoarchiv Stadtmuseum

Großschäden nach Fliegerangriffen, in 5 Schulen Bereitschaften der Luftschutzpolizei, in 24 Schulen Kindergärten, Kinderhorte, Kindertagesstätten, Hilfskinderheime. Darüberhinaus waren in vielen Schulen Lager für die Sammelstellen der Obdachlosen und des Luftschutzes eingerichtet worden. In ihnen befanden sich u.a. eine größere Anzahl von Betten (100 und mehr), Filterkisten für Gasmasken und Gasbettchen.[39] 25 der Dresdner Schulen waren bereits zweischichtig vor- und nachmittags voll belegt.

Im August meldeten die Schulen an das Stadtamt Klassenstärken bis zu 50 Schülern, da aus bombengeschädigten Städten die Kinder aufgenommen werden mußten, wie z. B. aus Bremen und Hamburg. Zur Durchführung des Unterrichts wurden Lehrkräfte aus Hamburg angefordert. Deren Einsatz war jedoch von der Bereitstellung nicht vorhandenen Wohnraumes abhängig. Die Verlegung der Bremer Schulen nach Sachsen erfolgte im Rahmen der ›erweiterten Kinderlandverschickung‹, die seit Herbst 1940 aufgrund eines besonderen Auftrages Hitlers durchgeführt wurde. Aus Sicherheitsgründen fuhren diese Schüler aus dem Norden auch während der Weihnachtsferien nicht nach Hause. Sie fertigten Spielzeug und Weihnachtsbaumschmuck. Die Älteren beteiligten sich am Weihnachtskriegseinsatz der HJ wie Posthelferdienst und dergleichen. Aufgrund der angespannten Situation in den Dresdner Schulen sollte davon Abstand genommen werden, weitere Kinder und Schulklassen in die Stadt zu schicken.

Bis Ende des Jahres 1943 dachte man noch nicht an eine organisierte Evakuierung der Dresdner Schüler. Dennoch versuchten viele Eltern, ihre Kinder zu den Verwandten auf das Land zu schicken. Im März des Jahres 1944 wurde an eine Umquartierung der Kinder aus den besonders feuergefährdeten Stadtgebieten Dresdens seitens der Behörden gedacht.

Das betraf vor allem Schüler aus der Innenstadt. Sofern sie nicht im Randgebiet Dresdens einquartiert werden konnten, sollten sie aufs Land geschickt werden. Diese Aktion entwickelte sich zu einem ernsthaften Problem. Die Resonanz der Verschickung außerhalb der Familiensphäre war gering. Viele Eltern waren nicht gewillt, sich von ihren Kindern zu trennen.

Die Einstellung der Eltern zur Verschickung der Kinder änderte sich erst, als am 24. August 1944 der Angriff auf die Stadt Freital erfolgt war. Ein Teil der Eltern war nun bereit, ihre Kinder zu fremden Pflegeeltern aufs Land zu geben. Viele der bereits ausquartierten Kinder kehrten aus den unterschiedlichsten Gründen wieder nach Hause zurück. Zum einen war es Heimweh, zum anderen mußten die Pflegemütter infolge des totalen Kriegseinsatzes nun arbeiten gehen und konnten sich nicht mehr der Betreuung der ihnen anvertrauten Kinder widmen.

Die großangelegte Evakuierungsaktion der Dresdner Schüler vom 6.9.1944 wurde aus nicht bekannten Gründen am 15.9.1944 rückgängig gemacht. Die noch funktionsfähigen Schulen waren nicht mehr in der Lage, alle Dresdner Schüler ordnungsgemäß zu unterrichten. In dieser Situation sollten noch Schüler aus Ostpreußen und dem Rheinland aufgenommen werden. Die Festlegungen, Dresdner Kinder einerseits zu verschicken und andererseits Kinder aus anderen Städten nach Dresden zu holen, stieß bei den Eltern auf Unverständnis. Sie selbst waren viel zu sehr durch die Ereignisse verunsichert.

Diese Situation blieb mit zeitbedingten Abweichungen im Verlauf der folgenden Kriegsereignisse für den Schulalltag in Dresden bestimmend. Dann kam der Oktoberangriff auf Dresden – und bald danach der 13. Februar 1945.

Anmerkungen

1 Seydewitz, Max: Die Dresdner Kunstschätze, Dresden 1960, S. 142
2 a. a. O., S. 144
3 Stadtarchiv Dresden, Fürsorgeamt, Nähstuben 502, Januar 1939 bis August 1946, 18. Jan. 1939
4 a. a. O.
5 Stadtarchiv Dresden, Fürsorgeamt, Luftschutz 753, 3. Jan. 1942
6 Stadtarchiv Dresden, Fürsorgeamt, Nähstuben 502, 9. Dez. 1942
7 Stadtarchiv Dresden, Fürsorgeamt, Nähstuben 502, 24. 4. 1943
8 Dresdner Nachrichten, 29. Nov. 1939
9 Kreschnak, Werner: Geschichte der Straßenbahn, Berlin 1979, S. 96 ff
10 Dresdner Jahrbuch 1940, Dresden, S. 22
11 Stadtarchiv Dresden, Baupolizeiamt 1080, Bd. 1, Sept. 1941 – Dez. 1942, Richtlinien über behelfsmäßige Kriegsbauweise vom 2. 7. 1941
12 a. a. O., S. 57
13 Stadtarchiv Dresden, Fürsorgeamt, Einwilligung der Reichsstelle zur Warenbeschaffung der Bekleidungsstelle 450, 31. 12. 39
14 Stadtarchiv Dresden, Fürsorgeamt, Luftschutz Nov. 1935 – Juni 1944 753, 7. Jan. 1936
15 Stadtarchiv Dresden, Fürsorgeamt, Fliegerschaden 486, Bereitgestellter Hausrat Mai 1941 – Juni 1945
16 a. a. O., 31. Jan. 1942
17 Stadtarchiv Dresden, Fürsorgeamt, Fliegerschäden 486, Bereitgestellter Hausrat Mai 1941 – Juni 1945
18 Stadtarchiv Dresden, Ernährungsamt Dienstanweisungen Sign. 8, Rundschreiben Ernährungs- und Wirtschaftamt 6. 9. 1944
19 Der Freiheitskampf, 1. Sept. 1944
20 Der Freiheitskampf, 2./3./4./8./11. Sept. 1944
21 Ernst Günther: Dresdner Varieté in: Sächsische Zeitung, 1./2. 8. 1992
22 Privatdokumente Roger Rössing, Leipzig
23 Dresdner Nachrichten, 23. Sept. 1939, Nr. 447
24 Stadtarchiv Dresden, Ernährungsamt, Dienstanweisungen Sign. 1, Nr. 27, 7. Nov. 1939
25 Stadtarchiv Dresden, Ernährungsamt, Dienstanweisungen Sign. 2, Bd. I
26 Stadtarchiv Dresden, Ernährungsamt, Dienstanweisung Nr. 333, 15. Sept. 1942, Sign. 3, Bd. II
27 Stadtarchiv Dresden, Ernährungsamt, Dienstanweisung Nr. 413, 22. April 1943, Sign. 4, Bd. III
28 Stadtarchiv Dresden, Ernährungsamt, Dienstanweisung Nr. 481, 14. Okt. 1943, Sign. 5, Bd. IV
29 Stadtarchiv Dresden, Ernährungsamt, Dienstanweisung Nr. 623, 26. Okt. 1944, Sign. 7, Bd. VIII
30 Der Freiheitskampf Nr. 11, 17. 1. 1943
31 Stadtarchiv Dresden, Verordnungen allgemein 1550, 29. Aug. 1942
32 Hitler, Adolf: Mein Kampf, München 1942, S. 452
33 10–14jährige Jungen – Jungvolk
    10–14jährige Mädchen – Jungmädeln
    14–18jährige Jungen – HJ
    14–18jährige Mädchen – BdM
    18–21jährige Mädchen konnten in das BdM-Werk »Glaube und Schönheit« eintreten
    18jährige Jungen wurden zum Wehr- bzw. Kriegsdienst herangezogen
34 Stadtarchiv Dresden, Schulamt 1525, Bd. I, Verwendung von Schulräumen für die Wehrmacht
35 Schulaufsatzheft, Schriftgutsammlung Stadtmuseum Dresden, 42/4
36 Stadtarchiv Dresden, Schulchronik 1560
37 Stadtarchiv Dresden, Verordnungen allgemein 1550
38 Stadtarchiv Dresden, Schulamt 1542, Beschulung von Kindern aus Luftkriegsgebieten 1943–1944
39 a. a. O.

Landser auf Heimaturlaub
8. Mai 1940
Kurt Schaarschuch,
Fotoarchiv Stadt-
museum

**Soldatenheim Sidonien-
straße**
12. September 1941
Kurt Schaarschuch,
Fotoarchiv Stadtmuseum

**Merkblatt für Urlauber
und Dienstreisende im
Standort Dresden**
Soldaten, die auf Urlaub
kamen, wurden mit die-
sem Merkblatt auf ihre
Pflichten hingewiesen –
vom vorschrifts-
mäßigen Tragen der
Uniform über Ehren-
bezeigungen bis hin zu
verbotenen Lokalen.
Privatbesitz, Leipzig

M/0369

Merkblatt
für Urlauber und Dienstreisende im Standort Dresden

Wehrmachtkommandantur: Dresden A 1, Taschenbergpalais 3 (Nähe Postplatz)
Ruf: 52371, Urlauberstelle App. 5597

1. Allgemeines. Die Leistungen der deutschen Soldaten aller Wehrmachtteile an den Fronten sind unvergleichbar und fordern daher bei jedem Wehrmachtangehörigen in der Heimat die selbstverständliche Pflicht, sich dessen in der Öffentlichkeit stets bewußt zu sein und die Ehre und das Ansehen der Wehrmacht durch straffste Disziplin zu wahren. Gerade in Kriegszeiten ist die Aufrechterhaltung straffer Disziplin von besonderem Wert, ist jedem anständigen Soldaten eine zwingende Selbstverständlichkeit. Heeres- und Standortstreifen überwachen das Verhalten aller Soldaten.

Jeder Soldat hat stets Soldbuch und Erkennungsmarke (Urlauber auch den Urlaubsschein, Dienstreisende den Sonderausweis, Kommandos — insbesondere Transportkommandos — auch den Fahr- bzw. Marschbefehl) bei sich zu führen. Auf keinen Fall dürfen diese Ausweispapiere im abgelegten Mantel in der Kleiderablage oder im Gepäck im Quartier oder in der Gepäckaufbewahrung steckenbleiben.

An den Zapfenstreich sind Erholungsurlauber nicht gebunden. Inhaber von Dienstreiseausweisen hingegen sind den Bestimmungen über Zapfenstreich unterworfen, soweit sie nicht im Zusammenhang mit ihrem Auftrag noch nach Zapfenstreich unterwegs sein müssen. Bei sonstigen Beurlaubungen (auch Wochenendurlaub) muß ausdrücklich vom Disziplinarvorgesetzten auf der Rückseite des Urlaubsscheines Nachturlaub bis zum Wecken genehmigt sein. Eine Nachholung dieser Genehmigung bei der Wehrmachtkommandantur Dresden ist ausgeschlossen.

Die Truppenunterscheidungszeichen sind auch von den Urlaubern der Feldtruppe in der Heimat offen zu tragen.

Der Soldat ist Waffenträger und trägt unbedingt eine Seitenwaffe oder führt einen Ausweis seines Einheitsführers bei sich, daß ihm das Ausgehen ohne Seitengewehr gestattet ist. Tragen Uffz. und Mannschaften Pistole außerhalb des Dienstes, so müssen auch sie die Genehmigung des Einheitsführers hierzu bei sich tragen. Für Ost- und Südosturlauber wurde befohlen (HVBl. 42, Ziff. 35, LVBl. 42, Ziff. 171), daß die Pistole im Heimatgebiet unbedingt abzulegen ist. Die Meldestellen der Wehrmachtkommandantur werden beim Fehlen des Seitengewehres einen entsprechenden Vermerk auf dem Urlaubsschein usw. anbringen.

2. Meldepflicht. Jeder nach Dresden beurlaubte Wehrmachtangehörige (außer Wochenendurlauber) hat sich innerhalb 48 Stunden auf der Wehrmachtkommandantur Dresden oder bei einer der beiden Nebenstellen (Wache Hauptbahnhof oder Wache Neustädter Bahnhof) in Uniform zu melden (gilt nicht für Offz., Wehrmachtbeamte i. O.).

Jeder in Dresden bis zu 3 Tagen auf Dienstreise befindliche Wehrmachtangehörige hat sich sofort auf der Wehrmachtkommandantur Dresden oder einer der Nebenstellen zu melden. Dienstreisende, die sich länger als 3 Tage in Dresden aufhalten, melden sich nur auf der Wehrmachtkommandantur.

3. Lebensmittelkarten und Kontrollkarten für den Einkauf von Tabakwaren. Urlauber aus dem Heimatkriegsgebiet erhalten bei einer Beurlaubung bis zu 3 Tagen (also auch alle Wochenendurlauber) Lebensmittelkarten vom beurlaubenden Truppenteil, vom 4. Tage ab gegen Vorzeigen des Urlaubsscheines beim Ernährungsamt des Urlaubsortes, in Dresden bei der Wehrmachtkommandantur oder beim zuständigen Stadtbezirk, vorausgesetzt, daß sie sich vorher bei einer der 2 genannten Meldestellen gemeldet haben und der Anmeldestempel auf dem Urlaubsschein angebracht ist. Kontrollausweise für den Einkauf von Tabakwaren erhalten diese Urlauber nur, da sie im Besitz einer Kontrollkarte M sind.

Dienstreisende aus dem Heimatkriegsgebiet erhalten vor Antritt der Reise für die gesamte Dauer der Dienstreise einschließlich Rückreise Lebensmittelkarten von ihrer absendenden Dienststelle. Sie sind durch ihre Dienststelle im Besitz einer Kontrollkarte M.

Urlauber von außerhalb des Heimatkriegsgebietes, aus dem Protektorat Böhmen und Mähren sowie von schwimmenden Einheiten der Kriegsmarine erhalten Lebensmittelkarten und einen Kontrollausweis zum Einkauf von Tabakwaren für die Dauer des Urlaubes gegen Vorzeigen des Urlaubsscheines bei dem zuständigen Stadtbezirk, vorausgesetzt, daß sie sich vorher auf einer der unter 2 genannten Meldestellen gemeldet haben und der Urlaubsschein den Anmeldestempel trägt.

Seid vorsichtig in Gesprächen –
Denkt daran *Der Feind hört mit!*

18

Hochzeitsgesellschaft vor der Matthäuskirche Friedrichstraße
um 1936
Sächsische Landesbibliothek, Abteilung Deutsche Fotothek Dresden, Arch.-Nr. 41883

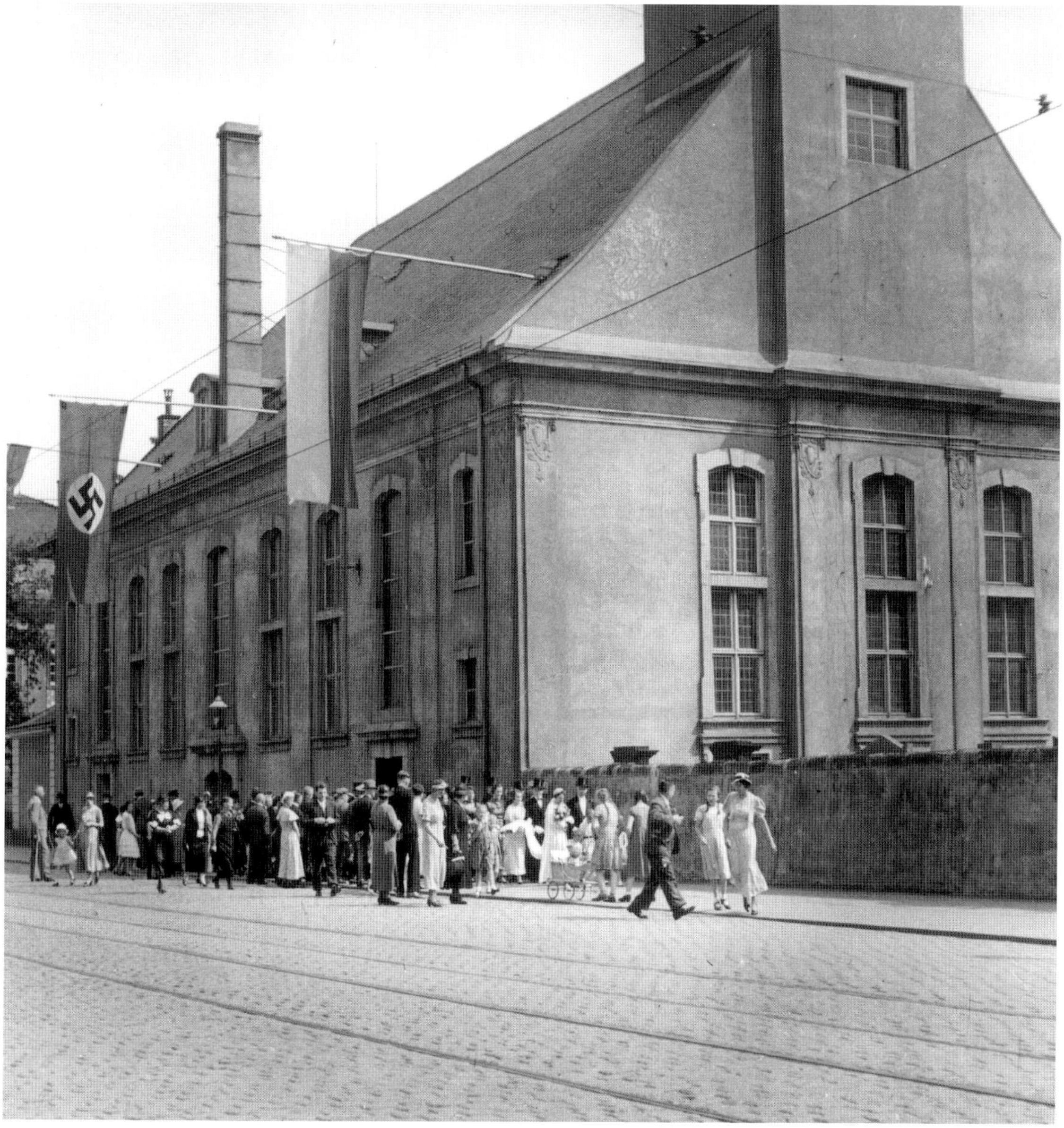

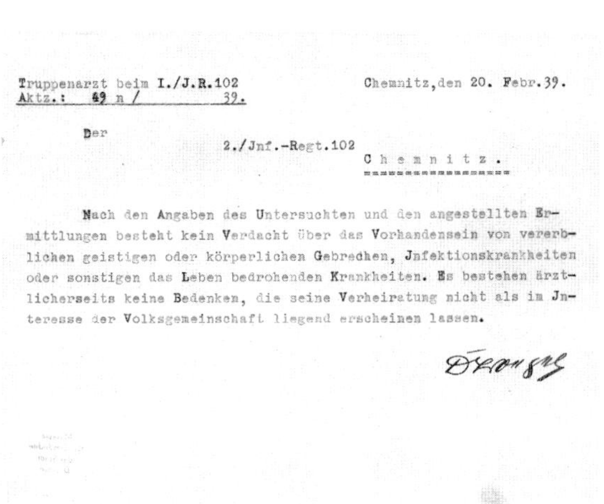

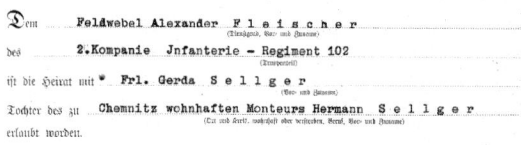

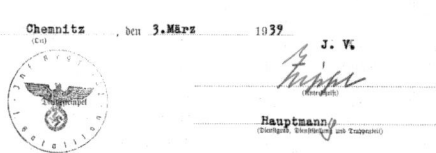

Truppenarzt beim I./J.R.102 Chemnitz,den 20. Febr.39.
Aktz.: 49 n / 39.

Der
2./Jnf.-Regt.102
C h e m n i t z .

Nach den Angaben des Untersuchten und den angestellten Ermittlungen besteht kein Verdacht über das Vorhandensein von vererblichen geistigen oder körperlichen Gebrechen, Jnfektionskrankheiten oder sonstigen das Leben bedrohenden Krankheiten. Es bestehen ärztlicherseits keine Bedenken, die seine Verheiratung nicht als im Jnteresse der Volksgemeinschaft liegend erscheinen lassen.

Heiratserlaubnisschein.

Dem Feldwebel Alexander F l e i s c h e r
(Dienstgrad, Vor- und Zuname)
des 2.Kompanie Jnfanterie - Regiment 102
(Truppenteil)
ist die Heirat mit Frl. Gerda S e l l g e r
(Vor- und Zuname)
Tochter des zu Chemnitz wohnhaften Monteurs Hermann S e l l g e r
(Ort und Kreis, wohnhaft oder verstorben, Beruf, Vor- und Zuname)
erlaubt worden.

Chemnitz, den 3.März 1939
(Ort)
J. V.
(Unterschrift)
Hauptmann
(Dienstgrad, Dienststellung und Truppenteil)

Gesundheitszeugnis für Eheschließung
1939
Vor der Schließung einer Ehe sollten sich die Paare vergewissern, ob sie die Voraussetzungen in gesundheitlicher und rassischer Hinsicht erfüllen.
Schriftgutsammlung Stadtmuseum

Heiratserlaubnisschein
3. März 1939
Erst nach Prüfung der Unterlagen über Ehetauglichkeit wurde die Erlaubnis zur Heirat erteilt.
Schriftgutsammlung Stadtmuseum

Frau Rother, Mättigstr.8

Reichsluftschutzbund
   Revier II
   Untergruppe 19

Bautzen, den 8. Mai 1939

Freitag, den 12. Mai, 20 Uhr in der Krone

T a g d e r F r a u im Luftschutz.

Erscheinen jeder Laienhelferin mit Häubchen ist Pflicht.
Wer eine weiße Schürze hat, möchte auch diese umbinden.
Zu dieser Veranstaltung werden Sie gebeten, alle weiblichen
Selbstschutzkräfte Ihres Hauses aufzufordern.
Für sie ist das Erscheinen ebenfalls Pflicht.
Unser Übungsabend in der Lusatia fällt diesen Monat aus.

Heil Hitler!

Marg. Paul

Untergr.Sachbearb.

Aufforderung zum Tag der Frau
1939
Schriftgutsammlung
Stadtmuseum

Anleitung zum Selbstschutz für die Bevölkerung
Jeder Bürger hatte Vorkehrungen für den Luftschutz zu treffen. In dieser Broschüre, herausgegeben vom Reichsluftschutzbund Land Sachsen, gab es auch Verhaltensmaßregeln bei Fliegeralarm. Stets wurde das Gefühl vermittelt, die Gefahren des Luftkrieges seien abwehrbar und die Folgen für die Zivilbevölkerung kalkulierbar.
Schriftgutsammlung
Stadtmuseum

Seite 21:
Luftschutztasche
1944
selbstgefertigt von Frau Liddy Busch aus Dresden
Stadtmuseum

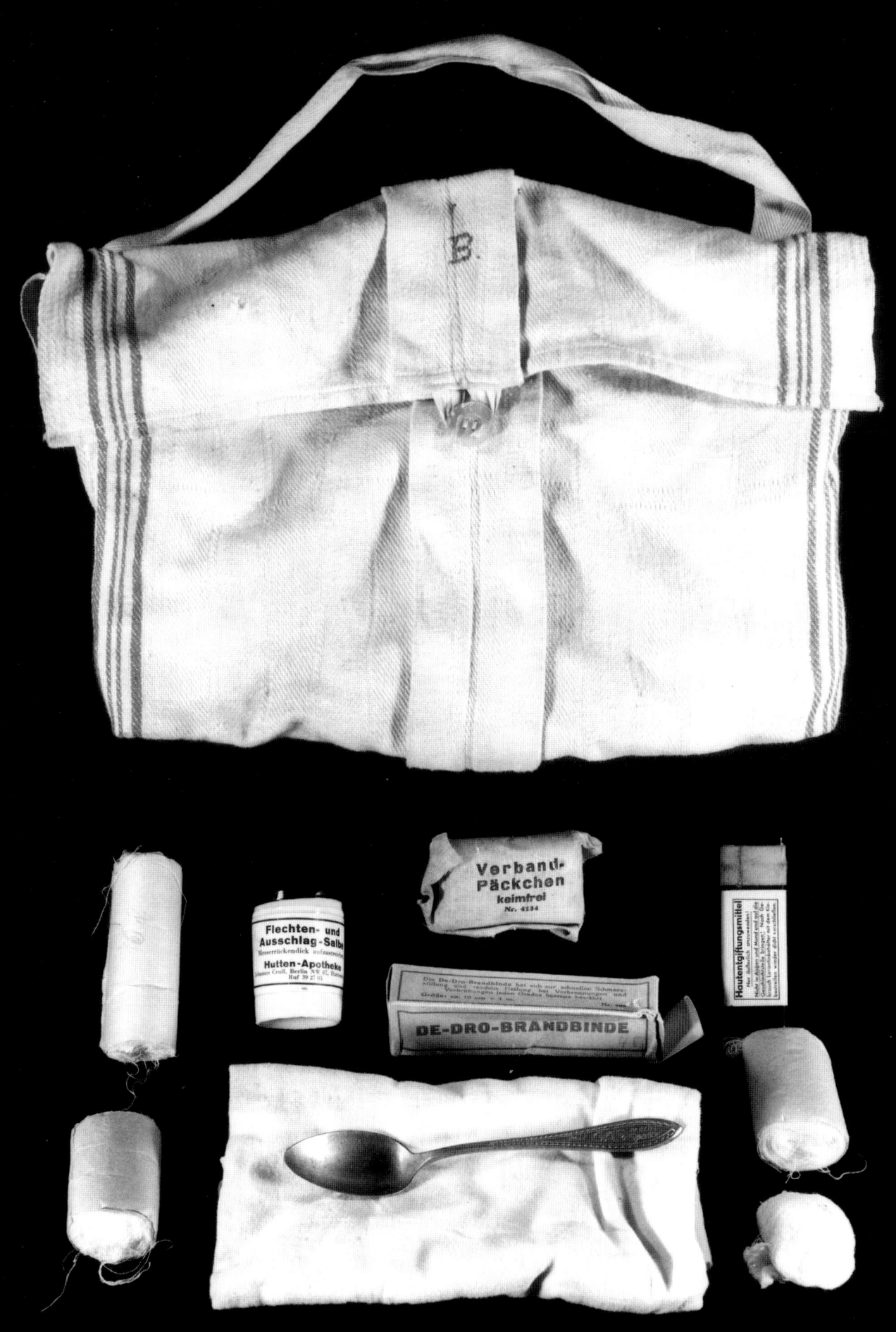

△NK△ 975

„Mein Hab und Gut"

Besitznachweis des Haushaltes: *Margarete Winkler, Kröbern - A. 20* *Zwinglistr. 48*

Sorgfältig und gewissenhaft ausfüllen! Belege für den Anschaffungspreis, wie Rechnungen und Quittungen in einem Umschlag hier anfügen, möglichst auch einige Fotos der Wohnung oder der wertvollsten Einrichtungsgegenstände. Für größere Bestände Sonderaufstellungen beifügen. Die Richtigkeit des Bestandes durch zwei Zeugen bescheinigen lassen. Die Bestandsliste doppelt ausfertigen, eine Ausfertigung im Luftschutzkoffer bei Fliegeralarm mit in den Keller nehmen, das zweite Stück an anderer Stelle niederlegen.

A. Möbel und Einrichtungsgegenstände

I. Schlafzimmer, Art: *poliert Nußbaum*　　gekauft: *1400.—*

	RM		RM		RM	RM
1 Kleiderschrank		2 Bettvorleger		1 Deckenlampe	15.	—
2 Bettstellen		Brücken		2 Nachttischlampen	20.	—
2 Nachttische		1 Gardinen — Stores		Stehlampe		
2 Stühle		5 Federbetten		2 Frisiergarnitur		
1 Frisiertoilette *Spiegel*		4 Kopfkissen		1 Waschtischgarnitur		
1 Waschtisch		1 Unterbetten		2 Wäschetruhe*n*		
Kommode		Daunenbetten				
Sofa — Couch		2 Steppdecken				
Sessel		Plumeaus				
1 Teppich *Läufer*		2 Matratzen *3 teilig*				

II. Wohn-, Herrenzimmer, Art: *Eiche mit Nußbaum*　　gekauft: *1250.—*

	RM		RM		RM	RM
1 Schreibtisch und Sessel		Stand- — Wand- — Uhr	350.	Bücher zus.		
1 Bücherschrank		Spiegel		*der große* Lexikon *Brockhaus*	600.	
4 Bücherregale *u. Zettel*		1 Teppich		Weltgeschichte		
1 Tisch, groß		1 Brücken		Prachtbände		
1 Tisch, klein *Rauchtisch*	50.—	1 Schreibgarnitur *marmor*		Atlanten		
2 Stühle		Schreibtischuhr		Globus		
1 Sofa — Couch		1 Schreibplatte *mappe* 10.			500.	—
1 Sessel	50.—	1 Schreibmaschine	500.—			
1 Krone — Lampe	60.—	1 Papierkorb				
1 Schreibtischlampe	20.—	1 Gardinen — Stores				
1 Stehlampe	180.—	1 Fenster Übergardinen				
Wandleuchter		1 Lichtmaße				

III. Speisezimmer, Art: *Nußbaum*　　gekauft:

	RM		RM		RM	RM
1 Eßtisch *Eiche*		1 Krone — Lampe		*über* 1 Gardinen 4 Stores		
6 Stühle — Sessel		1 Steh- — Wandlampe		1 Läufergal		
1 Buffet		1 Teppich		1 Schränkchen		
Anrichte		Brücken		1 Schreibmappen		
Vitrine		1 Teewagen		*Tisch*		
1 Sofa — Couch		Hausbar				

△NK△ Bestell-Nr. 975 　Haushalt-Bestandsliste. Entwurf „Herzas". Bezug durch die Papier- und Buchhandlungen. Gesetzlich geschützt durch D.R.G.M. 1 506 853, D.R.-Geschmacksmuster und durch Urheberrecht. Nachdruck ist auf Grund des Gesetzes gegen den unlauteren Wettbewerb strafbar.

— 26 —　　Von der Reichspropagandaleitung der NSDAP. empfohlen.

Im Namen des Deutschen Volkes

verleihe ich

Frau Clara P a b s t

geb.Mißbach

in Dresden

die zweite Stufe
des
Ehrenkreuzes der Deutschen Mutter

Berlin, den 21. Mai 1939

Der Führer und Reichskanzler

Urkunde zur Verleihung des Mutterkreuzes in Silber
1939
Kinder zu bekommen wurde von den Nationalsozialisten als Pflichterfüllung der Frauen gegenüber dem Staat angesehen. Frauen erhielten das Kreuz in Bronze für vier oder fünf Kinder, in Silber für sechs oder sieben Kinder und in Gold für acht oder mehr Kinder. Schriftgutsammlung Stadtmuseum

»Ehrenkreuz der Deutschen Mutter« in Silber
Seit 1938 wurde das Mutterkreuz alljährlich am Muttertag, dem zweiten Sonntag im Mai, verliehen. Im Jahre 1939 war es in Dresden jedoch nicht möglich, eine solch große Anzahl Auszeichnungen herzustellen, um sie allen Müttern termingerecht zu verleihen. Stadtmuseum

Los des Winterhilfswerk's
30. März 1939
Das »Winterhilfswerk des deutschen Volkes«, ab 1933/34 so genannt, wurde zu einer umfassenden Sammelaktion, der sich kaum jemand entziehen konnte. Von der NSV, der Nationalsozialistischen Volkswohlfahrt, unter Einbeziehung verschiedener Organisationen der NSDAP durchgeführt.
Schriftgutsammlung Stadtmuseum

Spendenbescheinigung
1940
Schriftgutsammlung Stadtmuseum

**Gespendetes Buntmetall
am Sammelplatz Rathaus
in Dresden**
Presse-Foto Koch,
Stadtmuseum

**Metallspende in der
Sammelstelle Dresden-
Hellerau**
Presse-Foto Koch,
Stadtmuseum

**Woll- und Pelzsammlung
in Dresden**
Winter 1941/42
Presse-Foto Koch,
Stadtmuseum

Treuekundgebung für den Führer am Finanz-ministerium
21. Juli 1944
Presse-Foto Koch,
Stadtmuseum

Fließbandfertigung im Sachsenwerk Nieder-sedlitz
1944
Frauen in der Rüstungs-industrie. Nach Einbe-rufung der Männer zur Wehrmacht stellten Frauen elektronische Bauteile für Radar-geräte und Nachrich-tengeräte sowie Kleinst-motoren her. Das Sach-senwerk hatte 1944 rund 5000 Beschäftigte.
Presse-Foto Koch,
Stadtmuseum

Annahmestelle IV
für den Führernachwuchs des Heeres
Nachwuchsoffizier Dresden

Dresden, 2 7. Jan. 1945 194

Aufforderung

3 1. Jan. 1945

Sie werden hiermit aufgefordert, sich am .... 194..... in der Zeit
(Tag, Monat, Jahr)
von ..9.. bis ..11.. Uhr beim Nachwuchsoffizier Dresden in Dresden N 15,
Königsbrücker Straße 125 (General-Müller-Block), 2. Gebäude, Zimmer 32, zur
~~Befragung, Beratung~~
~~Abgabe von Bewerbungsunterlagen~~ einzufinden.

Diese Aufforderung, sowie folgende Bewerbungsunterlagen ....
.... ist
sind mitzubringen.

Den Ausweis zur Erlangung von Wehrmachtfahrkarten für die Rückfahrt erhalten Sie
nach Ausstellung wieder zurück*). Die Kosten für die Wehrmachtfahrkarte(n) —
werden Ihnen gegen Vorlage der Fahrkarte für die Hinfahrt erstattet*) — haben Sie
selbst zu tragen*).
Bei Verhinderung ist s c h r i f t l i c h e Entschuldigung erforderlich.

(Dienststempel)

*) Nichtzutreffendes ist zu streichen.
(Unterschrift, Dienstgrad und Dienststellung.)
Oberleutnant u. Nachw.-Offz.

Aufforderung zur Wehrmacht für den 15jährigen Roger Rössing
aus Dresden vom
27. Januar 1945
Privatbesitz, Leipzig

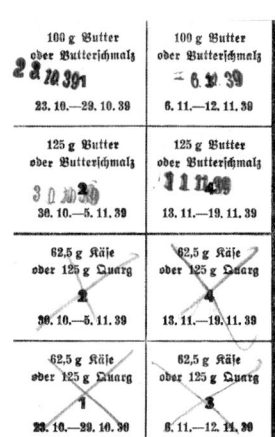

Sortiermappe für Lebensmittelmarken

Für den Verbraucher war es bei der Vielfalt von Lebensmittelmarken und Bezugscheinen nicht einfach, den Überblick zu behalten. Sortiermappen mit Fächern für die verschiedenen Marken erleichterten den Einkauf.
Schriftgutsammlung Stadtmuseum

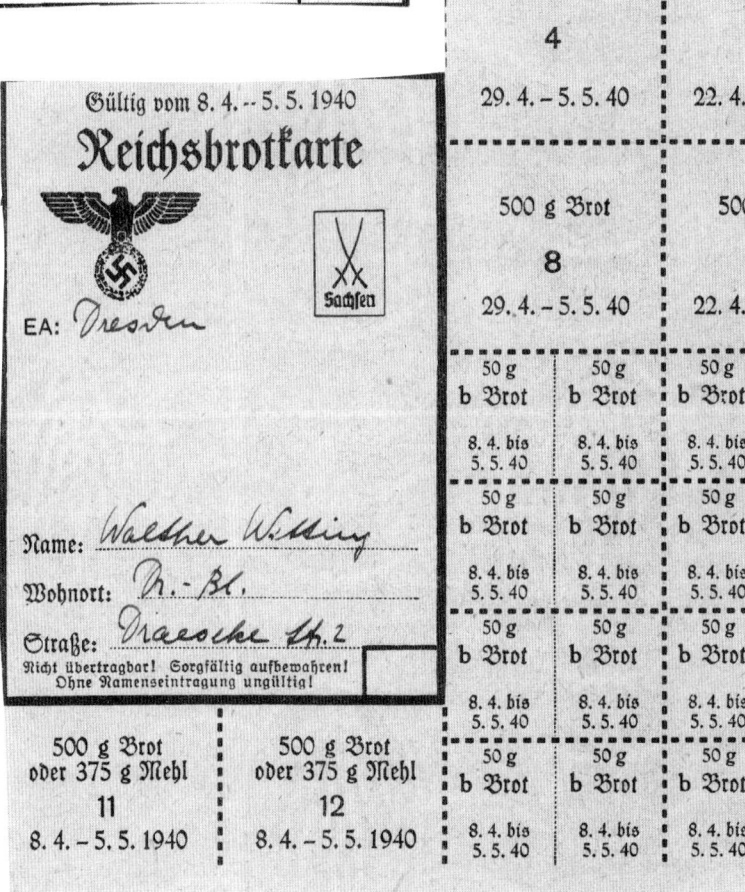

Deutschland steht gegen eine Welt von Feinden, die es vernichten wollen. Es wird ihnen nicht gelingen, unsere herrlichen Truppen niederzuringen, aber sie wollen uns wie eine belagerte Festung **aushungern**. Auch das wird ihnen nicht glücken, denn wir haben genug Brotkorn im Lande, um unsere Bevölkerung bis zur nächsten Ernte zu ernähren. **Nur darf nicht vergeudet und die** Brotfrucht nicht an das Vieh verfüttert werden.

Haltet darum haus mit dem Brot, damit die Hoffnungen unserer Feinde zuschanden werden.

Seid ehrerbietig gegen das tägliche Brot, dann werdet Ihr es immer haben, mag der Krieg noch so lange dauern. **Erzieht dazu auch Eure Kinder.**

Verachtet kein Stück Brot, weil es nicht mehr frisch ist. Schneidet kein Stück Brot mehr ab, als Ihr essen wollt. **Denkt immer an unsere** **Soldaten im Felde**, die oft auf vorgeschobenen Posten glücklich wären, wenn sie das Brot hätten, das Ihr verschwendet.

Eßt Kriegsbrot; es ist durch den Buchstaben K kenntlich. Es sättigt und nährt ebensogut wie anderes. Wenn alle es essen, brauchen wir nicht in Sorge zu sein, ob wir immer Brot haben werden.

Wer die Kartoffel erst schält und dann kocht, vergeudet viel. **Kocht darum die Kartoffeln in der Schale**, Ihr spart dadurch.

Abfälle von Kartoffeln, Fleisch, Gemüse, die Ihr nicht verwerten könnt, **werft nicht fort, sondern sammelt** sie als Futter für das Vieh, sie werden gern von den Landwirten geholt werden.

Kochbuch mit Sparrezepten während des Krieges
Schriftgutsammlung
Stadtmuseum

„Die Schatzkammer der Deutschen Hausfrau"
Das Buch der Stunde!
! Heute wichtiger denn je! Bringt **1000 Notwinke!** Hilft **1000 mal sparen** und bessermachen. — Eine unerschöpfliche Fundgrube für **Auswege** und Anregungen in harter Zeit!
◆ Der **Kriegshaushalt** ist damit **leicht gemacht!**

Am Kampfplatz, in dem Wiesental,
Setzt stolz er sich auf einen Pfahl.
Er schaute rechts, er äugte links,
Die Krähen kämpften tapfer rings.

Kinderbuch »Karr Schwarzrock«
um 1940
Das Buch wurde vom Verlag A. Anton & Co. in Leipzig während des Krieges herausgegeben: eine Vogelgeschichte mit kriegerischer Handlung. Bibliothek Stadtmuseum

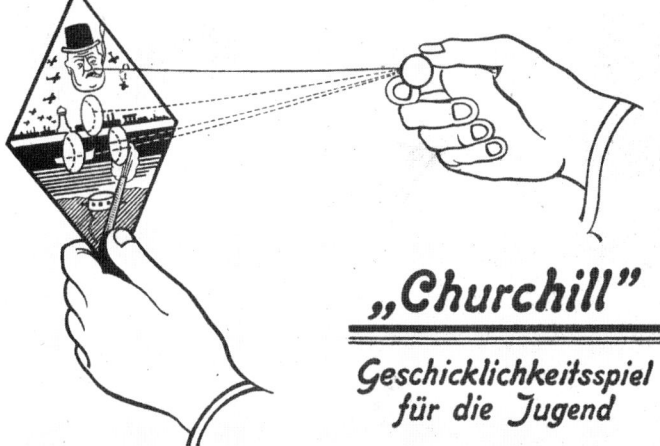

„*Bomben auf Engelland*"

„*Churchill*"

Geschicklichkeitsspiel für die Jugend

Versuchen Sie bei 10 Schüssen die meisten Treffer zu erzielen. Jeder Einsatz soll sich lohnen.
Also: 10 Schuß — 10 Treffer!

Rogerit-Fabrikat DRGM.

Geschicklichkeitsspiel »Bomben auf Engelland«
Schriftgutsammlung Stadtmuseum

Der Führer kommt!

Hurra! Schulfrei! Jubelnd kommt Fritz heim. Aber er legt nur seine Schulsachen hin. Dann jagt er wieder fort. Wohin? Zum Rathaus eilt er, denn da ist heute der Führer zu sehen. In der Stadt ist viel Leben. Von allen Häusern flattern die Fahnen. Die Straßen sind voller Menschen. Fritz kommt nur schwer vorwärts. Endlich ist er auf dem Rathausplatz. Doch er kann nichts sehen. Tausende stehen schon da, die ihm die Aussicht sperren. Sie stehen auf Leitern und Stühlen, sie sitzen in den Bäumen, sie klammern sich an Laternenpfählen an.

Fritz bettelt: Bitte, lassen Sie mich vor! Nach vielem Drängen und Stoßen ist er endlich vorn. Zwei freundliche SA=Männer nehmen ihn in ihre Mitte.

Schüler sammeln für Soldaten
Schriftgutsammlung
Stadtmuseum

Erkennungsmarke für Schüler der Clara-Schumann-Schule in Dresden-Johannstadt
Privatbesitz, Leipzig

Schulklasse
um 1937
Erste Reihe rechts ohne HJ-Kleidung Heinz Sichert, geboren 1923, in einer Schule in Dresden-Johannstadt. Von den 31 Schülern dieser Klasse gehörten nur 5 Schüler nicht der HJ an. Das Klassenzimmer ist im NS-Stil geschmückt.
Fotoarchiv Stadtmuseum

Siegerehrung zum Sportfest der Lehrlinge
8. Juli 1941
Kurt Schaarschuch,
Fotoarchiv Stadt-
museum

»Pimpf«
Als »Pimpf« wurde ein
Angehöriger des Jung-
volkes in der 4. bis
8. Klasse bezeichnet.
Fotoarchiv Stadt-
museum

HJ-Dienst beim Sportfest
1937
Fotoarchiv Stadt-
museum

**Kinderlandverschickung,
Großröhrsdorf**
März 1942
Kurt Schaarschuch,
Fotoarchiv Stadt-
museum

Stadtarchiv Dresden

Werte Familie Matschke!

Auch in unserer Schule wurde jetzt die Nachricht von dem Helden-
tode Ihres lieben Sohnes Werner, eines unserer ehemaligen lieben
und hoffnungsvollsten Schüler, bekannt. In allen, die ihn hier kannten und die Ihren Sohn ein Stück auf seinem Wege durchs Schulleben
begleiten konnten, wurden Gefühle tiefsten Leides erweckt. In Ehr-
furcht verneigen wir uns vor dem jungen Helden, wir nehmen teil an
Ihrem großen Schmerz, den der Verlust Ihres prächtigen Jungen in
Ihnen hervorgerufen haben wird. In unserer Erinnerung wird das Bild
Ihres Sohnes weiterleben. Möge auch aus diesem schweren Opfer
für unser großdeutsches Vaterland erstehen. Der Gedanke, daß auch
Ihr lieber Sohn sein Höchstes und Bestes gab für unseres teueren Vol-
kes Größe, Ehre und Freiheit möge Sie aufrichten und das Weh Ihres
Herzens lindern im Stolz auf Ihren Helden.

In tiefem Mitgefühl und in stiller Mittrauer entbieten wir Ihnen
ergebensten Gruß.

Heil Hitler!

Dresden, am 25.Januar 1944

Die Lehrerschaft der 40.Volksschule

Rektor

Die mit x versehenen Zahlen sind die Gesamtschülerstärkezahlen der
einzelnen Klassenstufen (einschl. der oben unter a) aufgeführten).

Zu c: Die unter a) gemeldeten Kinder stammen aus folgenden Gauen:

Baden	13	Weser-Ems	75
Berlin	665	Westfalen-Nord	44
Danzig-Westpreußen	2	Westfalen-Süd	34
Düsseldorf	128	Westmark	6
Essen	13	Halle-Merseburg	5
Hamburg	9	Mark-Brandenburg	9
Hessen-Nassau	153	München-Oberbayern	12
Köln-Aachen	11	Franken	9
Kurhessen	9	Württemberg-Hohenzollern	5
Mecklenburg	7	Mainfranken	5
Moselland	7	Schwaben	2
Ost-Hannover	7	Sachsen	6
Pommern	28	Magdeburg-Anhalt	1
Schleswig-Holstein	36	Ostpreußen	2
Süd-Hannover-Braunschweig	37	Oberschlesien	2
Thüringen	2	Auslandsorganisation	6
	1455		283

insges. 1738 Kinder.

Zu d): Lehrkräfte aus Entsendegauen wie auch geschlossene Klassen
sind hier nicht eingetroffen. Bei den unter a) gemeldeten Kindern
handelt es sich um Einzelunterbringungen (mit evakuierten Eltern
oder einzeln zu Verwandten). Besondere Klassen sind nicht gebildet
worden.
/bzw. Verschickungen.

Wir bitten, den verspäteten Eingang des Berichtes zu entschuldigen.
Zur Feststellung, aus welchen Gauen die Kinder stammen, waren sehr
viele Rückfragen, nicht nur bei den Schulen, sondern teilweise auch
bei den Gasteltern notwendig.

Der Oberbürgermeister
- als Aufsichtsbehörde für die städt. höheren und Fachschulen
sowie für die privaten höh. Schulen -
Im Auftrage:
Städt. Direktor

Bezirksschulämter V Dresden-Stadt-Ost, West und Nord

Der Oberbürgermeister   Die Bezirksschulräte
im Auftrage:

Städt. Direktor   Bezirksschulrat
zugl.f.d.BSch.Ämter f.
Dresden-Ost und Nord

22. SEP 1943

»... im Stolz auf Ihren Helden«
1944
Die Eltern von ehemali-
gen, indessen ›gefalle-
nen‹ Schülern der 40.
Volksschule in Dres-
den-Trachau bekamen
ein offizielles Schreiben
der Schule. Diese
Schreiben waren be-
reits vorgedruckt, nur
noch der Name war
einzusetzen.
Stadtarchiv Dresden

Meldung über Schüler-zahlen
1943
Ab 1943 mußten alle
Dresdner Schulen
ständig Meldung über
die Schulbelegung mit
Dresdner wie evakuier-
ten Schülern erstatten.
Stadtarchiv Dresden

Aufruf
1944
Schriftgutsammlung
Stadtarchiv Dresden

Dresden, den 8. September 1944

An die Eltern unserer Schulkinder!

*Wir wissen uns in der gegenwärtigen Kriegslage mit Ihnen eins in der Sorge um unsere
Kinder. Es ist wohl unnötig, darauf hinzuweisen, daß für unsere Stadt die Gefahr eines
Terrorangriffs nach wie vor besteht. Es ist ebenso klar, daß auf dem Lande in kleinen
Orten die Gefahren weit geringer sind.*

*Wollen Sie Ihre Kinder s i c h e r n? Wir bitten Sie noch einmal nachdrücklich, zu prüfen,
ob Sie Ihre Kinder aufs Land verschicken wollen. Die NSV gibt dazu in Kürze noch einmal Gelegenheit. Die Kosten für die Unterbringung — Unterkunft und Verpflegung — werden
durch das Amt für Räumungsfamilienunterhalt, in KLV-Lagern durch die Partei übernommen. Wir bitten, uns bis spätestens 13. September 1944 Ihre Entschließung mitzuteilen.*

Wir Lehrer stehen Ihnen zur Beratung auch außerhalb der Schulzeit zur Verfügung

........................, den .... September 1944, von .... bis ....Uhr

........................, den .... September 1944, von .... bis ....Uhr

........................, den .... September 1944, von .... bis ....Uhr

in unserem Schulgebäude

im Gebäude der .... Volksschule,........ Straße ...., . Gesch., Zimm. ....

Sie werden in der verantwortlichen Sorge um Ihre Kinder die Gelegenheit benützen!

Heil Hitler!

Der Rektor und die Lehrerschaft der

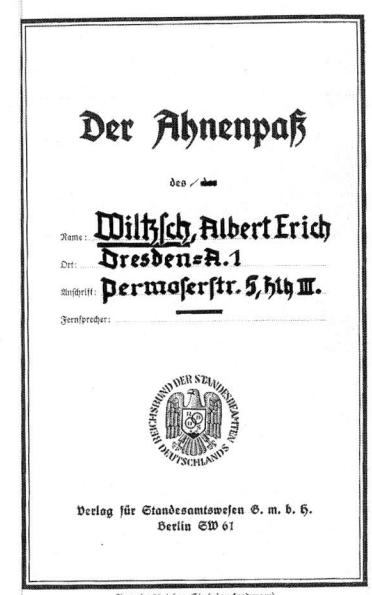

Der Ahnenpaß

des / der

Name: Wiltzsch, Albert Erich
Ort: Dresden-A.1
Anschrift: Permoserstr. 5, hth III.

Fernsprecher:

Verlag für Standesamtswesen G. m. b. H.
Berlin SW 61

Ausgabe 63 (ohne Sterbebeurkundungen)

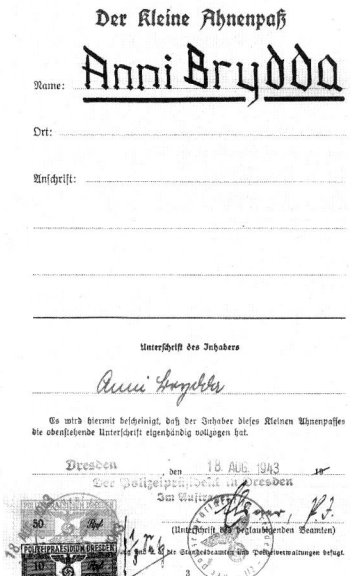

Der Kleine Ahnenpaß

Name: Anni Brydda

Ort:

Anschrift:

Unterschrift des Inhabers

Anni Brydda

Es wird hiermit bescheinigt, daß der Inhaber dieses kleinen Ahnenpasses
die obenstehende Unterschrift eigenhändig vollzogen hat.

Dresden den 18. Aug. 1943
Der Polizeipräsident in Dresden
Im Auftrage

(Unterschrift des beglaubigenden Beamten)

Aufbau der Ahnentafel

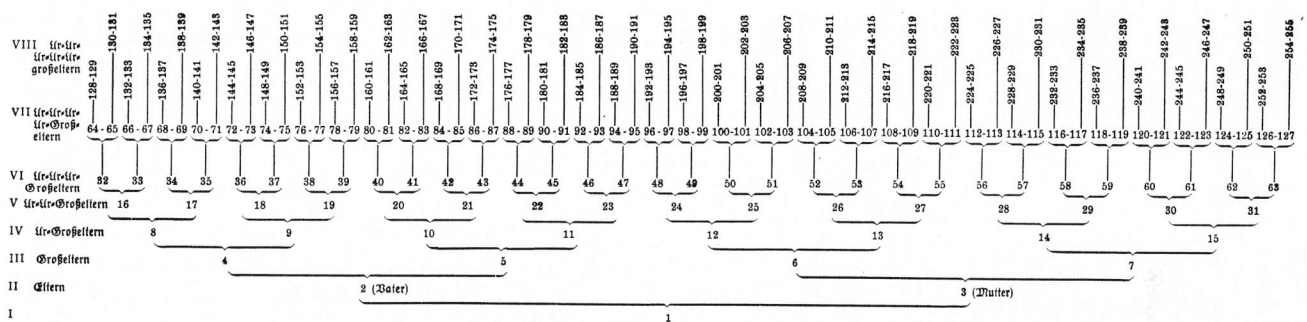

Anmerkung zur Ahnentafel:

Mit Ausnahme des „Ahnenträgers" selbst (1) bezeichnen gerade Kennziffern stets Männer (2, 4, 6, 8, 10) und ungerade (3, 5, 7, 9, 11 usw.) stets Frauen. Der Vater jeder auf der Ahnentafel verzeichneten Person trägt die verdoppelte Ziffer; so ist 2 der Vater von 1, 14 der von 7. Die Ehefrau trägt stets die jeweils folgende ungerade Ziffer; z. B. die Großmutter väterlicherseits die Ziffer 5, da der Großvater väterlicherseits durch die Ziffer 4 bezeichnet wird. Auf diese Weise ist ein System geschaffen, das Irrtümer ausschließt und einen guten Überblick gewährt.

Das Schicksal von
Anni und Albert Wiltzsch

Ahnenpässe der Brautleute

Der Ahnenpaß

Herausgegeben vom

Reichsbund der Standesbeamten Deutschlands E. V., Berlin

Text und Druckanordnung urheberrechtlich geschützt.
Unbefugte Nachahmung oder Nachdruck werden verfolgt.

Zur Beachtung:

1. Die vollständig ausgefüllten und beglaubigten Vordrucke der Seiten 14 bis 48 dieses Ahnenpasses sind ausschließlich für Zwecke des Abstammungsnachweises bestimmt.

2. Jeder Standesbeamte oder Kirchenbuchführer (z. B. am Wohnorte des Nachweispflichtigen) kann auf Grund ihm vorgelegter Urkunden (die vorher beschafft und gesammelt vorgelegt werden) die Eintragungen vornehmen. Die Bescheinigung der Richtigkeit (auf dem Rande) enthält in diesem Falle die Worte „auf Grund vorgelegter Urkunden". Als Gebühr erhebt der Standesbeamte 10 Rpf. für jede Beglaubigung, jedoch nicht mehr als 1,— RM bei jeder Vorlage eines Ahnenpasses für sämtliche Beglaubigungen bis zu den Ur-Ur-Großeltern (bis Ziffer 31). Für jede weitere Beglaubigung (ab Ahn 32) ist eine zusätzliche Gebühr von 10 Rpf. zu zahlen. (RdErl. d. RuPrMdJ. vom 26. 1. 1935 — I B 22/236 II — und vom 5. 4. 1937 — I B 1 3/403 —.)

3. Die Eintragung kann auch durch den zuständigen Standesbeamten oder Kirchenbuchführer erfolgen. (Die Worte „auf Grund vorgelegter Urkunden" in der Richtigkeitsbescheinigung sind in diesem Falle zu streichen.) Hierfür sind die für die Ausstellung von Registerauszügen üblichen Gebühren zu entrichten.

4. Geeignete Vordrucke für die Beschaffung der Urkunden (vorgedruckte Briefe an Standes- und Pfarrämter) sind im Verlag für Standesamtswesen G. m. b. H. zum Preise von 30 Pfg. für 10 Stück erschienen.

5. Falls das Bekenntnis nicht aus der Geburts- (Tauf-) Urkunde zu ermitteln oder diese Urkunde nicht zu beschaffen ist, wird es, wenn es

a) aus der Heiratsurkunde hervorgeht, dort (unterstes Feld auf jeder Seite) eingetragen. Wenn auch diese nicht zu beschaffen ist, oder das Bekenntnis ebenfalls nicht enthält, erfolgt

b) die Ersatzbeurkundung auf Grund der Sterbeurkunde oder eines anderen amtlichen Dokumentes auf einem Feld der Seiten 46 bis 48. Am Rande der betr. Geburtsurkunde wird dann die Seite der Ergänzungsbeurkundung vermerkt.

6. Betr. Sterbeurkunden siehe Text Seite 8 und 5 b.

7. Nicht mit Tinte ausgefüllte Teile der Vordrucke auf den Seiten 14—48 sind durch Striche gegen spätere unberechtigte Nachtragungen zu sichern. Werden Wörter gestrichen oder hinzugefügt, so ist deren Zahl bei jeder Beglaubigung am Rande womöglich in Buchstaben anzugeben. Weist ein Vordruck keinerlei Streichungen auf, dann soll der Standesbeamte oder Kirchenbuchführer bei der Beglaubigung dies dadurch kennzeichnen, daß er vor den Vordruck: „........ Wörter gestrichen .... Wörter hinzugefügt", jeweils mit Tinte das Wort: keine setzt. Als Hinzufügung von Worten gilt nicht, wenn der Beglaubigende einen Vordruck ergänzt, sondern nur, wenn schon vorhandene Tinteneinträge gestrichen und darüber die richtigen Angaben gesetzt werden. Rasuren im Vordruck machen diesen ungültig, ausgenommen sind natürlich die Bleistifteinträge, die vor der Beglaubigung durch Tinteneinträge ersetzt werden. Soll eine Eheschließung beglaubigt werden, bevor die

Fortsetzung nächste Seite unten

*) Für Beglaubigungen aller Art sind außerdem die Notare und Amtsgerichte zuständig.

2

Der Rassegrundsatz.

Die im nationalsozialistischen Denken verwurzelte Auffassung, daß es oberste Pflicht eines Volkes ist, seine Rasse, sein Blut von fremden Einflüssen rein zu halten und die in den Volkskörper eingedrungenen fremden Bluteinschläge wieder auszumerzen, gründet sich auf die wissenschaftlichen Erkenntnisse der Erblehre und Rassenforschung. Dem Denken des Nationalsozialismus entsprechend, jedem anderen Volke volle Gerechtigkeit widerfahren zu lassen, ist dabei niemals von höher- oder minderwertigen, sondern stets nur von fremden Rasseneinschlägen die Rede.

Der Begriff der arischen Abstammung.

Da nach den Ergebnissen der Rassenlehre das deutsche Volk neben dem bestimmenden Einfluß der nordischen Rasse auch in geringerem und rechnungsmäßig nicht erfaßbarem Umfange andere mehr oder minder verwandte Rassenbestandteile enthält, die auch die Bausteine der europäischen Nachbarvölker sind, hat man für diesen übergeordneten Begriff der Gesamtheit der im deutschen Volke enthaltenen Rassen die Bezeichnung arisch (abweichend von der Sprachwissenschaft!) gewählt, und damit das deutsche und das diesem eng verwandte Blut zu einer rassischen Einheit zusammengefaßt. Genau den gleichen Umfang hat der Begriff „deutsches oder artverwandtes Blut" im Reichsbürgergesetz.

Arischer Abstammung (= „deutschblütig") ist demnach derjenige Mensch, der frei von einem, vom deutschen Volke aus gesehen, fremdrassigen Bluteinschlage ist. Als fremd gilt hier vor allem das Blut der auch im europäischen Siedlungsraume lebenden Juden und Zigeuner, das der asiatischen und afrikanischen Rassen und der Ureinwohner Australiens und Amerikas (Indianer), während z. B. ein Engländer oder Schwede, ein Franzose oder Tscheche, ein Pole oder Italiener, wenn er selbst frei von solchen, auch ihm fremden Blutseinschlägen ist, eine deutsche gelten. Als arisch gelten muß, mag er nun in seiner Heimat, in Ostasien oder in Amerika wohnen oder mag er Bürger der U.S.A. oder eines südamerikanischen Freistaates sein. Daß ein dabei z. B. für eine Eheschließung der deutsche Volksgenosse oder das Mädchen rein deutscher Abstammung näher steht als ein anderer Arier entfernterer Rasseverwandtschaft, ist selbstverständlich.

Regierung und Partei gingen daher planvollen Ausbau des als richtig erkannten Grundsatzes daran, durch das Berufsbeamtengesetz (Gesetz zur Wiederherstellung des Berufsbeamtentums vom 7. 4. 1933, RGBl. I. S. 175 § 3 und Durchführungsbestimmungen) die Fehler des vergangenen Systems auszumerzen und den staatswichtigen Berufsstand des Beamtentums vor allem von denjenigen Trägern fremdrassiger Bluts-

Fortsetzung von Seite 2

Geburtseinträge beider Ehegatten beglaubigt sind, müssen in diesen Vordrucken (die ja unmittelbar darüber auf derselben Seite stehen) die Namen entsprechend den Angaben der Heiratsurkunde mit Tinte ausgefüllt werden.

8. Treffen nach einer in den Standesregistern oder Kirchenbüchern enthaltenen Ergänzung oder Berichtigung die ursprünglichen Angaben zur Zeit der Eintragung im Ahnenpaß ganz oder teilweise nicht mehr zu, so sind anstelle der aus der Beschreibung sich ergebenden Tatsachen in den Ahnenpaß aufzunehmen. Z. B. Meier (Annahme an Kindes Statt) oder Müller (Einbenennung) oder Schulz (Namensänderung).

3

Anni Brydda mit ihrem Verlobten Albert Wiltzsch vor der Semperoper
7. August 1943

Hochzeitsbild
1944

Brief von Albert Wiltzsch vom 19. April 1945
Seine Frau Anni Wiltzsch wurde nach dem Angriff vom 13. Februar schwer verletzt ins Krankenhaus nach Teplitz gebracht. Dort verstarb sie am 5. März 1945. Soldat Albert kehrte aus einem Urlaub nicht wieder zu seiner Einheit zurück. Er versteckte sich bei Verwandten. Als die Feldgendarmerie (Kettenhunde) ihn festnehmen wollten, erschoß er sich am 5. Mai 1945. Schriftgutsammlung Stadtmuseum

-1-   19.4.45.

Liebe Tante und Käte!

Mit meinem Wilsdruffer Volkssturmplan war es Essig. In Deich u. Stehlen waren die Bahnlinie mit Wachen besetzt. Ich fuhr wieder nach Steuben zurück, dann mit 19 u. 3 zum Sachsenplatz. Von da aus ging ich nochmals durch die Permoserstr. und an der Herzogin Garten. Dort sichte sich dichter Qualm, das Wasserkraftwerk war getroffen. Nach Freital konnte ich nicht fahren, da die 22 nicht mehr dorthin fuhr. Nun noch nebenbei: Ein Pferd und eine Ziege sah ich in Dobritz in einem Garten angebunden...

Ich ging also Mir war alles egal, und ich dachte, mag alles kommen wie es will. Du gehst in die Kaserne. Dort würde ich in eine "9. Urlauber-Komp." eingereiht. Wir liegen in der Kaserne des ehem.

-2-

Inf.-Regt 177 (gegenüber der Kriegsschule). Man nahm gar nicht zur Kenntnis, daß mein Urlaub schon 2 Tage zu Ende war. Vielleicht hätten es auch 7 Tage sein können. Nun hören wir überhaupt keine Nachrichten mehr. Gerüchteweise verlautete heute, die Russen stünden bei Bautzen. Dies besorgt mich wahnsinnig. Ihr kennt doch meine Sorge um Mutter und Tante! - Ich ging an der Louisenstraße vorbei. Sie war beim Angriff am 17.4. mit getroffen worden. Wo sie heute waren, weiß ich nicht. Es klang fast, als sei es bei Euch gewesen. Hoffentlich seid Ihr noch gesund und ist noch alles erhalten. Und sind die Amerikaner eher da, denn die Russen. - Hoffentlich bekomme ich heute 2 Stunden Ausgang, damit

-3-

ich diesen Brief an Bryddas schaffen kann, denn zu Euch kann ich leider nicht kommen, die Zeit ist zu kurz. Ich könnte ja auch aufs Telegrafenamt gehen, weiß aber nicht, ob ich Käte antreffe und ob das Telefon zu Mensel noch geht. - Wir sollen in der Nähe des Waldschlößchens in Stellung gehen und Dresden verteidigen, mit was allerdings - darüber sind sich die Götter selbst noch nicht im klaren. Es gibt nämlich keine Waffen mehr. Nun noch eine kurze Schilderung unserer Komp. Sie stellt sich zusammen aus Soldaten von 17-70. Vertreten sind alle Waffengattungen. Ausgerüstet bzw. angezogen sind die Soldaten vom Eigentümer bis zum kompl. Feldanzug. Eins haben sie allgemein: keine Waffen. Viele hatten keine

-4-

Koppel, keine Mützen. Andere dagegen haben nur einen Ausgehanzug und keine Feldflasche, Kochgeschirr usw. Wieder andere sind lahm und krank. Verschiedene haben nur Drillichanzüge an. Einer hatte private Halbschuhe. Kurzum, eine Truppe des Jammers und des Elends. Bekommen kann keiner etwas, jeder hat nur das, was er so mit hat. Eine Decke habe ich mir organisiert. Bin als Melder eingeteilt, vielleicht das schlechteste? Pro Tag wollen wir noch 2 große weiße Fächer empfangen, und dann: auf in den Kampf, Torero! Alle reden nur von der Aussichtslosigkeit des Kampfes - der nur ein einseitiger sein wird, weil wir gar keine Waffen haben - und wollen sich gleich ergeben. - War die Tante nun beim Vertrauensarzt?

VERBRANNT BIS ZUR UNKENNTLICHKEIT

Friedrich Reichert

»Terrorgefallene«

In der Nacht vom 13. zum 14. Februar 1945 verbrannte das Antlitz der weltbekannten Kunststadt Dresden bis zur Unkenntlichkeit.

Dies war die größte Katastrophe in der fast achthundertjährigen Geschichte der Stadt – eine von Menschen gegen Menschen hervorgerufene Katastrophe.

Zu Hergang und Hintergründen wie zur Wertung dieses Ereignisses wurden immer wieder Betrachtungen angestellt. »Der Tod von Dresden«, »Zerstörung und Wiederaufbau von Dresden«, »Der Untergang Dresdens« und »Inferno Dresden« lauten die Titel einiger Publikationen.[1] Alle diese Veröffentlichungen enthalten aber auch Darstellungen, welche sich auf widersprüchliche oder nicht belegbare Augenzeugenaussagen berufen.

Im Jahre 1977 erschienen beim Böhlau Verlag Köln-Wien unter dem sachlichen Titel »Dresden im Luftkrieg, Vorgeschichte, Zerstörung, Folgen« die Forschungsergebnisse von Götz Bergander, die auf exakten Quellenanalysen beruhen. Im Januar 1994 wurde die 2. überarbeitete und erweiterte Auflage herausgegeben. Bergander wertete umfassend die Akten zu den Luftangriffen gegen Dresden in Archiven der amerikanischen und britischen Luftwaffe aus. Seiner Darstellung über Planung und Verlauf der britischen und amerikanischen Luftangriffe gegen Dresden dürfte bei der derzeit bekannten Quellenlage kaum noch etwas hinzuzufügen sein.

Anders stellt sich die Quellenlage zu den Geschehnissen in Dresden selbst dar. Das Sächsische Hauptstaatsarchiv und das Stadtarchiv Dresden teilten immer wieder auf Anfragen mit, daß die Berichte an den Reichsstatthalter und an den Oberbürgermeister über Luftangriffe gegen Dresden bei Kriegsende vernichtet worden seien.

So lag als einzige Quelle seit Mitte der 60er Jahre nur die »Schlußmeldung über die vier Luftangriffe auf den LS-Ort Dresden am 13., 14. und 15. Februar 1945 des Höheren SS- und Polizeiführers Elbe vom 15. März 1945« vor. Zweifler wollten die Angaben dieser Schlußmeldung jedoch nicht anerkennen. Vor allem seit dem Jahre 1990 wandten sie sich immer wieder an die neue Dresdner Stadtverwaltung und verlangten, die Angaben zur Zahl der Toten der Luftangriffe nach oben zu korrigieren.

Nach einer gründlichen Bestandsaufnahme im Stadtarchiv Dresden wurden 1993 bisher nicht beachtete Nachträge des Marstall- und Bestattungsamtes entdeckt. Die vorliegende Untersuchung stützt sich insbesondere auf diese Akten.

Es bestätigte sich, daß die oberen Behörden bei Kriegsende ihre Akten vernichteten. Erhalten blieben jedoch Unterlagen von Ämtern, die sowohl in Kriegs- als auch in Friedenszeiten arbeiten mußten, wie z. B. der Baupolizei, des Ernährungs-, Fürsorge- und Bestattungsamtes. Diese sind zwar Darstellungen aus der Sicht der Fachbeamten, die jedoch trotzdem wichtige Rückschlüsse auf die Gesamtsituation zulassen.

Absonderlich mag dabei dem Leser die noch bis zum letzten Kriegstag funktionierende Bürokratie erscheinen. So wurde noch am 7. Mai 1945 ein Schriftwechsel über die Bezahlung holländischer Kriegsgefangener geführt, welche vom Sachsenwerk Niedersedlitz zur Bestattung der Luftkriegsopfer abgestellt werden mußten. Ebenso makaber mögen die Niederschriften vom März und April 1945 über die Verwendung von Schuhen und Bekleidung, die den Luftkriegstoten auf dem Heidefriedhof abgenommen wurden, anmuten.

Ebenso kann auch die von Victor Klemperer in seinem Buch LTI beschriebene Sprache des Dritten Reiches in diesen Akten umfassend studiert werden: Luftkriegstote wurden zu »Gefallenen« bzw. zu »Terrorgefallenen«, Massengräber zu »Reihengräbern« und »Ehrenhainen«.

Noch bis Oktober 1944 waren dies Termini, welche die Dresdner nur aus Meldungen über den Luftkrieg auf andere deutsche Städte kannten.

Die 8 Luftangriffe gegen Dresden

Oft sind nur die beiden britischen Angriffe in der Nacht vom 13./14. Februar bekannt. Es gab jedoch weitere 6 amerikanische Bombardements, und zwar am 7. Oktober 1944, am 16. Januar 1945, am 14. Februar 1945, am 15. Februar 1945, am 2. März 1945 und am 17. April 1945. Besonders schwer war der Angriff am 17. April 1945 durch 580 Bomber vom Typ B-17, bei welchem 1554,7 Tonnen Sprengbomben abgeworfen wurden. Das war mehr als bei den beiden Nachtangriffen am 13./14. Februar (1477,7 Tonnen).[2]

Beim Luftangriff auf Freital am 24. August 1944 fielen bereits Bomben im angrenzenden Dresdner Stadtteil Coschütz, zumeist auf freies Feld, ohne nennenswerten Schaden anzurichten.

7. Oktober 1944

29 B-17-Bomber, auch als »fliegende Festungen« bekannt, warfen über dem westlichen Dresdner Stadtzentrum in der Zeit von 12.34 bis 12.36 Uhr 70 Tonnen Sprengbomben ab.

Einen umfassenden Überblick zu den Folgen dieses Angriffs vermittelt die 133 Blatt umfassende Akte »Luftangriff am 7. Okt. 1944, Städtische Berichte« im Stadtarchiv Dresden. Der darin enthaltene Bericht des Oberbürgermeisters Nieland vom 7. 10. 1944 (20 Uhr) verlautet:

»Besonders schwer getroffen wurde das Gebiet innerhalb folgender Straßen und Plätze: Postplatz, Annenstraße, Freiberger Straße, Ammonstraße, Könneritzstraße, Ostra-Ufer, Ostra-Allee. Außerdem Hamburger Straße (Seidel & Naumann). Schadenstelle in Neustadt: Peschelstraße. Von größeren Gebäuden getroffen: Seidel & Naumann, Stadthaus Theaterstraße, ehem. Logenhaus, Gewerbehaus, Wettinschule, Stallhof, neuer städtischer Speicher mit Gleisanlagen, Requisitenhaus, Häuser der Arbeitsfront am Platz der SA, Lagerhaus Transport AG … «[3] Durch den Angriff am 7. Oktober 1944 wurden 166 Wohngebäude mit 811 Wohnungen zerstört. 2755 Dresdner verloren ihr Obdach.[4]

Im Abschlußbericht am 2. November 1944 meldete Stadtamtmann Petzold im Auftrag des Leiters der Begräb-

Brände nach dem Luftangriff am 7. Oktober 1944 in der Wilsdruffer Vorstadt und in der Friedrichstadt (links der Turm der Jacobikirche, in der Mitte das Große Haus der Staatstheater, rechts die Sophienkirche)
Fotoarchiv Stadtmuseum

Zerstörte Häuser nach dem Luftangriff am 7. Oktober 1944 an der Ecke Reinhardstraße/Wettinerstraße
Fotoarchiv Stadtmuseum

nismaßnahmen: »An Gefallenen sind bis zum 2. November 1944 eingeliefert worden:

a) Äußerer Friedrichst.   241 bekannte Gefallene
   Friedhof, Bremer Straße 18   einschließlich 23 Ausl.
                               7 unbekannte Gefallene
                               einschließlich 5 Ausl.

b) Heidefriedhof   9 bekannte Gefallene
                               257 insgesamt«[5]

16. Januar 1945

127 B-24-Bomber warfen in der Zeit von 12.12 bis 12.17 Uhr 264,8 Tonnen Sprengbomben und 41,6 Tonnen Brandbomben ab. Getroffen wurden der Güterbahnhof Friedrichstadt, die Gegend um das Rathaus Cotta, die Löbtauer Friedenskirche, die Wettin-Schule, der Wettiner Bahnhof und das Hechtviertel in der Neustadt. Über die Zahl der Toten existiert auch hier wieder ein Abschlußbericht des Leiters der Begräbnismaßnahmen vom 29. Januar 1945:

»Von den auf den Gefallenen-Sammelstellen Eingelieferten sind bisher von der Kriminalpolizei bearbeitet und vom Bestattungskommando karteimäßig erfaßt:

a) auf dem Matthäus-Friedhof, Bremer Str. 18,
   288 bekannte Gefallene,
   davon 25 Ausländer u. 1 Wehrm. Angh.
   9 unbekannte Gefallene

b) auf dem St. Pauli-Friedhof, Dr.-Todt-Str. 100
   41 bekannte Gefallene, davon 6 Ausländer   zus. 338«[6]

Am 13. Februar findet sich eine handschriftliche Notiz, mit der die Zahl auf 334 korrigiert wurde.

13./14. Februar 1945

22.03 bis 22.28 Uhr: 243 Lancaster-Bomber und
01.23 bis 01.55 Uhr: 529 Lancaster-Bomber
warfen 1 477,7 Tonnen Minen- und Sprengbomben sowie 1 181,1 Tonnen Brandbomben.

Zielgebiet und Folgen dieser Angriffe werden in den weiteren Kapiteln beschrieben.

14. Februar

12.17 bis 12.30 Uhr: 311 B-17 warfen 474,5 Tonnen Minen- und Sprengbomben und 296,5 Tonnen Brandbomben über dem Güterbahnhof Friedrichstadt, dem Stadtteil Friedrichstadt, den Bahnhofsanlagen Dresden-Altstadt und der Leipziger Vorstadt ab.

15. Februar

11.51 bis 12.01 Uhr: 210 B-17 warfen 463,4 Tonnen Sprengbomben verstreut über das Stadtgebiet. Konzentrierte Abwürfe ließen sich nur am Landgericht Münchner Platz sowie im Waldschlößchen-Viertel feststellen.

2. März 1945

406 B-17 warfen 940,3 Tonnen Sprengbomben und 140,5 Tonnen Brandbomben in der Zeit von 10.27 bis 11.03 Uhr über Dresden ab. Getroffen wurden die Leipziger Vorstadt, die Marienbrücke, das Japanische Palais, das Waldschlößchenviertel, Dobritz, Gruna, Niedersedlitz sowie die Wasserwerke Saloppe und Hosterwitz.

17. April 1945

13.48 bis 15.12 Uhr: 580 B-17 warfen 1554,7 Tonnen Sprengbomben und 164,5 Tonnen Brandbomben ab. Getroffen wurden der Güterbahnhof Friedrichstadt, die Krankenhäuser Friedrichstadt und Löbtau und die Wohnviertel Zwickauer Straße, Chemnitzer Straße, Oschatzer Straße und Bürgerstraße sowie die schon zerstörte Altstadt mit dem Hauptbahnhof.

Die Bombenopfer dieses Angriffs vom 17. April wurden wie folgt beigesetzt: 325 Tote auf dem Neuen Annenfriedhof und 128 Tote auf dem Heidefriedhof.

Makaber mutet in dieser Situation der Streit zwischen Polizei und Friedhofsverwaltung zur Beisetzung auf dem Neuen Annenfriedhof an. Entgegen der Festlegung, Luftkriegstote nur auf dem Heidefriedhof zu begraben, brachte die Polizei bis zum 20. April 180 Leichen zum Neuen Annenfriedhof, der zunächst die Annahme verweigerte. Da die Polizei keinen Treibstoff zum weiteren Transport nach dem Heidefriedhof hatte, verblieben die Toten dann doch auf dem Neuen Annenfriedhof.[7]

Lange bevor die ersten Bomben auf Dresden fielen, hatten sich die städtischen Behörden auf die Folgen eines Luftkrieges eingestellt.

Tod und Zerstörung waren eingeplant

Bereits im Januar 1939 erhielt der Dresdner Oberbürgermeister Ernst Zörner von seinem Amtskollegen aus Essen mit dem Vermerk »Geheim!« einen Bericht über die Organisation des Bestattungswesens bei Luftangriffen. In Essen habe man für diesen Fall 5 Bestattungskommandos aufgestellt. Weiter hieß es: »Die Toten müssen zur Vermeidung von Paniken, vor allem bei Massenverlusten, in der Zeit zwischen der internen und der öffentlichen Entwarnung aus dem Stadtbild entfernt werden.«[8]

In diesem Falle sei die Beisetzung in Massengräbern vorzubereiten. Für das Ausheben dieser Gräber wurde ebenfalls namentlich ein Arbeitskommando festgelegt. Weiterhin bereitete man Kennzettel für »bekannte und unbekannte Tote« sowie Wertsachenbeutel vor. Für die Bestattungskommandos wurden Ausweise, Armbinden, Gummihandschuhe und Gasmasken bereitgestellt. Alle diese Vorbereitungen belegen, daß bereits 9 Monate vor Beginn des Krieges Tod und Zerstörung in deutschen Großstädten perfekt kalkuliert waren.

In Dresden wurden nach Kriegsbeginn 8 Bestattungskommandos für den Fall von Luftangriffen mit einer Gesamtstärke von 130 Mann aufgestellt. Mit Fortschreiten des Krieges beklagten die Verantwortlichen der Stadt mehrfach, daß durch Einberufungen zur Wehrmacht die geplante Stärke der Kommandos nicht mehr verfügbar sei. Im Frühjahr 1943 waren von den vorgesehenen 130 Mann nur noch 45 in Dresden. Zu diesem Zeitpunkt rechnete die Dresdner Stadtverwaltung verstärkt mit der Möglichkeit eines Großangriffes.

So lud am 17. März 1943 der Leiter der Begräbnismaßnahmen, Stadtgartendirektor Balke, die Dresdner Friedhofsleiter in das Rathaus ein, um erneut Planungen für die Bestattungsmaßnahmen nach einem Großangriff vorzubereiten. Bereits damals rechnete man mit der Wahrscheinlichkeit, daß die Einsatzkräfte der Stadtverwaltung und des Bestattungsamtes nicht ausreichen würden, und prüfte, ob Arbeitskräfte der kirchlichen Friedhöfe dafür freigesetzt und eventuell dienstverpflichtet werden könnten. Alle Friedhofsleiter erklärten jedoch, daß sie unter Arbeitskräf-

temangel litten. Der Leiter des Johannnisfriedhofs Dresden-Tolkewitz meinte, daß Massengräber im Falle eines Luftangriffes die beste Lösung seien. In ruhigen Zeiten könne dann die Überführung in Einzelgräber stattfinden. Anstelle der Bezeichnung »Massengräber« sollte die Benennung »Reihengräber« gewählt werden. Da die Friedhöfe im näheren Dresdner Stadtgebiet belegt waren, wurde die Errichtung von Massengräbern nur auf 3 Friedhöfen geplant: auf dem Heidefriedhof, auf dem Johannisfriedhof in Tolkewitz und auf dem St. Pauli Friedhof in Dresden-Neustadt.[9]

Am 2. April 1943 reiste der Dresdner Stadtgartendirektor in die Reichshauptstadt Berlin, um in die »dortigen Erfahrungen des Leichenaufhebungsdienstes unmittelbar nach Luftangriffen Einblick zu gewinnen.« Er besichtigte Bombenschäden im äußeren Stadtteil Köpenick, der nicht mehr unter Schutz des Flakgürtels im Stadtinneren stand, und berichtete: »Den größten Schaden richteten die Brandbomben an, da die Bevölkerung die Keller nicht verließ, um die Brandbomben zu bekämpfen, wirkten sich die Brandbomben verheerend aus., indem vor allem einzelne Villen in großer Anzahl abbrannten. In denjenigen Häusern, in denen einige beherzte Volksgenossen unter anderem auch Frauen schnell zugriffen und die Brandbomben mit Sand und Spritze bekämpften, konnten vielfach die Häuser bis auf einige Dachstuhlschäden erhalten werden.«[10]

Zum Bestattungswesen nach Luftangriffen in Berlin-Köpenick stellte der Dresdner Stadtgartendirektor fest, daß hier erhebliche Mängel aufgetreten seien; in Dresden wäre man besser vorbereitet.

Auch nach den großen Luftangriffen auf Hamburg Ende Juli und Anfang August 1943 überprüfte die Dresdner Stadtverwaltung erneut ihre Vorbereitungen.

Am 19. August 1943 erhielt der Oberbürgermeister Dresdens, Nieland, einen Schnellbrief des Reichsministers des Innern, »die Identifizierung von Kindern nach schweren Luftangriffen betreffend«. Darin wurde festgestellt, daß nach schweren Luftangriffen Kleinkinder aufgegriffen wurden, deren Personalien nicht festgestellt werden konnten, weil die Eltern oder sonstige Angehörige ums Leben gekommen oder nicht auffindbar waren. Es wurde empfohlen, diese Kinder zu fotografieren, damit anhand der Lichtbilder Nachforschungen angestellt werden könnten.[11]

Am 27. August 1943 ließ Oberbürgermeister Nieland die Vorbereitungen auf dem Gebiet des Meldewesens im Fall eines Luftangriffes überprüfen. Man stellte fest, daß die Melder der Hitlerjugend nicht richtig eingesetzt seien.

In einer Besprechung am 3. September 1943 mahnte der Stadtgartendirektor als Verantwortlicher der Bestattungs-

Übersicht der für den Katastrophenfall bereitgestellten
Sargbestände.

Anzahl	Eigentümer	Standort	Fernruf
8oo	Guhr & Stein davon 4oo Stck.f.Erd- und 4oo " " Feuerbestattungen	Kl.Zwingerstr. 8	2 oo 82
4oo	Beerdigungs-Gesellschaft "Pietät & Heimkehr"	Am See 26	2 42 76
2oo	desgl. "Zum Frieden"	Brühlsche Gasse 2	2 04 55 2 14 55
	desgl. "Concordia"	Obergraben 19	5 17 16 5 39 68
1oo	desgl. "Hoffnung"	Gröbelstraße 11	86 46 4o (7-18 Uhr)
	desgl. "Zur Ruh"	Schiffstraße 2	5 57 24

Aus Planungen des Dresdner Bestattungsamtes, Ende 1943
Stadtarchiv Dresden, Marstall- und Bestattungsamt, Nachtrag Nr. 3,
Blatt 151

maßnahmen nach einem Luftangriff an, daß die festgelegte
Reserve von 1500 Särgen unbedingt sichergestellt werden
müßte. Diese Särge sollten möglichst an verschiedenen
Stellen des Stadtgebietes gelagert werden.[12]

Nach dem schweren Luftangriff auf Leipzig am 4. Dezember 1943 wurden in Dresden wiederum die Planungen
überprüft und die Leipziger Erfahrungen untersucht.

In einer Niederschrift vom 11. Januar 1944 wurde berichtet, daß es in Leipzig nicht möglich war, für die vielen
Luftkriegsopfer auf den einzelnen Friedhöfen Gräber aus-
zuheben. So wurde ausschließlich der Südfriedhof zum Totensammelplatz bestimmt. Gegen diese Maßnahme der
Leipziger Stadtverwaltung habe es viele Klagen gegeben,
die mit Billigung des Herrn Reichsstatthalters abgewiesen
wurden. Weiter wurde festgestellt: »Auf Grund der Leipziger Erfahrungen soll in Dresden bei einem ähnlichen
Großangriff als Totensammelplatz der Heidefriedhof bestimmt und dort sämtliche Gefallenen gemeinsam – jedoch
jeder Gefallene in einem Einzelgrab – auf den Flächen beerdigt werden, die für einen Ehrenhain vorgesehen sind.«[13]

Ende 1943 ging in Dresden die Leitung der Bestattungs-
maßnahmen nach Luftangriffen auf den Stadtbaudirektor
Dr. Ing. Burkhardt über, da Stadtgartendirektor Balke zur
Wehrmacht eingezogen wurde.

Eine Besprechung am 13. Januar 1944 diente der Koordinierung des Einsatzes der Kriminalpolizei und der Be-
stattungstrupps nach Luftangriffen. »Übereinstimmung besteht, daß der Abriß des Kennzettels grundsätzlich nicht
eher entfernt und weitergeleitet wird, bis der Totensammelplatz vermerkt ist.«[14]

Am 18. und 19. Juli 1944 informierte sich der Abtei-
lungsleiter Lichey vom Dresdner Friedhofsamt über die
Bestattung der Luftkriegsopfer in München. Nach dem
großen Angriff vom 14. Juli wurden die Toten dort nur noch
auf einem Friedhof in Massengräbern beigesetzt. Von der
Gestaltung eines Ehrenhain könne jedoch nicht gespro-
chen werden »die allgemeine Zerissenheit der Anlage lasse
nirgends das Gefühl der Geschlossenheit und des damit
versinnbildlichten Gemeinschaftsopfers aufkommen …
Eine Vergleichsmöglichkeit mit den Anlagen des Leipziger
Ehrenhaines für Luftkriegsopfer, der mit seinem stim-
mungsvollen Bild sehr zur Beruhigung der Bevölkerung
beiträgt, ist in München jedenfalls nicht gegeben.«[15]

Am 24. August 1944 trat dann erstmals der lange ins
Auge gefaßte Ernstfall für Dresden ein.

Der Stellvertreter des Leiters der Bestattungsmaßnahmen meldete am 26. August »Der Luftangriff auf Freital in
den Mittagsstunden des 24. August d. J. hat auch in Dresden durch Bombenabwurf im Freitaler Grenzgebiet einige
Todesopfer gefordert. Die Personalien der Gefallenen sind
in meinem Auftrag durch Stadtinspektor Grießbach – Gar-
tenamt – am folgenden Tag festgestellt und in einem besonderen Verzeichnis vermerkt worden. Eine Kennzeichnung der Toten durch Anbringung des Kennzettels – gelbe
Farbe, bekannte Tote – ist bei den Toten durch die Kriminalpolizei in allen drei Fällen aus mir nicht bekannten Gründen unterblieben.«[16]

Am 7. Oktober 1944 wurde erstmals das Dresdner
Stadtzentrum bombardiert. In einem Erfahrungsbericht
des Einsatzstabes Begräbnismaßnahmen vom 18. Oktober
hieß es: »Der Organisations- und Einsatzplan über die zu
treffenden Begräbnismaßnahmen a) Leichenbeförde-
rungsdienst, b) Begräbnisdienst hat bei dem Luftangriff auf
Dresden in den Mittagsstunden des 7. Oktober d. J. seine
Probe bestanden.«[17]

Da sich das Schadensgebiet hauptsächlich auf die Wilsdruffer Vorstadt und die Friedrichstadt beschränkte, wurde
der Äußere Matthäusfriedhof, Bremer Straße 18, als Totensammelplatz bestimmt. Jedoch konnten diese Luftkriegsopfer, wenn es die Angehörigen wünschten, von dort aus
auf andere Friedhöfe überführt werden. »Für Terrorangriffe, die eine höhere Anzahl von Opfern fordern, sind für
die Bestattung größere Flächen auf dem städtischen Heidefriedhof und dem Johannisfriedhof in Tolkewitz vorgesehen. Die Friedhofswahl kann den Angehörigen dann aus
beerdigungstechnischen Gründen nicht mehr freigestellt
werden.«[18]

Aus den Erfahrungen des 7. Oktober 1944 schlußfol-
gerte die Dresdner Stadtverwaltung, daß eine Änderung
des Organisations- und des Einsatzplanes nicht beabsich-
tigt sei, da er sich in seinen Grundzügen bewährt habe.

Ebenso wie der Tod von Menschen war in Hitler-Deutschland auch die Zerstörung von Städten kalkuliert. Luftschutzübungen gehörten schon seit Mitte der 30er Jahre zum Alltag. Nach Kriegsbeginn wurden die Luftschutzmaßnahmen weiter ausgebaut. So ordnete der Dresdner Oberbürgermeister im April 1940 an, Notausgänge für Luftschutzräume über Brandmauerdurchbrüche zwischen den Häusern zu schaffen. Zeitungen meldeten im April 1940, daß in der inneren Altstadt mit diesen Durchbrüchen begonnen wurde. Für die Ausführung dieser Mauerdurchbrüche sei der Hauseigentümer verantwortlich. Er könne jedoch die Mieter zur Mitarbeit und zum Tragen der Kosten heranziehen.[19] Während des Feuersturms in der Nacht vom 13. zum 14. Februar 1945 sollten sich diese Durchbrüche als lebensgefährliche Fallen erweisen, da sich erstickende Gase von einem Keller in den anderen ausbreiten konnten.

Am 30. Mai 1940 teilte der Dresdner Polizeipräsident mit, daß dem Luftschutzort Dresden Luftschutzspritzen zugewiesen wurden. Jeder Haushalt mußte, innerhalb von 14 Tagen je eine Handspritze, einschließlich Schlauch von 2,50 m Länge, für 16,50 Reichsmark beziehen.

Da der Krieg an den Fronten immer mehr öffentliche Mittel verschlang, wurden wirksame Luftschutzmaßnahmen (z. B. bombensichere Bunker) nur in den besonders bedrohten Städten des Ruhrgebietes und Nordwest-Deutschlands ergriffen. Aber auch hier blieben viele Menschen in einfachen Kellern, die zu Luftschutzräumen deklariert wurden, schutzlos. Zynisch erklärte der Gauleiter, Reichsstatthalter und Reichsverteidigungskommissar für das Land Sachsen, Martin Mutschmann, im August 1943: »Alle Erfahrungen aus den Bombengebieten beweisen, daß die Opfer der Luftgangster zum großen Teil auf unverantwortliche Sorglosigkeit unserer Volksgenossen zurückzuführen sind. Es liegt bei jedem einzelnen, durch schnelle und beste Befolgung aller Maßnahmen der Partei und des Staates, aber auch durch eigene Tatkraft das Schlimmste abzuwenden. Wer in dieser ernsten Stunde noch taube Ohren zeigt, der hat, wenn es zu spät ist, kein Recht, zu klagen oder Ansprüche zu stellen.«[20]

Ganz anders sah das Stadtbaurat Dr. Wolf im März 1944, nach Besichtigung von bombensicheren Hochbunkern in Leipzig. Er stellte fest, daß die Dresdner Luftschutzanlagen nicht wie in Leipzig mit den besten Sicherheitsvorkehrungen ausgestattet werden durften, »... da Dresden erst im September 1943 in das Führerprogramm aufgenommen worden ist. Entsprechende Vorstellungen, die wir beim Polizeipräsidenten als örtlichen Luftschutzleiter erhoben haben, haben bis heute noch nicht zum Erfolg geführt.«[21]

Aus den Dresdner Akten zum Luftschutz geht hervor, daß seit Kriegsbeginn die Kluft zwischen den tatsächlich erforderlichen Luftschutzmaßnahmen und den realen Möglichkeiten immer größer wurde. Der Krieg im Osten seit Juni 1941 und ab Anfang 1943 der totale Krieg verschlangen alle verfügbaren Ressourcen.

Schon im April 1940 ordnete der Sächsische Minister des Innern an, daß bei Neubauten von Wehrwirtschaftsbetrieben für das Anlegen der Luftschutzräume Stahl einzusparen sei. Die Luftschutzräume sollten hier separat ausgeführt werden, damit keine tragenden Stahlelemente benötigt werden.[22]

Am 14. Januar 1944 teilte der Leiter des Dresdner Baupolizeiamtes, Dr. Conert, in einem Rundschreiben mit, daß der Polizeipräsident als örtlicher Luftschutzleiter selbst die Reihenfolge, den Zeitpunkt und die Art der Ausführung von Luftschutzbauten bestimme.

Im 1. Vierteljahr 1944 wurden 15 Luftschutzbauten genehmigt. Unter anderem gehörten dazu:

- Splitterschutz in der Dresdner Bank, König-Johann-Straße
- Splitterschutzmauer im NS Gauverlag, Wettiner Platz
- Deckungsgraben in der Dresdner Straßenbahn AG, Pfotenhauer Straße 106

Bau des großen Löschwasserbeckens auf dem Altmarkt im Jahre 1944
Fotoarchiv Stadtmuseum

- Löschwasserbehälter in der Firma Großmann, Chemnitzer Straße 26
- Luftschutzraum in der Firma Clemens Müller, Großenhainer Straße.

Für den Fall, daß Hauseigentümern noch Material und Arbeitskräfte zur Verfügung standen, durften diese in Selbsthilfe eigene Luftschutzbauten ausführen. Ansonsten waren Material und Arbeitskräfte nur über besondere Genehmigungsverfahren erreichbar.[23]

Entgegen allen Behauptungen der nationalsozialistischen Propaganda, daß es keinem ausländischen Flugzeug gelingen würde, deutsche Städte zu bombardieren, kam es bereits im Jahre 1940 zu ersten Luftkriegsschäden. Das machte die Kriegsschädenverordnung vom 30. November 1940 (Reichsgesetzblatt Teil I, Nr. 204, vom 4. Dezember 1940) notwendig. Um die 1942 und 1943 zunehmende Vielzahl von Anträgen zu bearbeiten, wurden spezielle Kriegsschädenämter eingerichtet.

Angesichts der schweren Luftangriffe auf deutsche Großstädte im Laufe des Jahres 1943, besonders nach den Angriffen auf Hamburg im Juli/August 1943, stellte sich die Dresdner Stadtverwaltung auch auf diesen Fall ein. Bis Ende 1943 wurde ein Kriegsschädenamt mit 8 Abteilungen (I. Leitung und Allgemeines, II. Hausratsschäden, III. Gewerbliche Schäden, IV. Nutzungsschäden, V. Gebäudeschäden, VI. Nutzungsschäden (Gebäudewirtschaft), VII. Technische Stelle und VIII. Schätzer) eingerichtet. Das Amt erhielt im Neuen Rathaus 4 Geschäftszimmer. Für den Ernstfall waren 190 Beamte zum Einsatz im Kriegsschädenamt eingeteilt. Bei etwaiger Zerstörung des Rathauses waren verschiedene Ausweichstellen vorbereitet. In einem 10 Seiten umfassenden Plan vom 9. Februar 1944 mit dem Titel »Organisation der Feststellungsbehörde für Kriegssachschäden im Stadtgebiet Dresden. Vorsorgemaßnahmen für etwaige Kriegssachschädenregelung gewissen Umfanges« wurde der Einsatz des Kriegsschädenamtes ausführlich geregelt.[24]

Die Dresdner Stadtverwaltung war also auf die Registrierung von Kriegsschäden im großen Stil eingerichtet.

Bürger, Hausbesitzer und Firmeninhaber wurden aufgefordert, für den Fall eines Bombenschadens Inventare ihres Eigentums anzulegen. Tausende heute noch im Stadtarchiv Dresden aufbewahrte Kriegsschädenanträge, die nach dem 13. Februar 1945 gestellt wurden, belegen, daß viele Dresdner diese Aufforderung befolgten und diese Verzeichnisse stets in ihrem Luftschutzgepäck bei sich trugen. In einigen Fällen wurden den Anträgen sogar Fotos der Wohnungseinrichtung oder des Hauses beigefügt.

Auf die besondere Gefahr durch Brandbomben wurden Behörden und Bevölkerung in Luftschutz-Rundschreiben seit 1941 mehrfach hingewiesen. Im Luftschutz-Rundschreiben der Dresdner Stadtverwaltung 10/41 vom 16. Oktober 1941 hieß es dazu: »Die englische Luftwaffe wirft neuerdings neben der bekannten Stabbrandbombe Blechkanister mit Phosphor-Kautschuklösung ab. Beim Auffallen platzt der Kanister auseinander und die Phosphorlösung spritzt brennend umher.«[25]

Auf die Weiterentwicklung von Brandbomben wies ein Schreiben vom 11. Mai 1942 hin: »Die englische Luftwaffe wirft neuerdings auch eine Phosphor-Brandbombe von 14 kg Gewicht ab. Der dünnwandige Stahlzylinder von 40 cm Länge und 12,6 cm Durchmesser ist mit einem brandstiftenden Mittel gefüllt, das aus einer dünnen gelblich-grünen Phosphor-Schwefel-Lösung (1/2 kg) und einer zähen, klebrigen Benzin-Kautschuk-Masse (4 kg)) besteht. Der Zünder hat eine geringe Verzögerung, so daß die Bombe vor ihrer Detonation mehrere Stockwerke durchschlägt oder tief in den Boden eindringt.«[26]

Durch diese Bomben verursachte Brände sollten durch Übergießen mit viel Wasser und sofortiges Entfernen aller brennbaren Gegenstände bekämpft werden. »Es ist bei Entfernung der Phosphorreste äußerste Vorsicht geboten, nicht mit den Händen berühren, nicht mit Bekleidungsstücken in Berührung bringen. Benutzung nasser Handschuhe bei Ablöschen wird empfohlen.«[27]

Auf einem zu Kriegsbeginn mit dem Vermerk »geheim« angefertigten Luftgefährdungsplan der Stadt Dresden wurden Wehrmachtsanlagen, wichtige Industrieanlagen, Verkehrsanlagen und wichtige Behörden eingezeichnet.[28] Diese als gefährdet angesehenen Objekte, die Behörden ausgenommen, lagen nicht im Stadtzentrum. Die beiden verheerenden Nachtangriffe am 13./14. Februar 1945 richteten sich nicht gegen diese erwarteten Ziele mit militärischer Bedeutung.

Mit Stand vom 25. Mai 1943 waren in Dresden 26 Luftschutz-Rettungsstellen und 5 Luftschutz-Notrettungsstellen eingerichtet worden. Unter den aufgeführten Luftschutzrettungsstellen befand sich auch die 25. Volksschule, Dresden A 19, Pohlandplatz 40, die tatsächlich in der Nacht vom 13. zum 14. Februar 1945 eine stark aufgesuchte Anlaufstelle für viele Bombengeschädigte war.

Als Verbandsplätze bei Massenanfall von Verletzten im Abschnitt Mitte waren die Horst-Wessel-Schule (Gerokstraße 22), das Amtsgericht Lothringer Straße (Einfahrt Marschallstraße) und das ehemalige Residenzschloß (Schloßstraße 25) vorgesehen. Alle 3 Plätze lagen am 13./14. Februar 1945 im Gebiet der totalen Zerstörung.

Mit Runderlaß des Reichsministers des Innern vom 29. 10. 1943 wurde auch eine Regelung für die »Kosten der Gemeinschaftstrauerfeiern der Gemeinden für die Gefallenen von Luftangriffen« getroffen. Es wurde bestimmt: »Die Kosten für die Gemeinschaftstrauerfeiern, die von den Gemeinden allein oder gemeinsam mit der Partei veranstaltet werden, werden ebenso wie die Kosten der Gemeinschaftsbestattung vom Reich getragen. Sie sind zunächst von den Gemeinden zu verauslagen.«[29]

Im Verlauf des Jahres 1942 hatte das Stadtwohlfahrtsamt auf Anordnung des Reichsverteidigungskommissars für den Fall von großen Luftangriffen für rund 300 fliegergeschädigte Familien Hausrat bereitzustellen.

In den Berichten hieß es, daß die Möbel von »ausgesiedelten Juden« dafür übernommen wurden.[30] Mit dem harmlos erscheinenden Wort »Aussiedlung« war die Verschleppung Dresdner Juden in die Ghettos Theresienstadt und Riga und in das Vernichtungslager Auschwitz gemeint. Diese Möbel der Dresdner Juden wurden im ehemaligen Residenztheater, Zirkusstraße 16, das jedoch sehr brandgefährdet war, eingelagert. Deshalb ergingen Ersuchen an die Landratsämter in der Umgebung von Dresden, Lagerraum für diese Möbel zur Verfügung zu stellen. Aus den Landkreisen kamen Absagen mit den Begründungen, daß die verfügbaren Räumlichkeiten (Gasthöfe, stillgelegte Betriebe und Schulen) durch Wehrmacht, Bombengeschädigte aus West-Deutschland, Umsiedler, Kriegsgefangenenlager, Kinderlandverschickung sowie durch die Auslagerung von Museums- und Bibliotheksbeständen belegt wären.[31]

Zu den Luftschutzmaßnahmen gehörte auch die Kinderlandverschickung. Seit 1940 wurden Kinder aus Hamburg, Düsseldorf und Köln in Dresden untergebracht. Im Rundschreiben Nr. 22/40 der NSDAP-Gauleitung Sachsen vom 15. Oktober 1940 hieß es dazu: »Im Gau Sachsen werden sofort ca. 30000 Kinder untergebracht, die aus luftgefährdeten Gauen kommen. Die Unterbringung erfolgt für Kinder unter 10 Jahren in Familien, für Kinder von 10–14 Jahren in Heimen, Jugendherbergen und dgl. In Sachsen ist Heimunterbringung hauptsächlich in der Form vorgesehen, daß Unterkünfte in Schulen eingerichtet werden. In diesen Schulunterkünften werden nur kleine Gruppen von 20–30 Jugendlichen untergebracht.«[32]

Im Jahr 1941 waren in Dresden etwa 1400 Kinder in 40 dafür vorbereiteten Schulen sowie 300–400 Kinder und einige Mütter bei Familien einquartiert. Mit Beginn des totalen Krieges Anfang 1943 wurden auch in Dresden die Eltern aufgefordert, ihre Kinder in weniger luftgefährdete Orte außerhalb der Stadt zu evakuieren. Man rechnete nun auch mit großen Angriffen auf Dresden. Gesamtberichte zu dieser Evakuierung von Dresdner Kindern waren nicht auffindbar.

Der Schuljahres-Bericht August 1943 bis Juli 1944 der 40. Volksschule, in Dresden-Trachau, vermittelt jedoch Einblicke in die Situation aus der Sicht einer einzelnen Schule. Der Schuldirektor berichtete: »Der Appell an die Elternschaft, ihre Kinder nach weniger luftgefährdeten Gebieten zu evakuieren, hatte nur geringen Erfolg.«[33] Von ca. 1000 Schülern nahmen nur 143 an der Evakuierung teil. Als Evakuierungsort wurde Neugersdorf genannt. Andererseits wurde vermerkt, daß 52 Kinder aus Berlin, Hamburg, Bremen, Kiel, München, Aachen, Stettin und mehreren Städten des Rheinlandes im Einzugsgebiet der 40. Volksschule untergebracht waren.

Ausgehend von diesen Zahlen kann man nach vorsichtiger Schätzung annehmen, daß 1943/44 etwa 15 bis 20 Prozent der Dresdner Schüler an der Kinderlandverschickung teilnahmen und wiederum etwa 2000 Kinder aus anderen Städten sich in Dresden befanden. Augenzeugenberichte besagen, daß Ende 1944/Anfang 1945 mit dem Heranrücken der Front viele der evakuierten Dresdner Kinder wieder in die Stadt zurückkehrten.

Die Rechtlosigkeit der Geschädigten eines Luftangriffes brachte eine Anweisung des Oberbürgermeisters Nieland vom 18. Oktober 1944 zum Ausdruck. Unter der Überschrift »Beschlagnahme der Baureste zerstörter Gebäude« wurde angeordnet: »Die Baustoffe sowie die wesentlichen Teile und Zubehörteile – z. B. Steine, Dachziegel, Holz, Eisen, Fenster, Türen sowie Öfen, Herde, Heizkörper, Rohrleitungen, elektrische Anlagen, Kessel, Badewannen, Wasserbecken – der durch Luftangriffe zerstörten Gebäude müssen für kriegswichtige Zwecke (Behelfsheimbau des Wohnungshilfswerks, Fliegerschädenbeseitigung, Rüstungsbau, Schrottaktion, Luftschutzbau) verwendet werden. … Der Eigentümer oder Besitzer darf somit über die beschlagnahmten Sachen nicht mehr verfügen.«[34] Selbst die Trümmer gehörten nicht mehr demjenigen, dessen Hab und Gut bei einem Luftangriff vernichtet wurde.

Man darf gar nicht daran denken, wenn man im Keller sitzt und wartet so auf den Tod

Dies schrieb am Montag, dem 12. Februar 1945, die 55jährige Dresdnerin Frida Mehnert an ihren Bruder Richard und die Schwägerin in Pirna. Mit ihrem Mann Karl

(63 Jahre) wohnte sie auf der Marienstraße 42, dem Haus der Dresdner Nachrichten, wo Karl Mehnert als Schriftsetzer arbeitete. Am Sonnabend und Sonntag hatte das Ehepaar Mehnert ihre Tochter Gertrud in Helmsdorf bei Stolpen besucht.

Bis zu diesem 12. Februar 1945 hatte es in Dresden 174 Fliegeralarme gegeben, den ersten in der Nacht vom 28. zum 29. August 1940. Allein im Jahre 1944 mußten die Dresdner 98mal in die Luftschutzkeller. 23 Alarme gab es seit Jahresbeginn 1945, das letzte Mal am 9. Februar, 11.35 Uhr.[35]

Frida und Karl Mehnert erstickten in der Nacht vom 13. zum 14. Februar mit 50 weiteren Bewohnern der Marienstraße im Luftschutzkeller des Hauses Nr. 42.

Der Brief von Frida Mehnert schildert sehr prägnant die Situation in den Tagen vor dem 13. Februar 1945 und gibt die Gedanken einer lebenserfahrenen einfachen Dresdner Hausfrau wieder, die mit gesundem Menschenverstand der Propaganda des Hitler-Regimes mißtraute.

»Dresden, den 12. 02. 45
Liebes Lenel u. Richard!

Deine Karte dankend erhalten. Wir waren von Freitag bis Montag früh bei Gertrud. Karl arbeitet 2 Tage nicht und dann abends von 10 bis früh um 6 Uhr. Es geht noch alles zugrunde. Nun ist schon Liegnitz besetzt und Görlitz wird geräumt. In Dresden wimmelt es von Flüchtlingen. Das Herz kann einem bluten. Und niemand macht ein Ende. Es wird nicht lange dauern, wird wohl Dresden auch geräumt. Wo soll man dann hin. Daß es einmal so ein Ende nimmt, das hätte niemand gedacht. Am Sonnabend sind 700 Mann Volkssturm fort in der Nacht. Die können einem Leid tun. Warum meldest Du Dich denn nicht mal krank. Ich sehe das schon kommen, die holen jetzt alles. Du wirst schon sehen, dann ist es zu spät. Aber Du hörst doch nicht. Du kannst eben nicht. Beim Karl haben sich auch viele krank gemeldet. Warum Du das nicht einmal tust. Das beunruhigt mich direkt. Also tue es nur. Jetzt ist es noch Zeit. Jetzt mußten die in Breslau geschanzt hatten heim laufen, anders war keine Möglichkeit.

In Chemnitz ist vorige Woche ein furchtbarer Angriff gewesen. Die Stadt hat tagelang gebrannt. Ob denn Ernst und Liddi noch leben.

Lenel, schreib mal mit an die Gertrud, wann sie mal paar Kartoffeln für Euch hätte, soll sie an Euch denken. Von allein tut sie es nicht, also tu es.

Bei uns sind vom letzten Angriff noch viele Tote nicht beerdigt. Sie kommen gar nicht nach. Manchen Tag stehen 98 Todesanzeigen drin. Ich zähle sie immer. Man darf gar nicht

dran denken, wenn man im Keller sitzt und wartet so auf den Tod. Die anderen haben ihre Bunker, da kommt keiner ran. Opitz Richard brauch nicht nach Kamerun. Das ist vorbei. Unser Hitler weiß schon, was er will.

O Gott in dieser Zeit muß man leben. Das geht jetzt ziemlich schnell mit dem Volkssturm ausbilden, dann heißt es ran an den Feind. Jeden Tag denkt man, es kracht wieder. Du hattest an Gertrud geschrieben, Dein Vater ist auch nicht auf der Höhe, na das Alter macht viel aus. Man sieht ja schon selber so alt aus, und jetzt wirds nicht besser. Vor Weißig und auf dem Weißen Hirsch, da schanzen sie schon mächtig. Es ist zum Lachen. Und zum Volksopfer sind so viele schöne S. A. Mäntel und Uniformen abgegeben worden, ich möchte wissen warum? Wo sie jeder S.A. Mann gebrauchen kann. Also Richard folge mir und melde Dich mal krank. Anbei eine Brotmarke. Es wird noch ganz mies mit der Fresserei. Und schreib mal wegen Kartoffeln. Sie sagte zu mir am Sonntag, wenn Lenel mal um Kartoffeln schreibt, da schicken sie welche, aber schreib nichts von mir, mach es bald, denn man weiß nicht wie lange. Die Kartoffeln von der Gertrud sind wie die Eier und schmecken prima, da können unsere nicht mithalten.
Da bleibt gesund, seid herzlich gegrüßt

von Eurer Frida und Karl«[36]

Vielleicht war an jenem 12. Februar Karl Mehnert am Setzen der Nr. 37 der Dresdner Zeitung für den folgenden Tag beteiligt. Diese Zeitung bestand nur noch aus einem Blatt mit zwei Seiten. Der Leser erfuhr unter den Überschriften »Begrenzte Kräftemassierung. Die Kampflage im Osten – Folgen der sowjetischen Ausfälle« und »Harter Kampf zwischen Maas und Niederrhein. Schweres Ringen auch im Gebiet der Schnee-Eifel« einiges über die Lage an der Ost- und Westfront.

Rein sachlich konnte er registrieren: Im Osten stehen die Truppen der Sowjets vor Mährisch-Ostrau, Breslau, Bunzlau, Sagan und an der Oder zwischen Frankfurt und Küstrin existieren bereits Brückenköpfe. Sagan liegt 120 km Luftlinie nordöstlich von Dresden. Auch die Westfront hatte in Aachen und in der Schnee-Eifel deutsches Gebiet erreicht. Zur Lage an der Ostfront mußte der Kommentator eingestehen: »An den Schwerpunkten sind die Operationen der Sowjets nach wie vor in Fluß. Und die Deutschen müssen sich gegen eine beträchtliche Übermacht an Menschen und Waffen zur Wehr setzen. Die Schlacht hat also gewiß noch nichts von ihrer blutigen Unerbitterlichkeit verloren. Es ist auch noch nicht gelungen, den sowjetischen Vormarsch insgesamt aufzuhalten.« Endsieg-Stimmung konnte nur noch durch den Hinweis auf operative Gegenmaßnahmen, die vorbereitet würden, verbreitet werden.

Die Lage an der Westfront wurde kommentiert: »Trotz anhaltend starken Druckes konnten die Anglo-Amerikaner am Sonntag an der Westfront wieder nur geringfügige Bodengewinne erzielen.« Die Westfront schob sich in Richtung Ruhrgebiet vorwärts. Von der Ardennen-Offensive war nichts mehr übriggeblieben.

Über die Konferenz der Alliierten in Jalta wurde berichtet: »Von der Dreierkonferenz der Kriegsverbrecher Stalin, Roosevelt und Churchill am Schwarzen Meer verlautet eine weitgehende Einigung über die künftige Behandlung Deutschlands, und zwar sei jetzt der Morgenthau-Plan auch von Stalin im Prinzip angenommen.« Der Kommentator verkündete, daß diese Pläne »... auf die völlige Ausrottung und Vernichtung der Deutschen abzielen...« und um dem zu entgehen, gebe es nur einen Weg »Kampf mit allen Kräften und allen Mitteln, den deutschen Boden wieder freizukämpfen und damit die satanischen Pläne unserer Gegner zunichte zu machen«.

Unter der Überschrift »Bombenterror gegen Flüchtlinge« wurde berichtet, das englische Luftfahrtministerium habe eingestanden, daß der schwere Luftangriff am 3. Februar auf Berlin die Unterbringung der Flüchtlinge aus den Ostgebieten erschweren sollte.

Auch auf Seite 2 der Zeitung dominierte die militärische Komponente. Unter der Überschrift »Sowjets verloren fast 8000 Panzer« sollte Endsieg-Stimmung verbreitet werden. An der Ostfront seien in den vergangenen vier Wochen 7966 Panzer und 457 Flugzeuge der Sowjets zerstört worden. Das Vergeltungsfeuer auf London dauere an.

Unter der Überschrift »Wo, wann und warum schanzt man eigentlich?« sollten die Schanzarbeiten in Weißig und am Weißen Hirsch begründet werden. Aus diesem Artikel sprach auch die große Furcht vor Panzerdurchbrüchen weit hinter der Front, wie es bei der Winteroffensive an der Ostfront mehrfach geschah.

In der Rubrik »Dresden und Umgebung« wurde zu weiteren Volksopferspenden für den Volkssturm aufgefordert sowie zu Hilfsdiensten auch durch Frauen und Mädel für den Volkssturm aufgerufen. Der Beauftragte des Gauleiters Oberschlesien für die nach dem Gau Sachsen evakuierte Bevölkerung teilte die neue Anschrift seiner Dienststelle, Dresden-N, Bautzner Straße 23, mit.

16 Todesanzeigen wurden unter der Rubrik »Für Großdeutschland starben den Heldentod« abgedruckt. Zumeist lag das Todesdatum ein bis zwei Monate zurück und es überwog die Westfront. Ganz offensichtlich durften hier nur einige wenige Todesnachrichten abgedruckt werden.

Alles in Flammen eingehüllt, ein Durchkommen nicht mehr möglich

Zu den Geschehnissen in der Nacht vom 13. zum 14. Februar 1945 hatte der amtliche Bericht, die Schlußmeldung des Höheren SS- und Polizeiführers Elbe vom 15. März 1945, ermittelt:

»1. Angriff (13.2.45): ÖLW: –, Fliegeralarm: 21.55 Uhr, Vorentwarnung: 22.40 Uhr, Entwarnung: 23.27 Uhr, Zeit des Bombenanbwurfes: 22.09 Uhr bis 22.35 Uhr. Etwa 500 Feindflugzeuge.
2. Angriff (14.2.45): ÖLW: –, Fliegeralarm: 01.07 Uhr, Vorentwarnung – Entwarnung: –. Vor- und Entwarnung infolge des völligen Ausfalles der Großalarmanlage und sämtlicher nachrichtentechnischer Mittel während des 2. Angriffes unmöglich. Zeit des Bombenabwurfes: 01.22 bis 01.54 Uhr. Etwa 500 Feindmaschinen.«

»Abwurfmittel	Spreng-bomben	Stabbrand-bomben	Flammenstrahl-bomben
1. Angriff: etwa	3000	400000	2500
2. Angriff: etwa	4500	170000	2000«

»Die Angriffe, insbesondere die beiden Nachtangriffe überwiegend reine Terrorangriffe gegen die dicht bevölkerten Stadtteile. 1. Angriff fast über das ganze Stadtgebiet. Feuersturm bereits nach 1/2–3/4 Stunde. 2. Angriff mit erhöhtem Sprengbombeneinsatz. Sprengbombenabwurf insbesondere auf die in Flammen stehende Innenstadt und große Teile der Gebiete, in welchen die Bevölkerung der Innenstadt vor dem Feuersturm Zuflucht suchte. (Großer Garten und sonstige Grünanlagen, Stadtteile mit offener Bauweise.) Starker Brandbombeneinsatz beim 2. Angriff besonders auf Gebiete, welche beim 1. Angriff vorwiegend mit Sprengbomben belegt worden waren. Die beiden Nachtangriffe müssen teilweise im Tiefangriff erfolgt sein, da in den Gebieten der offenen Bauweise die Häuser reihenweise mit Spreng- und Brandbomben belegt wurden und auf den Straßen verhältnismäßig wenig Sprengbombentrichter vorhanden sind. Durch die beiden Nachtangriffe das Stadtinnere von Dresden-Altstadt und die angrenzenden Stadtteile sowie die Südvorstadt fast völlig zerstört. Auch die Stadtteile Johannstadt, Friedrichstadt, Löbtau, Blasewitz, Striesen, Strehlen, Gruna, Plauen, Neustadt und Antonstadt hierbei schwer getroffen.«[37]

Das sind die Angaben, wie sie in Dresden im Laufe eines Monats ermittelt wurden. David Irving und Götz Bergander werteten britische Archivunterlagen aus und erhielten so genauere Angaben zur Zahl der Flugzeuge, zum zeitlichen Ablauf der Angriffe und zur Art und Zahl der abgeworfenen Bomben. In den britischen Einsatzberichten gibt es keine Hinweise auf Tiefangriffe.

Die Schlußmeldung vom 15. März 1945 schildert nichts, was Tausende im Feuersturm erlebten. Hier ist der Historiker auf Augenzeugenberichte angewiesen. Wobei diese stets die Erzählungen von Menschen sind, die das Inferno überlebten. Das sind nicht die Erlebnisse der Umgekommenen.

Besonders authentisch sind vor allem Berichte, die noch unmittelbar im Jahre 1945 entstanden. In den in späteren Jahren niedergeschriebenen Erinnerungen vermischen sich oft tatsächliche Erlebnisse mit später Gelesenem oder Gehörtem.

Besondere Verdienste erwarb die 1985 gegründete Interessengemeinschaft »13. Februar 1945«, die seitdem über 200 Augenzeugenberichte dokumentierte und einige ausgewählte Erinnerungen seit 1989 mit einer Ausstellung und seit 1991 mit einer Publikation unter dem Titel »Lebenszeichen« der Öffentlichkeit zugänglich machte. Typisch in all diesen Berichten ist die Tatsache, daß die Überlebenden des Feuersturms den Mut hatten, die Luftschutzkeller der brennenden Häuser zu verlassen und an den Stadtrand zu fliehen.

Das Stadtmuseum erhielt im Jahre 1993 einige Berichte von Personen, die an der Flüchtlingsbetreuung und als Militärangehörige an den Bergungsarbeiten beteiligt waren. Begonnen werden soll jedoch mit einem Brief, den der Dresdner Hans Schröter am 5. August 1945 an die Tochter von Frida Mehnert schrieb. Hans Schröter hatte den 1. und 2. Angriff auf der Marienstraße, im Zentrum des Feuersturms, überstanden und überlebte an einer freien Stelle am Ring in der Nähe des Bismarck-Denkmals, während seine Frau und Kind in der Marienstraße blieben und dort erstickten.

»Dresden, den 5. 8. 45
Liebe Frau Ganze!

Ihren Brief mit traurigem Inhalt erst heute erhalten, mein aller herzliches nachträgliches Beileid. Aber es geht so vielen so. Mir hat das Schicksal am schlimmsten mitgespielt. Ich habe kein Interesse mehr zum Leben. Stehe nun ganz alleine auf der elenden Welt – keinen Sinn und Zweck mehr – für was soll ich noch arbeiten. Habe Familie und 7 Angehörige durch die Wahnidee Hitlers eingebüßt. Hätte nur der 20. Juli geklappt! Aber sind Sie froh – Sie haben Ihren lieben Mann, Ihr Kind, Ihr Heim – ich wünsche es Ihnen von ganzen Herzen, nun will

ich Ihnen mal den Hergang am 13. und 14. Februar schildern – es war furchtbar und werde es nie vergessen in meinem Leben – habe das Bild jeden Tag vor den Augen.

Sonnabends und Sonntags bin ich auf der Marienstraße 38–42. Bin im Gedanken bei meinen Lieben – hoffentlich erlöst mich das Schicksal bald – mir fehlt nur Opium. Nun will ich den Hergang schildern, wir waren alle im Keller, wir in 38, Ihre Eltern mit Eulitz in 42, hatten alle 2 Angriffe glücklich überstanden und dachten nun lebend davonzukommen. Es sollte aber leider nicht der Fall werden. Gleich beim 2. Angriff wurde die Tür von Keller 38 verschüttet, so daß nur noch der Notausgang nach 40 und 42 aus übrig blieb. Als wir nach 40 rüberkamen, schlugen uns schon die Flammen von den Treppenhäusern herunter, also war höchste Eile am Platze, um unser nacktes Leben zu retten. Es ging alles in größter Ruhe vor sich. Da das elektrische Licht versagte, hatten wir elektrische Taschenlampen und Petroleumlampen bei der Hand, die Ausgänge waren nur mit größtem Mut zu begehen, was bei vielen fehlte, so vielleicht auch bei Ihren lieben Eltern. Sie dachten vielleicht, wir halten es im Keller aus, hatten aber nicht mit dem Sauerstoffmangel gerechnet. Wie ich nun rauskam, sah ich meine Frau und Sohn im Wachlokal Marienstraße 42 ptr. so hilflos stehen, da ich aber noch eine alte Tante aus Liegnitz hatte, wollte ich auch sie rausholen und sagte meiner Frau, komme in 2 Minuten wieder, als wir nach dieser Zeit wiederkamen, waren meine Lieben verschwunden, so bin ich wieder durch alle Keller auf die Straße, überall nicht zu finden, alles in Flammen eingehüllt, ein Durchkommen nicht mehr möglich, da ich meine Angehörigen nicht finden konnte, faßte ich noch einmal mein bißchen Lebensmut und kam bis ans Bismarckdenkmal und habe eine Stunde gegenüber an dem Häuschen gestanden, bis auch dort das Dach anfing zu brennen. Nun bin ich noch 30 Meter weiter die Ringstraße gegangen und habe mich dort bis es helle wurde aufgehalten, was man nun sah, war so grauenhaft, daß man so was nicht in Zeilen schildern kann, alles lag von verbrannten Leichen herum. Ich ging nun in größter Hast zu meinem Heim und Betrieb, um meine Lieben noch lebend wieder zu finden, leider war es nicht der Fall, sie lagen auf der Straße vorm Hause 38, so friedlich, als schlafen sie, was ich da durchgemacht habe, können Sie ermessen. Nun mußte ich feststellen, wo meine Schwiegereltern oder andere Kameraden lebend aus unserem Keller zu bergen waren. Zu diesem Zweck hatte ich mir noch 2 Mann von der Wehrmacht geholt, da keine Betriebs-Angehörigen da waren. Als wir den Notausgang 38 aufmachten, kam so eine Hitze raus, so daß es unmöglich war, in diesen Keller zu gelangen, so mußten wir am Eingang 40 den Fußabstreicher entfernen, um ins Bad und dadurch in die Keller 40 und 42 zu gelangen, der Keller 42 lag voll Leichen, ich stellte 50 Stück fest, es waren auch Eulitz dabei, Ihre Eltern konnte ich nicht erkennen, da alles übereinander lag, der Anblick war furchtbar. Danach habe ich alles für das Bergungskommando in die Lesekästen auf der Straße angeschrieben. Nun erkrankte ich an Rippenfell-Entzündung schwer und konnte bei der Bergung der Leichen nicht dabei sein, dadurch ist alles unbekannt, wenn nicht an Papieren festgestellt wurde, fortgeschafft worden. Eins ist noch zu berichten, daß die Kellertreppe 42 eingestürzt war, so daß den Leuten der Ausgang abgeschnitten war, hoffentlich können Sie sich nun ein Bild von dem Grauen machen. Es grüßt Sie und Ihre Familie

*Ihr Hans Schröter
Dresden - A.28, Poststraße 28 II
b. H. Fleischmann«[38]*

Besonders erschütternd sind die Fotoaufnahmen, die der Bauingenieur Heinz Kröbel wenige Tage nach dem 13. Februar 1945 von verbrannten Menschen am Brunnen auf dem Moltkeplatz anfertigte (siehe Bilder auf den Seiten 82 bis 85 dieses Buches).

Im Jahre 1993 erhielt das Stadtmuseum auch drei Augenzeugenberichte vom Geschehen auf dem Moltkeplatz und in den angrenzenden Straßen.

Herr Heinz Zimmermann, Dresden, Jahrgang 1931, berichtete am 15. 11. 1993:

»Ich wohnte von meiner Geburt bis zum 13. Februar 1945 im Haus Moltkeplatz 6 (IV. Etage). Im Jahre 1944 wurde auf der Südseite des Moltkeplatzes ein betonierter Splittergraben angelegt. (Dieser Splittergraben ist auf den Fotos von Heinz Kröbel zu erkennen.) Russische Kriegsgefangene bauten bereits 1943 ein unterirdisches Wasserreservoir an der Nordseite des Platzes. Unser Luftschutzkeller im Haus Moltkeplatz 6 besaß einen Splitterschutz vor dem Kellerfenster und einen Durchbruch zur Walpurgisstraße. Nach dem 1. Angriff verließ unsere Familie das Haus Moltkeplatz 6. Zu diesem Zeitpunkt brannten 3 Häuser am Moltkeplatz. An der Walpurgisstraße stürzte ein brennendes Haus ein. Wir flüchteten über die Räcknitzstraße, Sidonienstraße, Goethestraße, Strehlener Straße, Gutzkowstraße und Reichenbachstraße. Dort überraschte uns der 2. Angriff. Wir suchten in dem nächstgelegenen Luftschutzkeller Reichenbachstraße/Beutlerpark Schutz. Dieses Haus brannte dann auch. Phosphor lief in den Keller. Daraufhin verließen wir auch diesen Keller und begaben uns über die Teplitzer Straße zur Dohnaer Straße und schließlich nach Falkenhain bei Dohna, wo uns Verwandte aufnahmen. Über

das Schicksal der im Adreßbuch 1943/44 verzeichneten Bewohner vom Moltkeplatz 6 kann ich Folgendes aussagen:

Erdgeschoß	Saske	überlebte den 13. Februar
I.	Mühler	überlebte den 13. Februar
	Stiaßny	überlebte den 13. Februar
II.	Schunk	nicht anwesend
	Grafe	wahrscheinlich umgekommen
II.	Lachmann	wahrscheinlich umgekommen
	Green	wahrscheinlich umgekommen
IV.	Zeibig, Herbert	überlebt
	Zeibig, Albin	tot am Brunnen Moltkeplatz aufgefunden
	Dietze	umgekommen, von meinem Vater identifiziert
	Zimmermann	überlebt«

Im Haus Moltkeplatz 6 waren keine Flüchtlinge einquartiert.

Frau Annerose Hennig, Gröditz, schrieb am 17. April 1993:

»Ich habe mit 11 Jahren den Angriff auf Dresden erlebt. Wir wohnten in der Portikusstraße, neben der Bürgerwiese. Den 2. Angriff erlebten wir in einem Splitterschutz-Graben in der Bürgerwiese …

Die Stadt war nicht überfüllt, zumindest nicht so, daß alle Straßen, Plätze und Grünanlagen mit Flüchtlingen überfüllt waren. Wir gingen damals in die Schule weit hinter dem Hauptbahnhof und haben keine Erinnerungen an solche Massen. In unserem Haus wohnten auch keine Flüchtlinge. Der Hauptbahnhof war aber voll mit Flüchtlingen, das stimmt.«

Herr Hansjoachim Freiershausen, Dresden, Jahrgang 1930, erinnerte sich am 19. Mai 1993:

»Ich wohnte damals in Freital-Zauckerode. Im Januar und Anfang Februar 1945 war ich von der Hitlerjugend je einmal zur Betreuung von Flüchtlingen auf dem Dresdner Hauptbahnhof und auf dem Bahnhof Dresden-Neustadt eingesetzt. Täglich kamen 5 bis 7 Züge (D-Züge) mit Flüchtlingen, meist abends bis nachts, an. Eine der Sammelstellen für Flüchtlinge war der Saal von Donath's Neuer Welt in Tolkewitz. Ich erinnere mich, daß ich dorthin Flüchtlinge begleitete.

Am 13. Februar, nach dem ersten Angriff, begab ich mich mit meinem Freund Gert Hoppe, wie es von der Hitlerjugend gefordert wurde, zum Bahnhof Potschappel. Wir sollten zum Einsatz in die Dresdner Innenstadt. Dort wollten wir uns bei der HJ-Bannführung auf der Schulgutstraße 7 in der Pirnaischen Vorstadt melden. Mit der Straßenbahn fuhren wir zur Bienert-Mühle in Plauen. Von dort begaben wir uns zu Fuß über die Chemnitzer Straße, Falkenbrücke, den Hauptbahnhof, die Prager Straße und die Bürgerwiese in Richtung unseres Zieles. Zwischen Prager Straße und Bürgerwiese halfen wir einer schlesischen Flüchtlingsfrau, ihr Gepäck aus einer Apotheke zu bergen. Hier überraschte uns dann der 2. Angriff, so daß wir in einem Luftschutzkeller einer Villa in der Nähe der Bürgerwiese Zuflucht suchen mußten (wahrscheinlich Zinzendorfstraße). Im Keller waren ca. 15 Personen, die in diesem Haus wohnten. Das Haus über uns brannte, vom Eingang her ergoß sich das Feuer in den Keller. Ich vermutete, daß es Phosphor war. Wir verließen den Luftschutzkeller über den Notausgang, vorbei an einer Splitterschutzmauer und dann waren wir wieder auf der Bürgerwiese. Hier traf mich ein herabstürzender Gegenstand, ich wurde bewußtlos und erlitt einen Schädelbasisbruch. Zum Glück fand mich eine Sanitätsautobesatzung, die mich am frühen Morgen in die Klinik Pirna-Sonnenstein einlieferte. Am 21. Februar wurde ich nach Bad Gottleuba verlegt, da Sonnenstein nur noch als Militärlazarett genutzt wurde. Nach 6 Wochen konnte ich die Klinik verlassen.«

Bericht von Herrn Schubert, Dresden, Jahrgang 1924, am 30. April 1993:

»Bis zum 12. Februar 1945 war ich als Wehrmachtsangehöriger (Infanterie) in der Schützenkaserne stationiert. An diesem Tag erhielt unsere Kompanie den Befehl zur Umverlegung nach Freital-Potschappel, in die Turnhalle einer Schule. War das Zufall oder ahnte jemand den furchtbaren Angriff auf Dresden am folgenden Tag? Die beiden Nachtangriffe am 13./14. Februar erlebten wir im Luftschutzkeller der Freitaler Schule. Beim zweiten Angriff wurde eine Gaststätte in der Nähe des Bahnhofs Freital-Potschappel zerstört.

Am Morgen des 14. Februar sahen wir Ausgebombte aus Dresden, die mit LKW in Freital ankamen. Viele hatten verbrannte Bekleidung und einige waren verletzt. Gegen 9.30 Uhr begab ich mich über Gittersee nach Löbtau. Ich wollte nachsehen, ob dort meine Eltern auf der Malterstraße 62 noch lebten. Der 3. Angriff überraschte mich auf Feldern bei Gittersee. Meine Eltern machten einen stark verstörten Eindruck. Das Dach ihres Hauses war von Brandbomben getroffen worden. Bei meinen Eltern als auch bei den Nachbarn waren vor dem 13. Februar keine Flüchtlinge einquartiert.

Vom 16. bis 26. Februar wurde unsere Kompanie zur Leichen- und Trümmerberäumung in der Dresdner Innenstadt eingesetzt. Zuerst mußten wir das Gelände auf der Reichsstraße (heutige Fritz-Löffler-Straße) vom Hauptbahnhof bis zum Reichsplatz beräumen. Hier bargen wir etwa 150 bis 200 Leichen, die in der Kuppelhalle des Hauptbahnhofs gestapelt

Mit einer roten Vordruckkarte »Lebenszeichen« wurden nach Luftangriffen Angehörige informiert
Schriftgutsammlung Stadtmuseum, Inv.-Nr. 1402/1983

wurden. Der zweite Einsatz erfolgte am Altmarkt, wo wir aus dem großen Luftschutzkeller der Dresdner Bank auf der Johannstraße etwa 300 Leichen bargen, die sehr stark verkohlt waren. Nur Edelmetalle blieben an den Körperresten erhalten. Die Leichen wurden auf dem Fußweg an der Westseite des Altmarktes abgelegt. Personen in Zivil registrierten die Toten und versuchten diese zu identifizieren.

Später war die Kompanie an der Freiberger Straße zur Trümmerberäumung eingesetzt. Dabei bargen wir ca. 25 Leichen im Abschnitt zwischen dem Freiberger Platz und dem Siemens- Glaswerk. Der Bereich zwischen Freiberger Platz und Postplatz wurde von einer anderen Kompanie beräumt. Die Einsätze der verschiedenen Räumkommandos waren militärisch genau abgestimmt. Weiter kann ich mich erinnern, daß wir in zerstörten Hinterhäusern der Schäferstraße ca. 20 Leichen bargen. Diese Personen waren erstickt. Nachbarn konnten hier die Toten identifizieren.

Die Einsatzstelle für die Räumtrupps aus Richtung Freital befand sich im Café Hohendölzschen. Dort hörte ich ein Gespräch, bei dem ein Mitarbeiter der Einsatzleitung einem Oberstleutnant mitteilte, daß 60 000 Tote registriert seien.

Am 27. Februar wurde unsere Kompanie an die Front nach Ostpreußen verlegt.«

Bericht von Herrn Bruno Schote, Dresden, Jahrgang 1923, am 20. April 1993:

»Am Freitag, dem 9. Februar 1945, erhielt ich in München, wo meine Militäreinheit stationiert war, Hochzeitsurlaub nach Dresden. Mit dem Nachtkurierzug München–Dresden–Berlin erreichte ich Dresden innerhalb von 5 Stunden und 10 Minuten. Der Dresdner Hauptbahnhof, auf dem ich

3 Uhr früh ankam, war mit Flüchtlingen, Soldaten und Volkssturm überfüllt. Den Weg zur Wohnung der Eltern meiner Braut in Dresden-Pieschen, Bürgerstraße 12, mußte ich zu Fuß zurücklegen. In der Nähe des Hauptbahnhofs sah ich, daß Lokale noch geöffnet waren, in denen Flüchtlinge kampierten. Dagegen waren in der Wohnung meiner zukünftigen Schwiegereltern keine Flüchtlinge einquartiert.

Am Sonnabend, dem 10. Februar, gegen 10 Uhr begab sich unsere Hochzeitsgesellschaft mit einer Extra-Straßenbahn, die wir im Straßenbahnhof Mickten bestellt hatten, zum Standesamt Königstraße, wo 11 Uhr die Trauung stattfand. Am Nachmittag ließen wir beim Fotografen Hermann Groß, Leisniger Platz 1, die Hochzeitsfotos anfertigen. Der ganze Tag verlief friedlich ohne Fliegeralarm.

Dagegen gab es am 13. Februar gegen 20 Uhr Voralarm. Dann wurde jedoch gemeldet, daß sich die Verbände in Richtung Hannover bewegen würden. Gegen 21.30/21.45 Uhr gab es erneut Voralarm und danach Alarm. Nachdem ich vom Pieschener Winkel aus Flugzeuge über Löbtau sah, rannte ich mit meiner Frau sofort zum Luftschutzkeller auf der Bürgerstraße 12, der nur notdürftig eingerichtet war. Bei diesem ersten Angriff wurde kein Haus in der Nachbarschaft getroffen. Vom Geschehen in der Innenstadt erfuhren wir, als eine Freundin meiner Frau, die auf der Grünen Straße in der Wilsdruffer Vorstadt wohnte, nur mit einem Nachthemd bekleidet, bei uns eintraf. Ihre Haare waren verbrannt und ihre Füße mit Teer der durch die Hitze aufgeweichten Straßen beschmiert.

Beim zweiten Angriff wurde das Haus Bürgerstraße 13 von Brandbomben getroffen, welche die Bewohner jedoch löschen konnten.

Nach diesem Angriff fuhr Feldpolizei mit Motorrädern durch Pieschen und forderte alle Militärangehörigen unter Androhung von Strafen auf, sich zu Bergungsarbeiten sofort im Taschenbergpalais zu melden. Daraufhin begab ich mich nach 2 Uhr mit einem Fahrrad in Richtung Innenstadt. Erste große Zerstörungen sah ich vor der Marienbrücke, wo Häuser am Hotel »Stadt Metz« auf die Straße gestürzt waren. In der Ostra-Allee brannten ringsum alle Häuser. Auch das Taschenbergpalais brannte.

Es war jetzt etwa 5 Uhr. Kommandeure vor dem Taschenbergpalais wiesen die eintreffenden Militärangehörigen zu Bergungsarbeiten ein. Ich erhielt mit meinen Kenntnissen der Pionierausbildung die Leitung über einen Einsatztrupp von ca. 25 Personen. Die erste Aufgabe war, gegenüber vom Taschenbergpalais den Luftschutzkeller von Webers Hotel freizulegen. Ehe wir den Keller öffneten, ließen wir allmählich über ein Rohr Frischluft hinein. Ein plötzliches Öffnen hätte zum Lungenschlag bei den Eingeschlossenen geführt. Das

hatte ich in der Pionierausbildung gelernt. Die Mehrzahl der Leute, die im Luftschutzkeller von Webers Hotel Schutz suchten, konnten wir lebend bergen.

Auf dem Postplatz war ein Sammelplatz für aufgefundene Leichen.

Gegen 11 Uhr wurde mein Bergungstrupp zum Gebäude der Deutschen Bank, Ringstraße 10 (heute Gebäude der Dresdner Bank) beordert, um den dortigen großen Luftschutzkeller freizulegen. Hier konnten wir über 150 Personen lebend bergen. Die Geretteten wurden vom Roten Kreuz betreut und in Lazarette abtransportiert. (Am nächsten Tag erhielt ich für diese Rettung die Verdienstmedaille und Urkunde des Luftschutzes.)

Den Mittagsangriff am 14. Februar habe ich bei meinem Einsatz in der Innenstadt nicht wahrgenommen.

Die Nacht vom 14. zum 15. Februar verbrachte ich wieder bei meinen Schwiegereltern in Pieschen. Am 15. Februar mußte ich mich im Wehrkreis IV, General-Müller-Block, Königsbrücker Straße, melden. Für diesen Tag wurde ich zu Bergungsarbeiten in der Nähe des Neuen Rathauses eingesetzt. Dabei hatte ich Gelegenheit, nach meinem Patenonkel Kurt Oggel, Uhrenhandlung, Waisenhausstraße 29, zu suchen. Oggels hatten am Haus eine Nachricht hinterlassen, daß sie auf der Wittenberger Straße anzutreffen seien. Weiter beobachtete ich, daß geborgene Leichen auf dem Sammelplatz vor dem Neuen Rathaus verbrannt wurden.

Am Freitag, dem 16. Februar, mußte ich nach München zurückkehren. Diesmal dauerte die Reise nicht 5 Stunden sondern 5 Tage.«

Mehrfach berichteten die Augenzeugen, daß die Brände durch Phosphor verursacht wären. Nach den Einsatzplänen der britischen Luftwaffe wurde kein Phosphor abgeworfen.[39] Die in der Nacht vom 13. zum 14. Februar verwendeten Brandbomben hatten jedoch eine ähnlich starke Wirkung. In den Luftschutzbelehrungen waren die mit einer Phosphorzündmasse versehenen Brandbomben oft nur als Phosphorbomben bezeichnet worden. Das hatte sich bei vielen Menschen eingeprägt, so daß eine starke Brandwirkung mit dem Einsatz von Phosphor in Verbindung gebracht wurde.

Herr Schote berichtete von einer Leichenverbrennung am 15. Februar vor dem Neuen Rathaus. Das widerspricht den in den Akten nachvollziehbaren Feststellungen. Erst in einer Besprechung der Einsatzleitung am 20. Februar wurde angeordnet, daß in Zukunft die geborgenen Leichen verbrannt werden sollten. Diese Verbrennungen fanden bis zum 5. März auf dem Altmarkt statt. Von keiner anderen Stelle wurde Asche der Leichen abtransportiert.

Die Friedhöfe haben täglich die Anzahl der bestatteten Toten zu melden

In den bisherigen Publikationen zum 13. Februar 1945 gab es sehr unterschiedliche Angaben zur Zahl der in Dresden Getöteten. Das einzige amtliche Dokument, das dazu exakte Angaben enthält, ist die »Schlußmeldung über die vier Luftangriffe auf den LS-Ort Dresden am 13., 14. und 15. Februar 1945 des Höheren SS- und Polizeiführers Elbe«, ausgefertigt am 15. März 1945 in Eilenburg. Dort heißt es: »E. Personenschäden. Bis 10. 3. 1945 früh festgestellt: 18375 Gefallene, 2212 Schwerverwundete, 13718 Leichtverwundete. ... Die Gesamtzahl der Gefallenen einschl. Ausländer wird auf Grund der bisherigen Erfahrungen u. Feststellungen bei der Bergung nunmehr auf etwa 25000 geschätzt.«[40]

Die Autoren Walter Weidauer (Inferno Dresden, Dietz Verlag Berlin, 1965) und Götz Bergander (Dresden im Luftkrieg, Böhlau Verlag Köln, 1977) fanden dieses Dokument unabhängig voneinander und stützten die Grundaussagen ihrer Darstellungen darauf. Alle anderen Autoren beriefen sich bei ihren Angaben zur Zahl der Getöteten auf nicht belegte Augenzeugenberichte oder Vermutungen. In den kurzen Pressemeldungen über die Zerstörung Dresdens, die im Februar 1945 in Deutschland erschienen, wurden keine Angaben zur Zahl der Opfer veröffentlicht.

Im Gegensatz dazu meldeten ausländische Zeitungen, wie z. B. die Neuesten Züricher Nachrichten bereits am 17. Februar »Schwere Verwüstungen in Dresden. Stockholm, 17. Febr. (Exchange.) Nach Meldungen aus Berlin sind bei den Luftangriffen auf Dresden 50–70000 Personen umgekommen. Die Stadt sei eine Trümmerwüste. Die Verbindungen mit dem Rest des Reiches seien unterbrochen, da das Haupttelegraphenamt, alle Bahnhöfe und das militärische Hauptquartier zerstört wurden. Augenzeugen hätten behauptet, daß die Amerikaner eine neue Type Brandbomben benutzen, die die Umgebung besonders rasch in Brand setzte. Diese Brandbombe erzeugte eine ungeheure Hitze, so daß viele Personen in den Luftschutzkellern getötet wurden, ohne daß die Keller schwer beschädigt waren.«[41]

Bis in den März 1945 schwieg sich die deutsche Presse über die Zahl der in Dresden Getöteten aus. Am 4. März erschien in der Wochenzeitung »Das Reich« unter der Autorenschaft von Rudolf Sparing ein Artikel »Der Tod von Dresden. Ein Leuchtzeichen des Widerstandes.« So hieß es hier: »An jenem Abend mag die Stadt rund eine Million Menschen in ihren Mauern gehabt haben, neben ihren über 600000 ständigen Einwohnern einige Hunderttausend Bombengeschädigte und Umquartierte sowie Flüchtlinge aus den beiden schlesischen Nachbargauen.« Aussagen dieses Artikels sind später immer wieder ungeprüft übernommen worden.

Unwahr ist, daß Dresden am 13. Februar 1945 noch wie 1939 zu Kriegsbeginn 630000 ständige Einwohner hatte. Zehntausende Männer und Jugendliche waren zur Wehrmacht bzw. Flak- und Arbeitsdiensten eingezogen und befanden sich nicht in der Stadt. In statistischen Berichten aus dem Jahre 1945/46 wurde für Ende 1944 eine Einwohnerzahl von 566738 angegeben.[42]

Die Zahl der Ausgebombten aus anderen Städten, die nach Dresden umquartiert wurden, überstieg nicht Hunderttausend, wie Sparing angab. Wie bereits beschrieben (Vgl. Seite ##), befanden sich etwa 2000–3000 Kinder aus anderen Städten in Dresden. Akten der Dresdner Stadtverwaltung belegen weiter, daß es während des Krieges strenge Bestimmungen für den Zuzug nach Dresden gab. Nach den großen Bombenangriffen auf Hamburg im Juli/August 1943 wurde das Kriegsschädenamt angewiesen, daß auswärtige Fliegergeschädigte in Dresden nur dann aufgenommen werden können, wenn sie bei Verwandten wohnen.«[43]

Noch in der Dienstanweisung Nr. 661 des Dresdner Ernährungsamtes vom 6. Februar 1945 wurde festgelegt:

»a) Flüchtlinge, die in Dresden bleiben wollen, haben zuerst Aufenthaltsgenehmigung beim Amt für Wohnung und Siedlung, Rathaus, IV. Obergegeschoß, Zimmer 477, einzuholen.

b) Falls die Aufenthaltsgenehmigung erteilt wird, hat Meldung beim Meldeamt (zuständiges Staatl. Schutzpolizeirevier) zu erfolgen.

c) Aufgrund der polizeilichen Anmeldebestätigung erfolgt durch den Stadtbezirk Aufnahme in die allgemeine Lebensmittelkarten-Versorgung.«[44]

In großer Anzahl vorgenommene Augenzeugenbefragungen ergaben, daß nur in wenigen Fällen Flüchtlinge in Dresdner Haushalten untergebracht waren; Masseneinquartierungen von Flüchtlingen in den Wohnungen der Dresdner gab es nicht. Erst eine solche Art der Unterbringung hätte die Aufnahme von mehr als Hunderttausend Flüchtlingen in Dresden ermöglicht.

Eine Augenzeugin schrieb am 12. Februar 1945 in einem Brief, daß es in der Stadt von Flüchtlingen wimmelte. Dieser Eindruck entstand, da Tausende Flüchtlinge in öffentlichen Bereichen, wie den Bahnhöfen und den Ämtern, präsent waren. Flüchtlinge waren in Auffangstellen wie Gasthöfen, Hotels oder Schulen einquartiert, soweit diese nach Beginn der Flüchtlingswelle Mitte Januar 1945 noch nicht anderweitig durch Lazarette, Wehrmacht, Volkssturm und Kriegsgefangenenlager belegt waren.

Aufgrund einer alliierten Festlegung wurde nach dem 8. Mai 1945 die Zahl der Kriegsgefangenen und Zwangsarbeiter, die in Dresden während des Krieges gearbeitet haben, exakt ermittelt. Für Dresden stellten die Behörden die Zahl 30 873 fest.[45]

Also ist zu vermerken, daß sich neben den 567 000 ständigen Einwohnern (Zählung Ende 1944) am 13. Februar 1945 nicht mehr als 100 000 Menschen zusätzlich in Dresden befanden.

Sparing schrieb weiter:

»Eine Stadtsilhouette von vollendeter Harmonie ist vom europäischen Himmel gelöscht. Zehntausende, die unter ihren Türmen werkten und wohnten, sind in Massengräbern beigesetzt, ohne daß der Versuch einer Identifizierung möglich gewesen wäre.«

Verlief die Bergung der Toten tatsächlich so chaotisch, wie oft behauptet wurde?

Die Zweifler akzeptierten die sehr detaillierte Schlußmeldung vom 15. März 1945 nicht, da weitere Belege fehlten. Die Fälschung dieses Berichtes durch Verzehnfachung der Angaben trug zu weiteren Verunsicherungen bei. Ende 1993 wurden seitens des Stadtmuseums im Stadtarchiv Dresden bisher unerschlossene Akten des Marschall- und Bestattungsamtes aufgefunden, welche die Angaben der Schlußmeldung von 15. März 1945 bestätigten und noch weiter ergänzten.

Über die Zahl der bestatteten Toten wurden mehrfach Berichte angefertigt. So forderte das Zentralamt beim Oberbürgermeister der Landeshauptstadt Dresden am 22. Februar 1945 das Bestattungsamt auf, »… zu veranlassen, daß die Friedhöfe täglich die Anzahl der bestatteten Toten nach dem Zentralamt im Ministerium des Innern, Königsufer 2, Zimmer 194, melden.«[46]

Diese Aufforderung erging an die Leiter des Johannisfriedhofes und des Heidefriedhofs. Nach den Plänen der Stadtverwaltung waren auf diesen beiden Friedhöfen Flächen für Massengräber vorbereitet worden. Die Bestattung von Luftkriegstoten auf anderen Friedhöfen bedurfte besonderer Ausnahmegenehmigungen. In einem Bericht der Stadtverwaltung, Stadtbaudirektor Dr. Wolf, am 19. Februar hieß es dazu: »Die vorsorglich für die Gefallenenbestattung bei einem starken Luftangriff vorbereiteten Bestattungsflächen (für rund 2000 Tote auf dem Johannisfriedhof und rund 10 000 Tote auf dem Heidefriedhof, insges. für rund 12 000 Tote) werden aller Voraussicht nach im

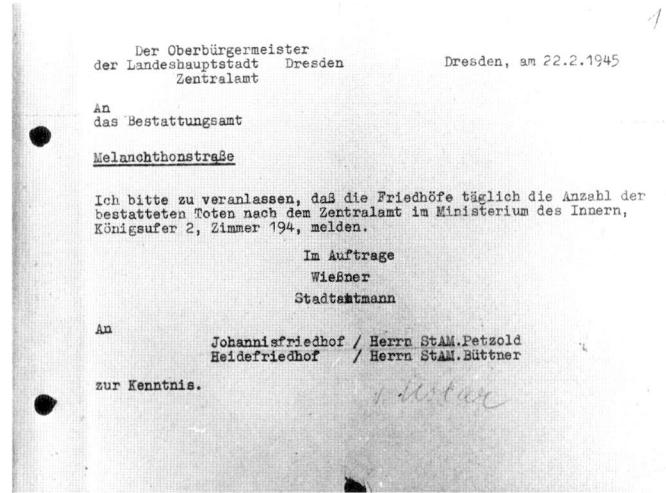

Aufforderung vom 22. Februar 1945
Stadtarchiv Dresden, Marstall- und Bestattungsamt, Nachtrag Nr. 1, Blatt 1

Hinblick auf das ungeheure Ausmaß an Toten nicht ausreichen, so daß, entsprechend der Überführung der Leichen, Zug um Zug die erforderlichen weiteren Bestattungsflächen herzustellen sind.«[47]

Am 22. Februar 1945 meldete Stadtbaurat Dr. Wolf an den amtierenden Oberbürgermeister Dr. Kluge: »Bis gestern Abend sind rund 7500 Tote auf den beiden in Frage kommenden Friedhöfen eingeliefert worden. Die Toten werden in Reihengräbern bestattet.«[48]

In den Akten des Stadtarchivs liegen Meldungen vom 28. Februar, 8. März, 15. März, 28. März und 4. April vor. Für den Heidefriedhof gibt es weitere Berichte am 26., 27., 29. und 30. April; für den Johannisfriedhof am 12. Juli 1945 und für den Neuen Annenfriedhof am 29. April und 12. Juli 1945. Die Berichte im einzelnen lauten:

28. Februar 1945
»An Gefallenen sind bis 27. 2. 1945 beerdigt:
a) Johannisfriedhof   1192 und 16 Ausländer
b) Heidefriedhof   9275 "   2   "
                        _____
                        10467   18   «

8. März 1945
»Gesamtzahl der bisher beerdigten Luftkriegsgefallenen:
a) Heidefriedhof   9239 und 37 Ausländer
b) Johannisfriedhof   1348 "   16   "
                        _____
                        10587   53   «

Die Zahl beim Heidefriedhof wurde handschriftlich auf 9276 geändert, so daß sich eine Gesamtzahl von 10 624 und 53 ergibt.

55

15. März 1945

»Gesamtzahl der bisher beerdigten Luftkriegsgefallenen:

a) Heidefriedhof	9286	und	42 Ausländer
b) Johannisfriedhof	2231	"	19 "
	11517		61 «

28. März 1945

»Gesamtzahl der bisher beerdigten Luftkriegsgefallenen:

a) Heidefriedhof	9470	und	46 Ausländer
b) Johannisfriedhoif	3396	"	26 "
	12866		72 «[49]

Am 4. April meldete der Leiter der Begräbnismaßnahmen, Stadtbaurat Dr. Burkhardt: »Auf dem Johannisfriedhof und dem Heidefriedhof sind bis 4. 4. 1945 13271 Gefallene (darunter 72 Ausländer) beerdigt worden. Die Überführung nach dem Johannisfriedhof ist eingestellt worden. Die Anlieferung von Gefallenen auf dem Heidefriedhof läßt weiterhin stark nach.«[50]

Am 30. April 1945 vermerkte die Leitung des Heidefriedhofs, daß bis zu diesem Zeitpunkt hier 10430 Luftkriegsopfer, einschließlich 71 Ausländer, beerdigt wurden. »Vom Terrorangriff am 17. 4. 45 sind bis 29. 4. d. J. 128 Tote hier beigesetzt worden. Heute Nachmittag kam eine weitere Fuhre.«[51]

»Annenfriedhof Stand vom 29. 4. 45

Anlieferung insgesamt		414
(Nach polizeilicher Angabe)		
Im Ehrenhain beigesetzt	323	
auf anderen Friedhöfen	54	
(Privatbeisetzungen)		
Ausländer	37	414«[52]

»Beisetzungen der Terrorgefallenen auf dem Johannisfriedhofe Stand v. 12. 7. 45

Laufende Nr.	3450
Leerstellen	17
	3433
Ausländer	29
Gesamtzahl	3462«[53]

»Beisetzungen der Terrorgefallenen auf dem Neuen Annenfriedhofe Stand vom 12. 7. 45

Gesamt Anlieferung:

I.	Beisetzungen vom 17. 4.	= 290	
	" " 13./14. 2.	= 129	419
	Ausländer vom 17. 4.	= 35	
	" " 13./14. 2.	= 2	37
			456
II.	Abführungen nach anderen Friedhöfen (Privatbeerdigungen von Terrorgefallenen) Gesamtzahl	58	514«[54]

Zwischen dem 28. Februar und dem 8. März waren auf dem Heidefriedhof und dem Johannisfriedhof nur 192 Zugänge zu verzeichnen. In dieser Zeit wurden die geborgenen Toten auf dem Altmarkt verbrannt. Auch darüber existieren in den Akten des Stadtarchivs Dresden mehrere Notizen.

Aus einer Tagesmeldung vom 23. Februar 1945 geht hervor, daß in einer Besprechung am 20. Februar festgelegt wurde, daß künftig die geborgenen Leichen verbrannt werden sollen.

Am 4. März wurde Bauamtmann Büttner, Leiter Begräbnismaßnahmen auf dem Heidefriedhof, mitgeteilt, daß die Verbrennung auf dem Altmarkt am Montag, dem 5. 3., das letzte Mal stattfindet. Auf dem Altmarkt würden schätzungsweise 8 bis 10 Kubikmeter Asche lagern.

Diese Asche der Toten solle nach dem Heidefriedhof transportiert werden, »… wo Sie an der auf dem Plan in Blei eingezeichneten Stelle in die Erde versenkt werden soll.«[55] Weiter hieß es: »Die Aufräumung auf den Friedhöfen muß bis Mitte nächster Woche erledigt sein, da voraussichtlich in der zweiten Hälfte der nächsten Woche bereits eine allgemeine Totenfeier stattfinden wird.«[56] Es gibt keine Hinweise, ob diese Totenfeier tatsächlich stattfand.

In einer Meldung vom 8. März wurde vermerkt: »Nachdem die Einäscherung auf dem Altmarkt beendet ist, wurde seit dem 6. 3. 45 die Beerdigung der Gefallenen auf beiden Friedhöfen wieder voll aufgenommen. Die Asche der Eingeäscherten wurde auf dem Heidefriedhof an bevorzugter Stelle des Ehrenhains in die Erde eingesetzt.«[57]

Eine Zahl der auf dem Altmarkt verbrannten Leichen wurde in beiden Schreiben nicht genannt. In der Schlußmeldung vom 15. März vermerkte man jedoch dazu: »Mit Rücksicht auf die schnell fortschreitende Verwesung und bestehende außerordentliche Schwierigkeiten bei der Bergung sowie Mangel an geeigneten Fahrzeugen zur Überführung auf Friedhöfe wurden mit Zustimmung des Gauleiters und der Stadtverwaltung auf dem Altmarkt insgesamt 6865 Gefallene eingeäschert. Die Asche der Gefallenen wurde auf einen Friedhof überführt.«[58]

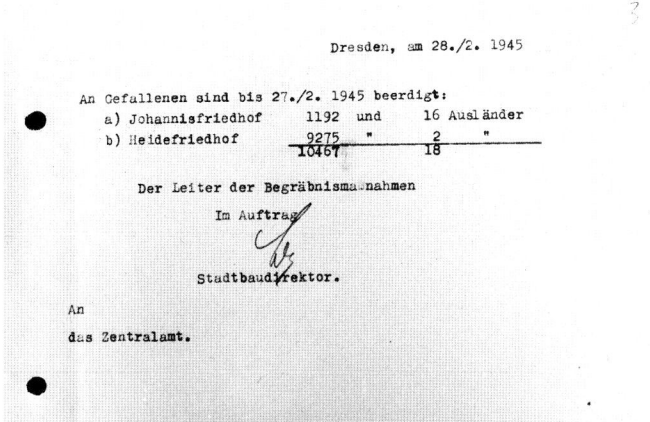

Meldung des Leiters der Begräbnismaßnahmen vom 28. Februar 1945
Stadtarchiv Dresden, Marstall- und Bestattungsamt, Nachtrag Nr. 1,
Blatt 3

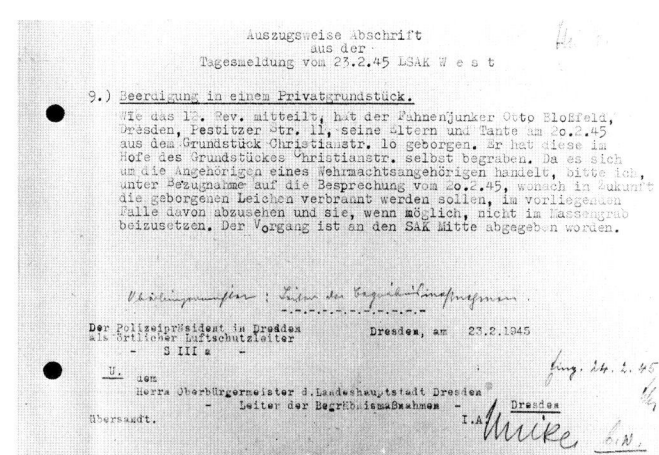

Aus einer Tagesmeldung vom 23. Februar 1945
Stadtarchiv Dresden, Marstall- und Bestattungsamt, Nachtrag Nr. 1,
Blatt 4

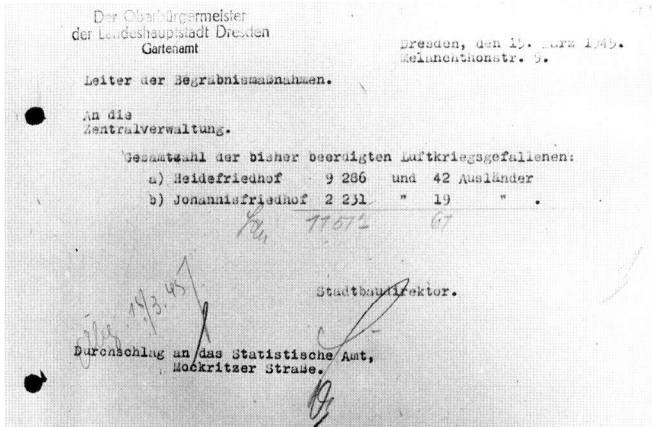

Meldung des Leiters der Begräbnismaßnahmen vom 15. März 1945
Stadtarchiv Dresden, Marstall- und Bestattungsamt, Nachtrag Nr. 1,
Blatt 15

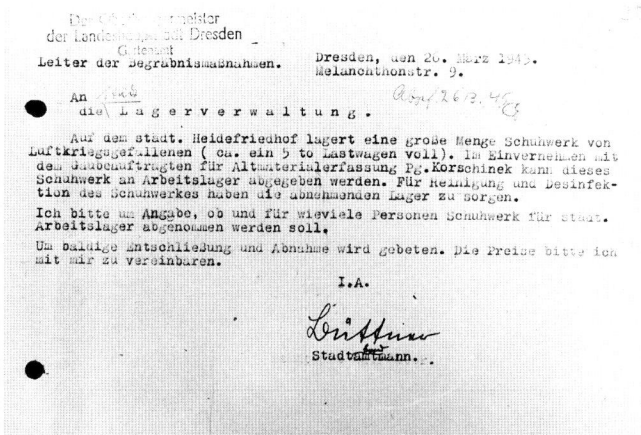

Schreiben des Leiters der Begräbnismaßnahmen vom 26. März 1945
Stadtarchiv Dresden, Marstall- und Bestattungsamt, Nachtrag Nr. 1,
Blatt 25

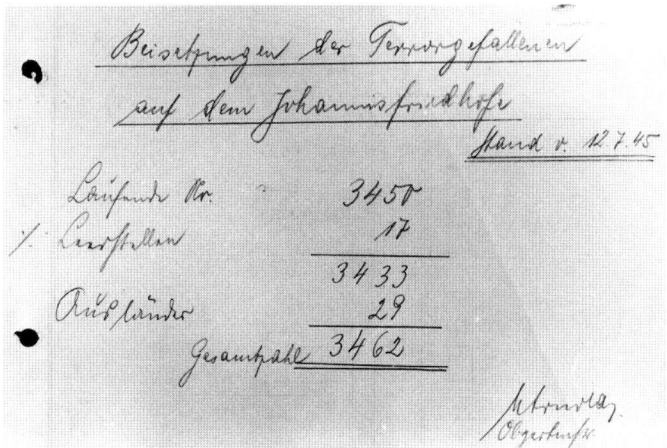

Beisetzungen von Luftkriegsopfern auf dem Johannisfriedhof, Stand vom 12. Juli 1945
Stadtarchiv Dresden, Marstall- und Bestattungsamt, Nachtrag Nr. 1,
Blatt 70

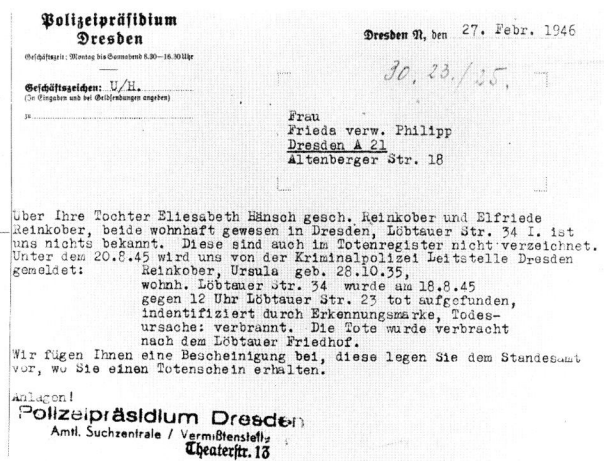

Mitteilung des Polizeipräsidiums über die Identifizierung einer aufgefundenen Toten vom 27. Februar 1946
Schriftgutsammlung Stadtmuseum, Inv.-Nr. 342/1985

Einschließlich der auf dem Altmarkt verbrannten Leichen waren am 8. März 1945 insgesamt 17542 Opfer der Luftangriffe bestattet. In der Schlußmeldung vom 15. März wurde berichtet, daß bis 10.3. früh 18375 Tote festgestellt wurden.

Eine separate Zählung der Opfer des Luftangriffes vom 2. März erfolgte nicht. Zwischen dem 8. und 15. März wurden 901 Beerdigungen auf dem Heidefriedhof und auf dem Johannisfriedhof registriert. Sicher waren darunter auch Tote des Angriffs vom 2. März.

Weitere 1360 aus den Trümmern geborgene Leichen wurden vom 15. bis 30. März bestattet. Am 30. April registrierte der Heidefriedhof insgesamt 10430 Bestattungen von Luftkriegstoten, darunter 128 Opfer des Angriffs vom 17. April. D. h., seit dem 28. März wurden hier weitere 914 Tote beerdigt.

In den Veröffentlichungen von Max Seydewitz und Walter Weidauer berief man sich auf die schriftliche Aussage des Oberfriedhofsgärtners Zeppenfeld, »… der an den Bestattungen beteiligt und deshalb bestens informiert war.«[59] Zeppenfeld hatte ausgesagt, daß insgesamt 28746 Tote, einschließlich der Asche der 6865 auf dem Altmarkt verbrannten Leichen, auf dem Heidefriedhof beigesetzt wurden. Zeppenfeld war Leiter einer der 8 Bergungstrupps, aber nicht der Gesamtbestattungsmaßnahmen und konnte so diese Aussage nicht fehlerfrei treffen.

Die Angaben von Zeppenfeld sind ganz offensichtlich nicht mehr haltbar, denn für den Heidefriedhof sind 17295 Bestattungen belegt. Zählt man die Angaben des Johannisfriedhofs (3462 Bestattungen) und des Neuen Annenfriedhofs (514 Bestattungen) vom 12. Juli 1945 hinzu, ergibt sich eine Gesamtzahl 21271 registrierter Toter. Für die Zahl der Bestattungen auf anderen Friedhöfen liegen lückenhaft Belege vor. Diese Zahl dürfte kaum 2000 überschritten haben. Angaben liegen vom Standortfriedhof (heute Nordfriedhof) und vom Neuen Annenfriedhof vor, wo 312 bzw. 131 Tote der Luftangriffe vom 13./14. Februar 1945 bestattet wurden.

Behauptungen, daß unter den Trümmern noch Zehntausende Tote lägen, erwiesen sich als nicht richtig. Die Bergung von Toten aus den Trümmern wurde nach dem Krieg sehr gewissenhaft registriert (vgl. Abschnitt Totenkartei und Bergungslisten, Seiten 60 bis 62).

Von Oktober 1945 bis Ende 1957 wurden 1557 gefundene Leichen verzeichnet. Berücksichtigt man Lücken in der Registrierung von Mai bis September 1945 und in den ersten Monaten des Jahres 1950, so dürfte die Zahl nicht größer als 2000 sein. Es ergibt sich damit die Gesamtzahl von rund 25000 Opfern der Luftangriffe auf Dresden zwischen dem 13. Februar und dem 17. April 1945. Diese Zahl stimmt mit der Schätzung der Schlußmeldung vom 15. März 1945 überein.

Nach eben dieser Schlußmeldung lagen etwa 35000 Vermißtenmeldungen vor. Daß etwa 10000 Vermißte wieder aufgefunden wurden, entspräche durchaus der chaotischen Situation nach den Luftangriffen vom 13./14. Februar, in der sich zunächst viele Familienangehörige verloren. Weidauer nannte in seiner Rede bei einer Gedenkkundgebung zum 1. Jahrestag des 13. Februar die Zahl von 25000 Getöteten.[60]

Nicht nur über die Zahl der bestatteten Toten wurde Buch geführt. Am 26. März 1945 wandte sich der Leiter der Begräbnismaßnahmen an die städtische Lagerverwaltung (gemeint sind die Kriegsgefangenen- und Zwangsarbeiterlager) und teilte dieser mit, daß auf dem Heidefriedhof eine große Menge Schuhwerk von Luftkriegstoten (ca. eine Fünftonnen-Lastwagenladung) lagert. Im Einvernehmen mit dem Gaubeauftragten für Altmaterialerfassung solle dieses Schuhwerk an die Arbeitslager verkauft werden. Für Reinigung und Desinfektion müßten die Lager selbst sorgen.[61]

Aus einem Schreiben vom 4. April 1945 ist zu entnehmen, daß den Toten auch Kleidung abgenommen wurde. Man schätzte ca. 300 Zentner. Diese Kleidung sei der Firma Papier- und Textilverwertung G.m.b.H., Hamburger Straße 30, übergeben worden. Da alle Desinfektionsmöglichkeiten in Dresden durch die Luftangriffe zerstört wurden, sollte diese Kleidung nun einer Dachpappfabrik im Sudetengau zugeführt werden.

Am 11. April 1945 wurden 26 Paar Schaftstiefel zum Stückpreis von 3 Reichsmark, 103 Paar Männerschuhe (Stückpreis 2 RM) und 142 Paar Frauenschuhe (Stückpreis 1 RM) an das Arbeitslager des Goehlewerkes verkauft. Die städtische Lagerverwaltung kaufte am selben Tag 99 Paar Schaftstiefel, 508 Paar Männerschuhe und 345 Paar Frauenschuhe.[62]

Regelmäßig erfolgten auch Notizen über die Zuweisung von Rauchwaren und Trinkbranntwein an die Bergungstrupps. Daraus sind Rückschlüsse über die Stärke der Bergungstrupps möglich. Bis Ende März wurden Rauchwaren und Trinkbranntwein für 50 Mann auf dem Heide- und Johannisfriedhof beantragt. Nach dem 29. März waren es nur noch 25 Mann und ab 9. April 20 Mann. Nach dem Angriff am 17. April wurden wieder 30 Mann eingesetzt. Erhalten ist auch eine Rechnung des Sachsenwerkes Niedersedlitz vom 12. April 1945 für den Einsatz von 46 holländischen Kriegsgefangenen, eines Kommandoführers und zweier Posten auf dem Johannisfriedhof vom 9. bis 31.3.1945 über 3078,75 Reichsmark.[63]

Alles vernichtet – Möbel, Wäsche, Kleidung, Hausrat

Die im Stadtarchiv Dresden aufbewahrten sehr umfangreichen Akten des Kriegsschädenamtes dokumentieren zehntausendfach das Elend der Ausgebombten.

Die Schlußmeldung vom 15. März 1945 nennt die Zahl »350 000 Obdachlose u. langfristig Umquartierte.[64] »Zehntausende davon stellten im März, im April und noch bis 7. Mai 1945 Anträge auf Entschädigung nach der Kriegsschädenverordnung vom 30. November 1940. Eine der Fragen des Standardformulars lautete: »Welche beweglichen Sachen, z. B. Hausrat, Bekleidung, sind beschädigt oder zerstört?«

Stets finden sich dazu folgenschwere Aussagen in den Fragebögen wie:

- sämtlicher Hausrat und Bekleidung zerstört
- die gesamte Wohnungseinrichtung
- restlos alles
- Möbel, Bücher, Bekleidung usw. laut beiliegenden Verzeichnisses vollständig verbrannt
- durch Brand alles vernichtet, Möbel, Wäsche, Bekleidung, Hausrat
- alles.

Auch die Antworten auf weitere Fragen versinnbildlichen, daß die Ausgebombten alles verloren hatten. Zeugen?

- Hausbewohner, die meine Wohnung kennen würden, alle tot

Unterlagen?

- alles verbrannt.

Wann und wo kann der Schaden besichtigt werden?

- täglich
- jederzeit
- Grundstück ist ein Schutthaufen
- Dresden A, Mosenstraße 23, ist nur noch eine Ruine und total ausgebrannt und verschüttet.

Ist der Schaden bereits ganz oder teilweise beseitigt?

- nein, lautet die Antwort in allen Fragebögen.

Wieviele derjenigen, die noch wenige Wochen vor Kriegsende Anträge an das Deutsche Reich auf Entschädigung stellten, glaubten an den Endsieg, der dieses untergehende Reich bewahren würde? Oder wollten sie nur Vorsorge für Ansprüche nach dem Krieg treffen? Von wem erwartete man eine Entschädigung? Tausende Anträge wurden auch noch in den ersten Nachkriegsmonaten gestellt. Aufschlußreich sind die Formulierungen auf die Frage »Wodurch ist der Schaden entstanden?« Viele gebrauchten die aus Pressemeldungen bekannten Termini: Terrorangriff und Feindeinwirkung. Andere schrieben aber auch nur »durch Spreng- und Brandbomben«.

Die Vielzahl der im Stadtarchiv Dresden bewahrten Anträge an das Kriegsschädenamt ermöglicht weitere Schlüsse für die Forschung zur Thematik »Dresden – 13. Februar 1945«.

So behauptete zum Beispiel David Irving: »Einige Gebiete von Dresden waren so schwer getroffen worden, daß wahrscheinlich kein Mensch mit dem Leben davon gekommen war. Eines dieser Gebiete war die Gegend um den Seidnitzer Platz.«[65]

In der Zentralkartei des Kriegsschädenamtes sind jedoch auch für den Seidnitzer Platz Anträge von Bewohnern verzeichnet, die laut Adreßbuch 1943/44 dort wohnhaft waren, ebenso für die Seidnitzer Straße.

Gleiches kann z. B. für den Altmarkt, die Scheffelstraße, An der Frauenkirche, die Schloßstraße und die Amalienstraße festgestellt werden.

Anhand der Anträge ist auch nachvollziehbar, wo die Ausgebombten Quartier fanden. Etwa die Hälfte gab eine Adresse in Dresden an. Oft genannte Wohnorte außerhalb Dresdens waren Radebeul, Klotzsche, Hellerau, Weixdorf, Langebrück, Freital, Dippoldiswalde und Pirna.

Nach schweren Luftangriffen war es üblich, daß Sonderzuteilungen an Bohnenkaffee, Trinkbranntwein und Kondensmilch ausgegeben wurden.

In der Dienstanweisung Nr. St 3 des Dresdner Ernährungsamtes vom 15. März heißt es dazu:

»Fl-Sonderkarten
In der Ergänzung des Merkblattes für die Blockleiter (LMK-Verteiler) vom 1.3.45 wird mitgeteilt, daß die Fl-Sonderkarten für Trinkbranntwein, Bohnenkaffee bezw. Kondensmilch durch die Ortsgruppen an alle Dresdner Verbraucher zur Verteilung kommen. Dresdner Fliegergeschädigte, welche in Gemeinden Unterkunft gefunden haben, die innerhalb eines Kreises von etwa 20 km um die Stadt Dresden liegen, erhalten die Fl-Sonderkarten durch den Bürgermeister des jetzigen Aufenthaltsortes. Dagegen müssen Fl-Geschädigte, die weiter entfernt wohnen, unberücksichtigt bleiben.«[66]

Anträge von Betrieben an das Kriegsschädenamt vermitteln bisher unbekanntes Zahlenmaterial über die kriegswirtschaftlichen Auswirkungen der Luftangriffe auf Dresden. Die wohl interessantesten Aufschlüsse ermöglicht ein 8 Seiten umfassender Antrag der Zeiß Ikon AG Dresden vom 11. April 1945. Unmittelbar vor dem 13. Februar gab es in den 5 Dresdner Betriebsteilen von Zeiß Ikon 10897 »produktiv Tätige« (größter Betriebsteil war das Goehlewerk mit 4022).

Im Bericht hieß es: »Wie festgestellt, haben im Februar 1945 durchschnittlich 7833 Lohnempfänger gefehlt. Hiervon hatten sich 5164 nicht gemeldet. Die restlichen 2669 hatten sich gemeldet, waren aber entweder wegen Fliegerschadens, langem Anmarschweg usw. beurlaubt oder krank.«[67]

Am 14. und 15. Februar waren alle 5 Dresdner Betriebsteile völlig stillgelegt. Auch Ende Februar arbeitete immer noch weniger als die Hälfte der Belegschaft. Das hatte enorme Auswirkungen auf die Rüstungsproduktion.

Anzahl der produktiv Tätigen in den Dresdner Betriebsteilen der Zeiß Ikon AG

Betriebsteil	vor dem 13.02.1945	20.02.1945	28.02.1945
Ica	2749		487
Ernemann	2560	212	508
Reick	1308	1006	1186
Lager Seidnitz	198	103	119
Goehle-Werk	4022	1187	2090
	10837	2508	4355[68]

H. Großmann, eine Fabrik für Spezialmaschinen, Lehren und Vorrichtungen, ebenfalls ein wichtiger Rüstungsbetrieb, stellte in einem Antrag am 11. April 1945 fest, daß der Betrieb auf der Chemnitzer Straße 26 in erheblichem Umfang in Mitleidenschaft gezogen wurde. Für die Aufräumungsarbeiten in der Zeit vom 14. bis 28. Februar wären RM 33.988,57 verauslagt worden, denen keine Einnahmen gegenüberstünden. Weiter hieß es: »Diese Arbeiten mußten auch im März und April weiter fortgesetzt werden. Sie sind deshalb so umfangreich, weil die noch erhaltenen Maschinen und Betriebsanlagen erst freigelegt und sauber gemacht werden mußten. Dafür ist bewirkt worden, daß jetzt ein Teil des Betriebes wieder einsatzfähig ist und für die kriegswirtschaftliche Fertigung weiter arbeiten kann.«[69]

Totenkartei und Bergungslisten

Eine wichtige Quelle für die Forschungen über die Zahl der Toten der Luftangriffe auf Dresden ist die Totenkartei in der Urkundenstelle des Standesamtes der Stadtverwaltung Dresden. Erhalten sind dort Unterlagen zu den identifizierten Toten.

Nach den standesamtlichen Vorschriften gilt ein Toter als identifiziert, wenn bei ihm Ausweispapiere vorgefunden werden oder andere Personen den Namen bestimmen können. So gab es nach dem 13. Februar 1945 wesentlich weniger identifizierte als gezählte Tote. In der Urkundenstelle existieren knapp 10000 Karteikarten identifizierter Luftkriegstoter vom 13. Februar bis 17. April 1945. Weiterhin wurde ein Straßenverzeichnis zur Totenkartei des ehemaligen Vermißtennachweises Dresden angelegt. Dieses Straßenverzeichnis, das auf der Grundlage des letzten Adreßbuches von 1943/44 aufgestellt wurde, umfaßt 5 Hefte im Format A4 mit knapp 10000 Eintragungen.

Die Totenkartei enthält Angaben zu den Personalien, zum Auffindungs- und Bestattungsort sowie zur Todesursache. Beim Bestattungsort dominierten erwartungsgemäß der Heide- und Johannisfriedhof. Auffallend ist jedoch, daß etwa 20 Prozent der Bestattungen auf anderen Friedhöfen erfolgten. Das entspricht nicht dem realen Anteil aller Toter, da fast alle nicht identifizierten, aber gezählten Toten auf dem Heide- und Johannisfriedhof beigesetzt wurden. Bestattungen auf anderen Friedhöfen waren nur möglich, wenn Familienangehörige Sondergenehmigungen erwirkten. In diesen Fällen handelte es sich immer um identifizierte Tote. So erklärt sich der hohe Anteil der Beisetzungen auf anderen Friedhöfen.

Als häufigste Todesursache wurden »erstickt« und »erschlagen« genannt. Die Toten entstammten allen Altersgruppen.

Straßen mit einer großen Zahl an Toten waren: Albrechtstraße, Altmarkt, Ammonstraße, Am See, An der Frauenkirche, Annenstraße, Blochmannstraße, Borsbergstraße, Breite Straße, Carlowitzstraße, Christianstraße, Cranachstraße, Dürerstraße, Elisenstraße, Freiberger Straße, Friedrichstraße, Fürstenstraße, Große Kirchgasse, Große Plauensche Straße, Grunaer Straße, Holbeinstraße, Jacobstraße, Johannesstraße, Johann Georgen-Allee, Kasernenstraße, Kaulbachstraße, Kleine Plauensche Straße, Kreuzstraße, Landhausstraße, Liliengasse, Lindenaustraße, Lüttichaustraße, Marschallstraße, Mathildenstraße, Moritzstraße, Müller-Berset-Straße, Münchner Straße, Neue Gasse, Pfotenhauer Straße, Pillnitzer Straße, Pirnaische Straße, Ostbahnstraße, Räcknitzstraße, Rampische Straße, Reißiger Straße, Reitbahnstraße, Rietschelstraße, Röhrhofgasse, Rosenstraße, Schäferstraße, Scheffelstraße, Schloßstraße, Schnorrstraße, Schössergasse, Schreibergasse, Seidnitzer Platz, Seilergasse, Stephanienstraße, Strehlener Platz, Striesener Straße, Struvestraße, Tittmannstraße, Walpurgisstraße, Webergasse, Zahnsgasse, Ziegelstraße, Zinzendorfstraße, Zirkusstraße und Zöllnerstraße. Prager Straße und Neumarkt fehlen in dieser Aufzählung. Bekannt ist, daß die Bewohner des Neumarktes in den Katakomben der Frauenkirche Schutz fanden.

Anhand der Straßenverzeichnisse läßt sich z. B. nachweisen, daß alle im Adreßbuch 1943/44 für die Zahnsgasse 1 verzeichneten Wohnungsinhaber ums Leben kamen und identifiziert wurden. Von dem Ehepaar Mehnert, Marienstraße 42, wurde Karl Mehnert identifiziert, während seine Frau als unbekannte Tote gezählt wurde. 5 Angehörige der Familie Kühnscherf wurden am 20. Februar im total zerstörten Grundstück Große Plauensche Straße 20 geborgen und durch einen Schwager und den Schlosser Sillack identifiziert. Verwandte erwirkten die Sondergenehmigung zur Bestattung im Familiengrab auf dem Alten Annenfriedhof.

Es gibt auch einige wenige Eintragungen in der Totenkartei, bei denen Personen aufgrund vorgefundener Ausweispapiere als tot geführt wurden, diese Personen sich jedoch später meldeten und erklärten, daß sie bei der Flucht aus den brennenden Häusern ihren Mantel oder ihren Koffer mit Papieren im Luftschutzkeller ließen.

Die Toten- und Straßenkartei wurde bis Anfang der 50er Jahre geführt. So heftete man mehrfach Kopien von Bergungsberichten, die beim Auffinden von Leichen nach Trümmerberäumungen angefertigt wurden, im Straßenverzeichnis ab. Die Originale dieser Bergungsberichte werden im Stadtarchiv Dresden im Aktenbestand »VEB Bestattungseinrichtungen, Leichenbergung Mai 1945 bis 1957« bewahrt.

Im Zeitraum Oktober 1945 bis Ende 1949 war das 6. Polizeirevier, Theaterstraße 13/15, für die Registrierung der bei der Enttrümmerung geborgenen Leichen zuständig. Es liegen folgende Berichte vor:

8. 10. 1945 bis 30. 3. 1946	100 Berichte	über 336 geborgene Tote
1. 4. 1946 bis 31. 12. 1946	140 Berichte	über 323 Tote
1947	83 Beriche	über 227 Tote
1948	93 Berichte	über 107 Tote
1949	82 Berichte	über 194 Tote

Im Zeitraum vom 8. Oktober 1945 bis Ende 1949 wurde die Bergung von insgesamt 1187 Toten registriert. Für die Zeit von Mai bis September 1945 liegen nur Berichte des VI. Verwaltungsbezirkes vor. Hier wurden 9 Bergungen mit 40 Toten vorgenommen. Aus diesen Berichten des VI. Verwaltungsbezirkes kann man schließen, daß die Bergungen in den ersten Nachkriegsmonaten nur wenig Erfolg hatten, da

den Bergungstrupps die erforderlichen technischen Hilfsmittel fehlten. Man kann also annehmen, daß in den 7 Verwaltungsbezirken sicher nicht mehr Tote geborgen wurden als in den folgenden 6 Monaten (das waren 336).

Im Jahre 1950 übernahm die KWU Bestattungseinrichtungen, später unter dem Namen VEB Bestattungseinrichtungen, die Bergung und Registrierung der Toten aus den Trümmern. Für die Zeit von Januar bis Juni 1950 liegen keine Berichte vor.

Jahr	Berichte	geborgene Tote
1950 (seit 1.6.)	6	8
1951	90	198
1952	66	101
1953	12	18
1954	6	8
1955	10	9
1956	9	16
1957	12	12
gesamt	211	370

Das Ansteigen der Zahl der Bergungen in den Jahren 1951 und 1952 entspricht der verstärkten Trümmerberäumung während dieser Zeit. Auffällig bei den Bergungen in den 50er Jahren ist, daß relativ viele Leichen unter den Trümmern im Gehwegbereich gefunden wurden. Das spricht dafür, daß die Keller bereits recht gründlich beräumt waren. Nach den vorliegenden Berichten wurden in der Zeit von Oktober 1945 bis Ende 1957 aus den Trümmern 1557 Tote geborgen. Weidauer gibt für die Zeit Mai 1945 bis 1966 die Zahl 1 858 an.[70]

Bei Berücksichtigung aller bestehenden Lücken (Mai bis Oktober 1945 und Januar bis Mai 1950) dürfte die Zahl der Toten, die nach dem Mai 1945 noch unter den Trümmern lagen, kaum die Zahl 2 000 übersteigen.

Seit 1990 wird in verstärktem Maße im Dresdner Stadtzentrum gebaut. Beim Ausheben der Baugruben wurden keine weiteren Leichenreste gefunden. Auch die sehr sorgfältigen Grabungen des Landesamtes für Archäologie, z. B. am Taschenbergpalais und am Altmarkt, brachten keine Hinweise auf verschüttete Luftkriegsopfer.

Die städtischen Archivakten belegen mehrfach schlüssig, daß die Luftangriffe gegen Dresden vom 13. bis 15. Februar 1945 nachweisbar ca. 25 000 Todesopfer forderten, sowie auch die hier zitierte Schlußmeldung vom 15. März 1945 sachkundig einschätzte.

Die Zahl 25 000 wurde 1946 und 1947 in den offiziellen Gedenkreden und Veröffentlichungen zu den Jahrestagen des 13. Februar genannt. Seit 1955 verwendete die damalige Stadtverwaltung als offizielle Angabe die Totenzahl von 35 000. Diese Zahl beruhte auf der Aussage des Oberfriedhofsgärtners Zeppenfeld, die sich in den jetzt vorliegenden Archivakten nicht bestätigt.

Im Schlußkapitel dieses Buches »Zur Rezeptionsgeschichte des 13. Februar 1945« wird belegt, daß die Luftkriegstoten lange Zeit als Spielball politischer Interessen mißbraucht wurden.

Die Toten des 13. Februar 1945 waren Opfer eines von Menschen erdachten und geführten Krieges. Sie sollten zur Vernunft mahnen.

Anmerkungen

[1] Sparing, Rudolf: Der Tod von Dresden, in: Das Reich, 4.3.1945
– Rodenberger, Axel: Der Tod von Dresden, Dortmund, 1951
– Seydewitz, Max: Zerstörung und Wiederaufbau von Dresden, Berlin-Ost, 1955
– Irving, David: Der Untergang Dresdens, Gütersloh, 1964
– Weidauer, Walter: Inferno Dresden, Berlin-Ost, 1965
[2] Diese und die folgenden Zahlenangaben zu den 8 Angriffen gegen Dresden sind aus Götz Bergander »Dresden im Luftkrieg«, Weimar, Köln, Wien, 1994, S. 401, entnommen.
[3] Stadtarchiv Dresden, Luftangriff am 7. Okt. 1944, Städtische Berichte, Blatt 2
[4] Ebenda, Blatt 54 und 96
[5] Ebenda, Blatt 128
[6] Stadtarchiv Dresden, Marstall- und Bestattungsamt, Nachtrag Nr. 6
[7] Vgl. Stadtarchiv Dresden, Marstall- und Bestattungsamt, Nachtrag Nr. 5
[8] Stadtarchiv Dresden, Marstall- und Bestattungsamt, Nachtrag Nr. 3, Blatt 39
[9] Ebenda, Blatt 35
[10] Ebenda, Blatt 52
[11] Ebenda, Blatt 107
[12] Vgl. Ebenda, Blatt 112
[13] Stadtarchiv Dresden, Marstall- und Bestattungsamt, Nachtrag Nr. 3
[14] Ebenda
[15] Ebenda
[16] Ebenda
[17] Ebenda
[18] Ebenda
[19] Stadtarchiv Dresden, Wohlfahrtspolizei (Luftschutz) 410
[20] Ebenda
[21] Stadtarchiv Dresden, Kriegsschädenamt OB 1430
[22] Stadtarchiv Dresden, Baupolizeiamt 603
[23] Stadtarchiv Dresden, Baupolizeiamt 1080
[24] Stadtarchiv Dresden, Kriegsschädenamt OB 1437
[25] Stadtarchiv Dresden, Fürsorgeamt (Luftschutz) 747, Bl. 132
[26] Ebenda, Bl. 103
[27] Ebenda, Blatt 132
[28] Stadtarchiv Dresden, Plan B 33
[29] Stadtarchiv Dresden, Fürsorgeamt 489
[30] Stadtarchiv Dresden, Fürsorgeamt 488
[31] Vgl. Ebenda
[32] Vgl. Stadtarchiv Dresden, Fürsorgeamt 587, Blatt 1
[33] Stadtarchiv Dresden, Schulamt 1560, Band III
[34] Dresdner Zeitung Nr. 247 vom 20.10.1944
[35] Vgl. Götz Bergander: Dresden im Luftkrieg, Böhlau Verlag Weimar, Köln, Wien, 1994, S. 403–410
[36] Schriftgutsammlung Stadtmuseum Dresden, Inv.-Nr. 8/1991
[37] Zitiert nach Weidauer: Inferno Dresden, Berlin 1984, S. 206–207
[38] Schriftgutsammlung Stadtmuseum Dresden, Inv.-Nr. 5/1991
[39] Vgl. Bergander: Dresden im Luftkrieg, a. a. O., S. 136 u. 186–192
[40] Zitiert nach Weidauer: Inferno Dresden, Berlin 1984, S. 219
[41] Neueste Züricher Nachrichten, 17.2.1945
[42] Vgl. Dresdner Statistik, Vierteljahresberichte des Statistischen Amtes der Stadt Dresden, April 1946, S. 1
Vgl. Stadtarchiv Dresden, Dez. Sozial- und Wohnungswesen 110 und Dez. Aufbau 58
[43] Stadtarchiv Dresden, Kriegsschädenamt OB 1437
[44] Stadtarchiv Dresden, Ernährungsamt 1944/45, Sig. 8
[45] Dresdner Polizei 1945–1946, Polizeipräsidium der Landeshauptstadt Dresden, 1946, S. 43
[46] Stadtarchiv Dresden, Marschall- und Bestattungsamt, Nachtrag Nr. 1, Blatt 1
[47] Stadtmuseum Dresden, Schriftgutsammlung, Inv.-Nr. 1201/1979
[48] Stadtmuseum Dresden, Schriftgutsammlung, Inv.-Nr. 1179/1979
[49] Stadtarchiv Dresden, Marstall- und Bestattungsamt, Nachtrag Nr. 1
[50] Stadtmuseum Dresden, Schriftgutsammlung, Inv.-Nr. 1199/1979
[51] Stadtarchiv Dresden, Marstall- und Bestattungsamt, Nachtrag Nr. 5
[52] Ebenda
[53] Stadtarchiv Dresden, Marstall- und Bestattungsamt, Nachtrag Nr. 1, Blatt 70
[54] Stadtarchiv Dresden, Marstall- und Bestattungsamt, Nachtrag Nr. 5, Blatt 7
[55] Stadtarchiv Dresden, Marstall- und Bestattungsamt, Nachtrag Nr. 1, Blatt 5
[56] Ebenda
[57] Ebenda
[58] Walter Weidauer: Inferno Dresden, Dietz Verlag Berlin, 1983, S. 221
[59] Ebenda, S. 114
[60] Stadtarchiv Dresden, Dez. Oberbürgermeister 980
[61] Stadtarchiv Dresden, Marstall- und Bestattungsamt, Nachtrag 1, Blatt 25
[62] Stadtarchiv Dresden, Marstall- und Bestattungsamt, Nachtrag 1
[63] Vgl. Ebenda
[64] Weidauer: Inferno Dresden, Dietz Verlag Berlin 1983, S. 219
[65] David Irving: Der Untergang Dresdens, Gütersloh 1964, S. 236
[66] Stadtarchiv Dresden, Ernährungsamt
[67] Stadtarchiv Dresden, Kriegsschädenamt OB 1432
[68] Ebenda
[69] Stadtarchiv Dresden, Kriegsschädenamt OB 1431
[70] Vgl. Weidauer: Inferno Dresden, Berlin, 1983, S. 115

RUNDGANG DURCH DIE ZERSTÖRTE DRESDNER INNENSTADT IM FEBRUAR UND MÄRZ 1945

Friedrich Reichert

Vom zerstörten Dresden existiert eine Fülle an Fotoaufnahmen. Die Mehrzahl dieser Aufnahmen entstand nach dem Mai 1945.

Die bekanntesten Foto-Publikationen sind das »Bilddokument Dresden 1933–1945« von Kurt Schaarschuch, das bereits im Dezember 1945 in einer Auflagenhöhe von 40 000 erschien[1], sowie »Dresden – eine Kamera klagt an« von Richard Peter sen., dessen erste Auflage im Jahre 1949 entstand. Weltweit zum Inbegriff des Inferno Dresden wurden die Bilddokumente der Leichenverbrennung auf dem Altmarkt von Walter Hahn.

Unmittelbar in der Nacht vom 13. zum 14. Februar entstanden Aufnahmen der brennenden Stadt durch die Amateurfotografen Georg Beyer und Hans-Joachim Dietze.

Über 30 Fotografen, die nach dem Kriegsende in Dresden wirkten, haben die zerstörte Stadt, die Trümmerberäumung und den beginnenden Aufbau im Bild festgehalten. Zu diesen Fotografen zählen Erich Andres, Bernhard Braun, Erich Höhne, Erich Pohl, Willi Pritsche und Paul Winkler. Viele Aufnahmen dieser Fotografen befinden sich im Fotoarchiv des Stadtmuseums Dresden.

Besonderen Wert besitzen Fotoaufnahmen, die unmittelbar nach dem 13. Februar 1945 entstanden. Das Stadtmuseum Dresden verfügt über 264 solcher einmaligen Bilddokumente. Nur einige dieser Fotos wurden bisher veröffentlicht. Mit der Ausstellung »Verbrannt bis zur Unkenntlichkeit, Dresden – 13. Februar 1945« werden diese erschütternden Bilddokumente erstmals im großen Umfang und Gesamtzusammenhang vorgestellt.

Die nunmehr erschlossenen Fotodokumentationen entstanden durch zwei versierte Amateurfotografen: 220 Aufnahmen durch Bauingenieur Heinz Kröbel aus Leipzig und 44 Aufnahmen durch den kaufmännischen Angestellten Alfred Wernicke aus Dresden-Johannstadt.

Am 13. Februar 1959 bot Heinz Kröbel seine Fotos dem damaligen Dresdner Oberbürgermeister Prof. Gute an. Er schrieb: »Als Amateurfotograf war und ist mein Interesse immer darauf gerichtet, Unwiederbringliches zu dokumentieren, vor allem, wenn es sich um mühevoll errichtete Bauwerke handelt. In meinen Filmkästen befinden sich 220 Aufnahmen (Kleinbildnegative) der Verheerung des heute vor 14 Jahren erfolgten grausigen Luftangriffs (aufgenommen Mitte Februar 1945). Diese Aufnahmen besitzen zweifellos Stadtgeschichtswert, falls nicht zum Unterschied von Leipzig die Stadtverwaltung selbst für eine Dokumentation gesorgt haben sollte. Fotografieren war ja ohne Übertreibung hier wie dort eine riskante Sache.«[2]

Eine solche Dokumentation durch die Dresdner Stadtverwaltung ist nicht bekannt. So besitzen die Aufnahmen von Heinz Kröbel tatsächlich Seltenheitswert. Wahrscheinlich hatte er als Bauingenieur, eventuell bei der Feststellung des Ausmaßes der Zerstörungen, günstige Gelegenheiten, in der gesamten Innenstadt zu fotografieren.

Alfred Wernicke wohnte auf der Hertelstraße 39 in Dresden-Johannstadt. Die Hertelstraße gehörte zu den wenigen Straßen im Stadtteil Johannstadt, die unzerstört blieben. Die Wege von Heinz Kröbel und Alfred Wernicke ähneln sich in vielen Punkten. Bei Alfred Wernicke ist sicher, daß er seinen Weg durch die zerstörte Stadt in Johannstadt begann. Da die Fotos von Heinz Kröbel einen vergleichbaren logischen Ablauf haben, beginnt der hier nachvollzogene Rundgang durch die zerstörte Dresdener Innenstadt in Johannstadt über die Pirnaische Vorstadt, die Seevorstadt, den Altstadtkern, den Schloßplatz-Bereich bis in die Neustadt rechts der Elbe.

Die Fotos von Heinz Kröbel und Alfred Wernicke dokumentieren den Zustand der soeben zerstörten Stadt. Die Aufnahmen von Heinz Kröbel entstanden vor der nach dem 20. Februar beginnenden Einäscherung von Toten auf dem Altmarkt. Auf seinen Fotos sehen wir noch in großer Zahl Leichen auf den Plätzen und Straßen liegen: in der Pirnaischen Vorstadt, an der Johann-Georgen-Allee, nahe dem Luther-Denkmal am Neumarkt, auf der Moritzstraße, an einer Litfaßsäule und auf dem Moltkeplatz.

Es ist eine erschreckend authentische Erzählung über die Situation in der zerstörten Stadt, die manches Klischee späterer Darstellungen über den 13. Februar 1945 korrigiert. So bot sich beiden Fotografen nicht das später oft gezeichnete Bild einer menschenleeren Trümmerwüste. Wir sehen militärische Räumtrupps auf der Prager Straße, am Ring, in der Seestraße, auf dem Neumarkt, auf dem Theaterplatz und am Zeughausplatz. Leute suchen in den Trümmern nach ihrem Hab und Gut. Sie sind mit Fahrrädern und Handwagen gekommen. Man trägt noch nicht die grobe Kleidung der Trümmerjahre nach dem Krieg. Wie noch wenige Tage vorher gehen Frauen mit Pelzmantel und modischem Hut durch die Trümmer der Prager Straße. Die fotografische Erzählung beider Autoren über die gerade zerstörte Stadt erscheint unvollständig, da nicht alle vernichteten Sehenswürdigkeiten der Stadt dokumentiert wurden. Jedoch jedes Hinzufügen von Aufnahmen aus späterer Zeit würde die einmalige Dokumentation von der eben zerstörten Stadt, so wie sie die Fotografen sahen, verwischen. Wenige in den Trümmern erhaltene Details stehen für Ähnliches, das bis zur Unkenntlichkeit verbrannte. Solche Details sind die Häuser Bönischplatz 10 und 12 mit dem Ofenbau Hennig, das Gefängnis Mathildenstraße, die Likörfabrik und Weinhandlung Triesethau Pillnitzer Straße 1, die Mohren-Apotheke und der Kaiserpalast am Pirnaischen Platz, das Zinzendorfhospiz Zinzendorfstraße 17, die Capitol-Lichtspiele Prager Straße 31, Café Hülfert Prager Straße/Ecke Sidonienstraße, der Bahnsteig 11 auf dem Hauptbahnhof, die Prinzeß-Lichtspiele Prager Straße 52, das Vitzthum-Gymnasium und die Elektro- und Radio-Großhandlung Kahle & Cless Dippoldiswaldaer Gasse, das Residenzkaufhaus Prager Straße 1–3, die Kreuzschule am Georgplatz mit dem umgestürzten Körnerdenkmal, das Centraltheater Waisenhausstraße 6, am Altmarkt die Drogerie Roch und die Marien-Apotheke, die Schuhwarenhandlung Tack Wilsdruffer Straße 46 und Wollwaren Sternberg Wilsdruffer Straße 44, Stahlwaren Robert Kunde am Postplatz/Ecke Wallstraße, das Hotel Bellevue am Theaterplatz und das Restaurant Linckesches Bad auf der Neustädter Seite.

Die Orientierung in den Trümmern war schwer. Richtungspfeile, z.B. »Elbufer« an der Ziegelstraße und »Pirna« auf einem Autowrack am Pirnaischen Platz sollten helfen.

Ein grausiges Bild vermitteln die 22 Aufnahmen von Toten. Im Gebiet des Feuersturms starben Menschen auf den Straßen an schweren Verbrennungen. Löschwasserbecken, eine Litfaßsäule und der Brunnen auf dem Moltkeplatz boten keinen Schutz. Viele in den Luftschutzkellern erstickten. Diese Toten blieben oft äußerlich unversehrt und sehen aus, als ob sie schliefen. Die auf dem Altmarkt zur Verbrennung zusammengetragenen Leichen wiesen zumeist auch diese Merkmale auf.

Ausgebrannte Autos im Krankentransport Johannstadt und ein zerstörtes Feuerwehr-Fahrzeug zwischen Schloß und Katholischer Hofkirche zeugen davon, daß selbst Retter zu Opfern wurden.

Ein Bombentreffer hat die Augustusbrücke aufgerissen. In das Neustädter Elbufer hat sich ein Bomben-Blindgänger gebohrt.

Makaber wirkt das zerstörte Foyer der Oper mit den unversehrten Porträt-Plastiken von Hitler und Goebbels.

Der Rundgang der Fotografen Kröbel und Wernicke führte durch die Stadtteile Johannstadt, Pirnaische Vorstadt, Seevorstadt, Südvorstadt, Innere Altstadt und Neustadt. Was zeichnete diese Stadtteile vor der Zerstörung aus?

1. Johannstadt

Das Gebiet der Johannstadt wurde erst ab 1874 bebaut, so daß hier der Gründerzeitstil in geschlossener Bauweise dominiert hat. Davon ist heute nur noch die Gegend um die Hertelstraße erhalten. Mit 56853 Einwohnern (1933) war Johannstadt der bevölkerungsreichste Stadtteil Dresdens.

Obwohl nach dem Ortsgesetz von 1878 nicht zu den Fabrikbezirken gehörend, siedelten sich dennoch viele mittelständische und Kleinbetriebe der verarbeitenden Industrie vor allem in den Innenhöfen der Johannstadt an.

Hier befand sich mit dem Johannstädter Krankenhaus die größte medizinische Einrichtung Dresdens (zu Kriegsbeginn unter dem Namen Rudolf-Heß-Krankenhaus und danach bis zum 13. Februar 1945 mit der Bezeichnung Gerhard-Wagner-Krankenhaus). Für den Stadtteil wurde in den Jahren 1910/11 am Güntzplatz ein Stadthaus nach Entwürfen von Hans Erlwein erbaut. Nach dem Krieg hatte Johannstadt nur noch ca. 4 000 Einwohner.

2. Pirnaische Vorstadt

Die Pirnaische Vorstadt gehört zu den alten Dresdner Vorstädten. So erinnert der Name Ziegelstraße an die Rats-Amtsziegelscheune, die schon um 1370 erwähnt wurde.

Nach 1870 wurde die Pirnaische Vorstadt im Gründerzeitstil zum Geschäfts- und Wohnviertel ausgebaut. Bedeutende Institutionen der Justiz hatten hier ihren Sitz: an der Pillnitzer Straße das Landgericht und an der Lothringer Straße das Amtsgericht. Die Gegner des Nazi-Regimes waren im Gefängnis Mathildenstraße des Landesgerichtes inhaftiert.

In der Pirnaischen Vorstadt befanden sich auch bedeutende Schulen: die Kreuzschule Georgplatz 6, das Ehrlichsche Gestift Grunaer Str. 51 sowie die Städtische Oberschule für Mädchen und das Städtische Kindergärtnerinnen- und Hortnerinnen-Seminar Zinzendorfstraße 15. Das Residenztheater Zirkusstraße war bereits zu Beginn der 40er Jahre wegen fehlender Feuersicherheit geschlossen worden.

Moderne Bauten entstanden im Südosten der Pirnaischen Vorstadt mit der Ilgen-Kampf-Bahn (1921), dem Georg-Arnhold-Bad (1926) und dem Hygienemuseum (1930). Nach Plänen der Nazi-Führung sollten das Georg-Arnhold-Bad und die Ilgen-Kampf-Bahn abgerissen und an deren Stelle ein gigantisches Parteiforum und eine Aufmarschstraße errichtet werden. Dieser Aufmarschstraße sollten die Borngasse sowie Teile der Carusstraße, der Zinzendorfstraße und der Johann Georgen-Allee weichen.[3]

3. Seevorstadt

Seit Mitte des 18. Jahrhunderts war die Seevorstadt ein Viertel mit vornehmen Landhäusern. Die Mosczinsky-Straße erinnert noch an das Palais der Gräfin Moscynska, einer Tochter August des Starken mit der Gräfin Cosel.

Nach 1851 änderte sich der Charakter der Seevorstadt. Die in dieser Zeit angelegte Prager Straße entwickelte sich zur belebtesten und glanzvollsten Geschäftsstraße Dresdens. Mit einer Breite von 14 bis 17 m war die Prager Straße jedoch im Vergleich zu Magistralen anderer Großstädte sehr eng.

Am nördlichen Ende der Prager Straße befand sich das 1912 in Stahlbeton erbaute Residenzkaufhaus, der erste bedeutende Kaufhausbau Dresdens. Die Waisenhausstraße, Ringstraße, Prager Straße, Seestraße, Altmarkt und König-Johann-Straße bildeten das Dresdner Bankviertel.

Östlich der Prager Straße befanden sich Straßen in geschlossener Bauweise. An der Bürgerwiese begann eine offene Bauweise. Bürgerwiese 24 war Sitz der NSDAP-Gauleitung Sachsen.

4. Südvorstadt

Die Dresdner Flur südlich des heutigen Hauptbahnhofs war erst ab Mitte des 19. Jahrhunderts bebaut worden.

Im Schweizer Viertel (westlich der heutigen Fritz-Löffler-Straße) entstand ein Villengebiet. Das Amerikanische Viertel (östlich der heutigen Fritz-Löffler-Straße), ein dicht bebautes und geschlossenes Wohngebiet, wurde am 13./14. Februar 1945 total vernichtet, ebenso die Technische Hochschule am Bismarckplatz. Die Lukaskirche (1898–1903 erbaut), die Russisch-Orthodoxe Kirche (1874) und die Amerikanische Kirche (1883) sowie die Englische Kirche an der Wiener Straße (1868/69) brannten aus. Nur die beiden zuerst genannten Kirchen wurden wiederaufgebaut.

5. Innere Altstadt mit Alt- und Neumarkt sowie angrenzende Plätze Pirnaischer Platz, Postplatz und Theaterplatz

Bis zu Beginn des 19. Jahrhunderts war die Innere Altstadt von einer Festungsanlage umgeben. Ende des 19. Jahrhunderts wurden die am ehemaligen Pirnaischen Tor und am Wilsdruffer Tor entstandenen Plätze: Pirnaischer Platz und Postplatz, zu wichtigen Verkehrsknotenpunkten. Die seit dem 16. Jahrhundert in der Inneren Altstadt bestehende Straßen- und Platzstruktur war noch bis zum 13. Februar 1945 im wesentlichen erhalten. Der Feuersturm konnte hier in den engen Gassen und aufgrund der vielen Holzkonstruktionen in den Häusern schnell um sich greifen. Zentrale Plätze der Altstadt waren der Altmarkt und der Neumarkt.

Altmarkt:
Von der Gründung der Stadt im 13. Jahrhundert bis zum Jahre 1945 veränderte sich die Grundfläche des Altmarktes (1,3 ha) nicht. Das Alte Rathaus an der Westseite entstand nach 1709, nachdem der Rathausbau an der Nordseite 1707 auf Geheiß August des Starken abgebrochen wurde. Bis zum Bezug des Neuen Rathauses im Jahre 1910 hatte der Rat der Stadt am Altmarkt seinen Sitz. Vor 1945 wurde das Alte Rathaus von der Dresdner Straßenbahn AG als Verwaltungsgebäude genutzt.

An der Südseite des Altmarktes befand sich das Kaufhaus Renner und an der Ostseite das Deutsche Familienkaufhaus Defaka. Bekannt war die Konditorei Kreutzkamm Altmarkt 14/Ecke Seestraße.

Eine lange Tradition am Altmarkt hatten die Löwen- und die Marienapotheke. Während des Zweiten Weltkrieges wurde auf dem Altmarkt ein großes Löschwasserbecken angelegt.

Neumarkt
Das dominierende Bauwerk am Neumarkt war die Frauenkirche, im Sprachgebrauch des Dritten Reiches auch Dom zu Dresden genannt. Im Haus Neumarkt Nr. 3 befand sich das Kirchgemeindeamt der Frauenkirche. Bekannt waren

die Hotels »Stadt Rom« Nr. 10 und »Stadt Berlin« Nr. 1. Weiterhin wurde das architektonische Bild am Neumarkt entscheidend von der Fassade des Johanneums geprägt. Im Haus Nr. 12 (Ecke Frauenstraße) wohnte einst der kursächsische Hofkapellmeister Heinrich Schütz (1585–1672). Neumarkt 18 (vorher Jüdenhof 5) war als Dinglingerhaus bekannt.

Pirnaischer Platz:

Der Pirnaische Platz entstand nach Schleifung der Festungswerke Anfang der 1830er Jahre, großstädtischer Verkehrsknotenpunkt wurde er nach dem Durchbruch (1885–1887) der König-Johann-Straße vom Altmarkt her.

Acht Straßen mündeten nun in diesen Platz. Vor 1945 kreutzten den Platz 11 Straßenbahnlinien (1, 2, 5, 14, 15, 16, 18, 19, 20, 22, 25). Architektonisch bestimmende Gebäude am Platz waren der »Kaiserpalast«, 1897 vom Apotheker Hermann Ilgen im prunkvollen Neobarock als Geschäftshaus und Gaststätte errichtet, und die Mohren-Apotheke, Ende der 20er Jahre von Georg Wrba erneuert.

Bis auf das Verkehrshäuschen (Pirnaischer Platz 1) hatten alle Gebäude am Platz Anschriften der einmündenden Straßen. Vor 1945 war der Kaiserpalast, Amalienstraße 1, Sitz der Commerzbank AG Filiale Dresden und des Zentralbüros der Mineralöl GmbH, Vertriebsabteilung Dresden. Die Mohren-Apotheke hatte die Anschrift Johannesstraße 23. Gleichzeitig war hier die Mineralwasser-Großhandlung Dr. Conrad & Liecke.

Postplatz:

Der Platz entstand nach dem 1811 erfolgten Abbruch des Wilsdruffer Tores. Die Hauptfront des Platzes füllte das von 1830 bis 1832 errichtete Hauptpostamt, das spätere Telegraphenamt.

Zwischen 1881 entstand ein neues Postgebäude zwischen Annen- und Marienstraße – das Postamt 1. Vor der Zerstörung befanden sich am Postplatz die bekannten Gaststätten »Gambrinus« und »Stadtwaldschlößchen« sowie das Palast-Hotel Weber. Die Silhouette des Postplatzes wurde von den angrenzenden kulturhistorischen Bauwerken mitbestimmt: vom Zwinger, der Turmfront mit den zwei Türmen der Sophienkirche und vom Taschenbergpalais. Im Taschenbergpalais hatte bis zum 13. Februar 1945 die Wehrmachtskommandantur für Dresden ihren Sitz.

Den Postplatz kreutzten 11 Straßenbahnlinien (2, 6, 7, 8, 9, 10, 15, 18, 20, 22, 25). Als einziges Gebäude aus der Zeit vor 1945 ist auf dem Platz das Wartehaus der Straßenbahn, im Volksmund »Käseglocke« genannt, erhalten geblieben.

Theaterplatz:

Der Theaterplatz entstand 1838–1841 mit dem ersten Hoftheater von Gottfried Semper und wurde auch durch dessen Museumsbau 1847–1854 für die Gemäldegalerie maßgeblich geprägt. Die Schinkelwache (1830/31), das Schloß und die Hofkirche schließen den Platz nach Osten ab. An der Nordseite befand sich seit 1853 das Hotel »Bellevue«. Nach Plänen des Stadtbaurates Erlwein entstand 1911–1913 das Restaurant »Italienisches Dörfchen«.

Im März 1933 wurde der Platz in Adolf-Hitler-Platz umbenannt. Hiltler nahm hier anläßlich der Reichstheaterwoche 1934 eine Parade der SA ab.

6. Neustadt

In der Inneren Neustadt blieben einige barocke Straßenzüge (Königstraße, Rähnitzgasse, Obergraben) weitgehend unzerstört. Die brennenden Häuser der Hauptstraße zwischen Obergraben und Dreikönigskirche konnten gelöscht werden.

Sehr schwere Zerstörungen erlitten der Neustädter Markt, die Große Meißner Straße, die Kasernenstraße und der Jägerhof. Die Dreikönigskirche und die katholische St. Franziskuskirche brannten aus. Das Japanische Palais wurde beim Luftangriff am 2. März 1945 schwer zerstört. Ausgebrannt waren ebenfalls der Zirkus Sarrasani, die Ministerien und die Dreikönigsschule.

Schwer getroffen wurden die evangelisch-lutherische Diakonissenanstalt (Bautzner Straße 68), die Holzhofgasse und das Restaurant zum Linckeschen Bad.

Bilanz der Zerstörung

In der zusammenfassenden Lagemeldung 1404 des Chefs der Ordnungspolizei (Berlin, den 22. März 1945) hieß es zu den Ausmaßen der Zerstörungen: »74 Groß- und 2461 Mittel- sowie 2363 Kleinbrände, Großbrände meist Flächenbrände. Altstadt, Wilsdruffer Vorstadt, Seevorstadt, Pirnaische Vorstadt und Johannstadt ein einziger Flächenbrand.«

Das Gebiet der totalen und sehr schweren Zerstörungen auf 15 km² umfaßte das Weichbild Dresdens, wie es von 1549 bis zu den ersten Eingemeindungen umliegender Dörfer 1892 bestand, ausgenommen sind die Friedrichstadt, die Antonstadt (Äußere Neustadt) und die Leipziger Vorstadt.

Im Gebiet der totalen Zerstörung gab es in den einzelnen Stadtteilen folgende Anzahl Einwohner und Gebäude:

	Einwohner Zählung 1933	Gebäude Zählung 1936
Innere Altstadt	13 606	641
Pirnaische Vorstadt	29 851	2966
Johannstadt	56 853	
Seevorstadt	24 622	2567
Südvorstadt	31 746	
Wilsdruffer Vorstadt	32 599	1225
zusammen	189 277	7399

Total zerstört wurden im gesamten Stadtgebiet von Dresden 11 916 Gebäude.

Nach dem Krieg ermittelte die Bezirksverwaltung IV für ihr Gebiet (Innere Altstadt, Wilsdruffer Vorstadt, Seevorstadt, Pirnaische Vorstadt), daß von den vorhanden gewesenen 3420 Wohngebäuden 3308 Totalschaden erlitten.[4] Der Verlust an öffentlichen Gebäuden im Stadtgebiet stellt sich wie folgt dar:

Sehenswürdigkeiten

Das Dresdner Adreßbuch von 1941 empfahl 19 Sehenswürdigkeiten der Stadt. Davon waren nun 17 zerstört.
1. Gemäldegalerie
   a) im Museumsgebäude am Zwinger
   b) Brühlscher Garten 3
2. Kupferstichkabinett
   im Museumsgebäude am Zwinger
3. Skulpturensammlung im Albertinum,
   Brühlsche Terrasse
4. Historisches Museum; Rüstkammer und Gewehrgalerie im Johanneum, I. Stock, Eingang vom Stallhof
5. Porzellansammlung im Johanneum, II. Stock,
   Eingang vom Stallhof
6. Grünes Gewölbe im ehemaligen Residenzschloß,
   Erdgeschoß, Eingang im Großen Schloßhof, Westecke
7. Münzkabinett
   Stallhof, Zugang Augustusstraße 1
8. Museum für Tierkunde
   Ostra-Allee 15 (bereits beim Luftangriff am 7. Oktober 1944 zerstört)
9. Museum für Völkerkunde
   im Zwinger, Eingang gegenüber der Sophienkirche
10. Museum für Mineralogie, Geologie und Vorgeschichte
    im Zwinger, Eingang im Torweg an der Ostra-Allee
11. Mathematisch-Physikalischer Salon im Zwinger,
    westlicher Pavillon, Eingang vom Zwingerwall

12. Botanischer Garten
    Stübelallee
13. Staatliches Kunstgewerbe-Museum
    Güntzstraße 34
14. Oskar-Seyffert-Museum, Landesmuseum für Sächsische Volkskunst, Dresden-Neustadt, Asterstraße 1 am Zirkus
15. Stadtmuseum im Rathaus
16. Körnermuseum, Körnerstraße 7
17. Sächsische Landesbibliothek im Japanischen Palais,
    Eingang Kaiser-Wilhelm-Platz (beim Luftangriff am 2. März 1945 sehr schwer zerstört)

Zwei der Sehenswürdigkeiten blieben unzerstört:
1. Sächsisches Armeemuseum
   Albertstadt, Arsenal-Hauptgebäude, Königsplatz 1
2. Leonhardi-Museum
   Dresden-Loschwitz, Grundstraße, Rote Amsel

Bankhäuser

24 Banken wurden total zerstört, darunter:
1. Dresdner Bank
   Stammhaus Dresden
   König-Johann-Straße 3/5 und
   Filiale Waisenhausstraße 18/22
2. Deutsche Bank, Filiale Dresden
   Ringstraße 10 (Johannesring)
3. Commerzbank Aktiengesellschaft in Dresden
   Waisenhausstraße 21 und Ringstraße 22
4. Sächsische Bodencreditanstalt
   Ringstraße 50
5. Dresdner Bankverein e. GmbH
   Ringstraße 2
6. Dresdner Kassen-Verein AG
   Ringstraße 50
7. Girozentrale Sachsen
   Ringstraße 62
8. Allgemeine Deutsche Credit-Anstalt
   Abteilung Dresden
   Altmarkt 16 und Scheffelstraße 3 und 5
9. Sächsische Bank
   Seestraße 18
10. Deutsche Industriebank, Vertretung Dresden
    Mosczinskystraße 3
11. Landwirtschaftlicher Kreditverein Sachsen
    Prager Straße 43
12. Stadtbank Dresden, Stadtgirokasse
    Gewandhausstraße 2

Waren- und Kaufhäuser

31 Waren- und Kaufhäuser wurden zerstört, darunter:

1. Residenzkaufhaus (Rudolf Knoop)
   Prager Straße 1–3
2. Rudolf Knoop
   Wilsdruffer Straße 11–15
3. Defaka Deutsches Familien-Kaufhaus GmbH,
   Zweigniederlassung Dresden, Altmarkt 7
4. Kaufhaus Renner GmbH
   Altmarkt 11, 12, 13
5. Modehaus Möbius GmbH
   Wilsdruffer Straße 8
6. Damenmoden Friedrich Echternkamp
   König-Johann-Straße 1
7. Damenmoden Walter
   Prager Straße 42
8. Loden-Frey
   König-Johann-Straße 12
9. Damenmoden Vollrath
   Prager Straße 20
10. Heinrich Esders Herren- und Knabenbekleidung
    Waisenhausstraße 12
11. Herrenmoden Emil Hohlfeldt
    Ritterstraße 2 u. 4
    Hauptstraße/Ecke Dreikönigskirche
12. Schacht & Hödel
    Modehaus für Bekleidung, Textilien und Schuhe
    Große Zwingerstraße 2 und 4
13. Wagner-Kleidung
    Heinrichstraße/Ecke Hauptstraße
    Dresden N6
14. Deutsche Werkstätten Dresden GmbH
    Prager Straße 11
15. Bargou und Söhne
    Schreib- und Papierwaren, Spielzeug, Haushaltwaren
    Wilsdruffer Straße 54
16. Sächsische Porzellanfabrik Freital
    Prager Straße 17
17. Staatliche Porzellanmanufaktur Meißen
    eigene Niederlagen
    Schloßstraße 36 und Prager Straße 35
18. Kaufhaus Gebrüder Sinn
    Wettiner Straße 3/5
19. W. Metzler, Strumpf- und Trikotagenhaus
    Altmarkt 9
20. Seidenhaus Carl Jacoby Nachf.
    Altmarkt 6

Theater

Alle 5 Theater wurden zerstört.
1. Opernhaus
   Theaterplatz
2. Staatstheater, Schauspielhaus
   Ostra-Allee
3. Theater des Volkes, vormals Albert-Theater,
   städtisches Theater am Albertplatz
4. Central-Theater
   Waisenhausstraße
5. Komödienhaus
   Prager Straße 52 und Reitbahnstraße 37

Lichtspielhäuser

19 Lichtspieltheater wurden total zerstört.
1. Prinzeß-Theater Johannes Thomas, Prager Straße 52
2. Capitol (Ufa), Prager Straße 31
3. Universum (Ufa), Prager Straße 6
4. Ufa-Palast, Waisenhausstraße 26
5. Ufa am Postplatz
6. Zentrum-Lichtspiele (Ufa), Seestraße 11
7. U. T. Lichtspiele Max Plötner, Waisenhausstraße 22
8. Wettin-Lichtspiele, Wettinerstraße 12
9. Saxonia-Lichtspiele, Annenstraße 28
10. MS Lichtspiele, Moritzstraße 10
11. Lichtspiele Freiberger Platz 20
12. Nationallichtspiele Gerokstraße 27
13. »Fü-Li« Fürstenhof-Lichtspiele-Theater am Fürstenplatz, Striesener Straße
14. Drei-Kaiser-Hof-Lichtspiele, Tharandter Straße 2
15. Li-Mu, Kesselsdorfer Straße 17
16. Gloria-Palast-Lichtspiele, Schandauer Straße 11
17. Regina-Lichtspiele, Augsburger Straße 12
18. Hansa-Lichtspiele, Görlitzer Straße 18
19. Kosmos-Filmtheater, Alaunstraße 28

Kirchen und Kapellen

25 Kirchen und Kapellen wurden zerstört, darunter:
1. Dom zu Dresden (Frauenkirche)
   erbaut 1726–1743
   Wiederaufbau seit 1994
2. Domkirche (Sophienkirche)
   bis zur Reformation Franziskanerkloster
   1864 neogotische Turmfront
   1962/63 abgebrochen

3. Kreuzkirche
älteste Kirche Dresdens
bis 1955 vereinfacht erneuert
4. Dreikönigskirche (1732–1739)
Wiederaufbau 1993 abgeschlossen
5. Katholische Hofkirche (1738–1756)
Wiederaufbau
6. Johanniskirche (1874–1878), Pirnaische Vorstadt
1952 gesprengt
7. Annenkirche (1764–1769), Wilsdruffer Vorstadt)
bis 1950 wiederhergestellt
8. Mathäuskirche (1728–1730), Friedrichstadt
bis 1978 erneuert
9. Katholische Pfarrkirche Franciscus Xaverius
(1853–1855),
1957 abgebrochen
10. Englische Kirche (1868–1869), Südvorstadt
abgebrochen
11. Erlöserkirche (1878–1880) Johannstadt
abgebrochen,
12. Russische Kirche (1872–1874), Südvorstadt
Wiederaufbau
13. Amerikanische Kirche (1883), Südvorstadt
abgebrochen
14. Trinitatiskirche (1891–1894), Johannstadt
Ruine
15. Jacobi-Kirche (1897–1901), Wilsdruffer Vorstadt
abgebrochen
16. Lukas-Kirche (1898–1903), Südvorstadt
1963–1972 vereinfacht wiederhergestellt
17. Zionskirche (1908–1912), Südvorstadt
Ruine
18. Ehrlichsche Gestiftskirche (1904–1907), Pirnaische Vorstadt
abgebrochen
19. Kirche in Loschwitz (1705–1708)
im Wiederaufbau
20. Kapelle im Josephinenstift, Seevorstadt
Große Plauensche Straße 16
Trümmer abgebrochen
21. Andreaskirche, Johannstadt
abgebrochen
22. Evangelisch-Reformierte Kirche, Ringstraße 17 b
Abriß 1956

Hotels und Gaststätten

57 größere Hotels und Gaststätten wurden zerstört, darunter:

1. Hotel »Bellevue«, Theaterplatz
2. »Italienisches Dörfchen«, Theaterplatz
3. »Bären-Schänke«, Webergasse 27–31 und Zahnsgasse 16–22
4. Hotel »Deutscher Hof«, Ecke Prager Straße und Sidonienstraße
5. Palast-Hotel Weber, Ostra-Allee, Postplatz
6. Central-Hotel, Wiener Platz 10
7. Hotel Trompeterschlößchen, Dippoldiswaldaer Platz
8. Hauptbahnhofswirtschaft
9. Hotel »Europahof«, Prager Straße 39
10. Hohenzollernhof, Breite Straße 5
11. Hotel »Monopol-Metropol«, Wiener Platz 9
12. Hotel »Stadt Gotha«, Schloßstraße 11
13. Hotel »Stadt Weimar«, Waisenhausstraße 2
14. Hotel »Winzer – Windsor«, Prager Straße 50
15. Schillers Hotel, Sidonienstraße 8/10 (nach dem Krieg wiederaufgebaut, bis 1965 als Hotel »Excelsior«)
16. Sidonienhof, Reitbahnstraße 34
17. Hotel »Stadt Berlin«, Neumarkt 1
18. »Stadt Petersburg«, An der Frauenkirche 8
19. Viktoriahof, Viktoriastraße 30
20. Ritterhof, Breite Straße 22
21. Palmengarten, Pirnaische Straße 29
22. Schloßkeller, Schloßstraße 16
23. Vier Jahreszeiten, Neustädter Markt
24. Café Hülfert, Prager Straße 48
25. Konditorei Kreutzkamm, Altmarkt 14
26. Café Limberg, Prager Straße 10
27. Residenz-Café, König-Johann-Straße 2
28. Café König, Ringstraße 14
29. Residenz-Büffet und Konditorei, Seestraße 7
30. Hotel »Drei Raben«, Marienstraße 18/20
31. Eden-Hotel, Prager Straße 58
32. Guth's Hotel Victoria, Bismarckstraße 12
33. Hotel Westminster und Astoria, Bernhardstraße 1/3

Anmerkungen

[1] Stadtarchiv Dresden, Dezernat Oberbürgermeister 948
[2] Fotoarchiv Stadtmuseum Dresden
[3] Vgl. Dresdner Jahrbuch 1942, S. 69–78
[4] Stadtarchiv Dresden, Dezernat Aufbau, Akte 14

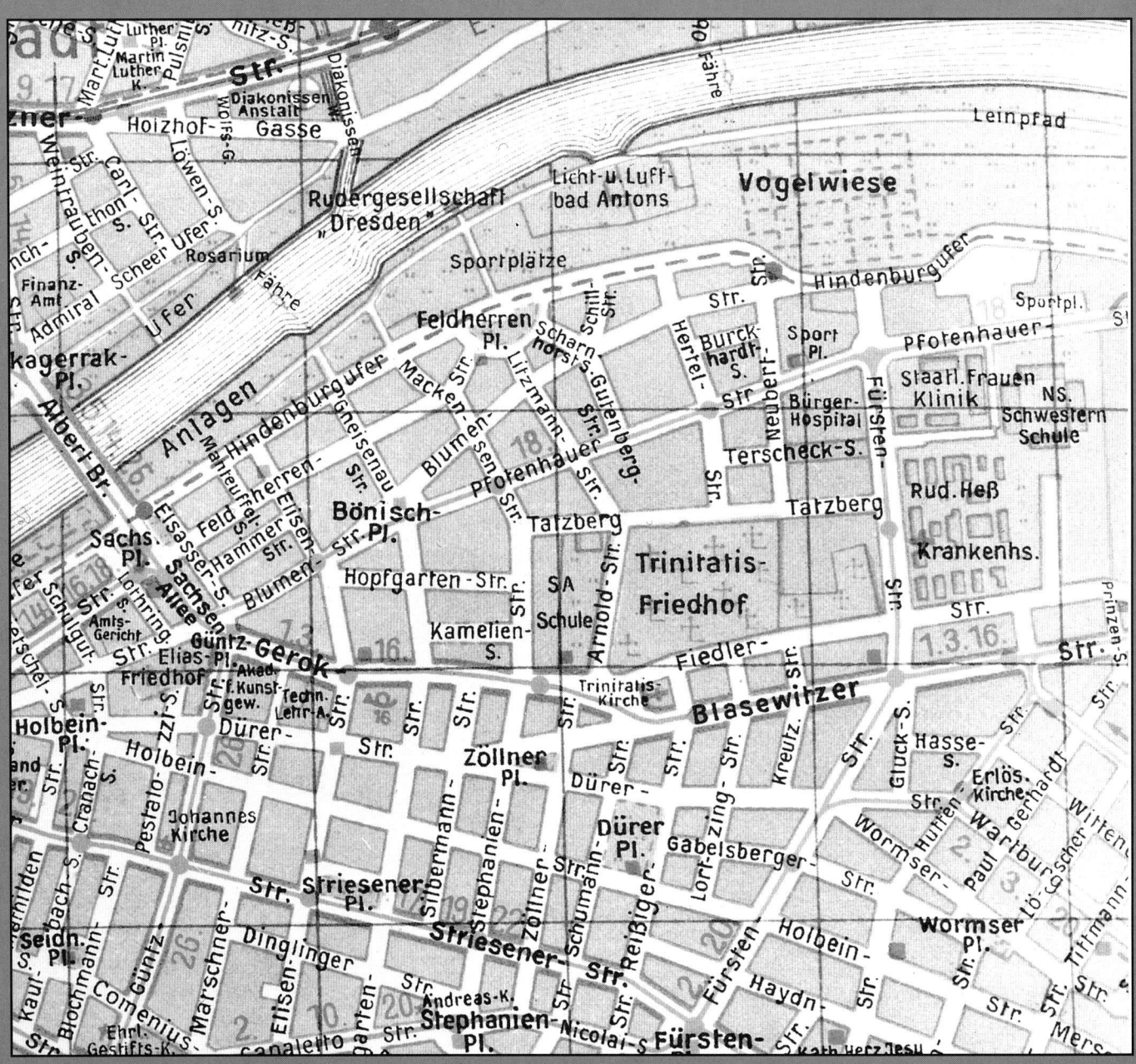

Blumenstraße/Ecke Schillstraße

Südlich der Blumenstraße begann das Gebiet der totalen Zerstörung im Stadtteil Johannstadt. Die Wohnblocks links an der Ecke Blumenstaße/Schillstraße (heute Alfred-Schrapel-Straße) gehörten zur Gemeinnützigen Bau- und Grundstücksgenossenschaft m.b.H. links die Bäckerei und Conditorei Preußler, Blumenstraße 77. Der Fotograf Alfred Wernicke, wohnhaft Hertelstraße 39/Ecke Blumenstraße, begann hier seinen Weg in die zerstörte Dresdner Innenstadt.
Alfred Wernicke

Dürerstraße 51

Krankenbeförderungszentrale des Feuerwehramtes.
Alfred Wernicke

Dürerplatz (Mitte links)

Der Dürerplatz lag im Zentrum des Stadtteils Johannstadt (heute überbaut) und wurde von der Dürer-, Reißiger-, Holbein- und Schumannstraße begrenzt. Am Dürerplatz war eine Vielzahl kleiner Geschäfte angesiedelt, u. a. die Dampfwäscherei »Schneeweiß« in Nr. 4. Links im Bild ist vermutlich die Schreibwarenhandlung Torges im Eckhaus Reißigerstraße 66.
Alfred Wernicke

Kaserne Feldherrenstraße

(unten links)

Zwischen der Feldherrenstraße (heute Florian-Geyer-Straße), dem Sachsenplatz und dem Hindenburgufer befand sich die Elbkaserne, im Februar 1945 Polizei- und SA-Kaserne. Im Januar 1943 wurde der II. Sturmbann der SA-Standarte »Feldherrnhalle« aus München hierher verlegt. Das Foto zeigt den Blick in Richtung Sachsenplatz.
Heinz Kröbel

PIRNAISCHE VORSTADT

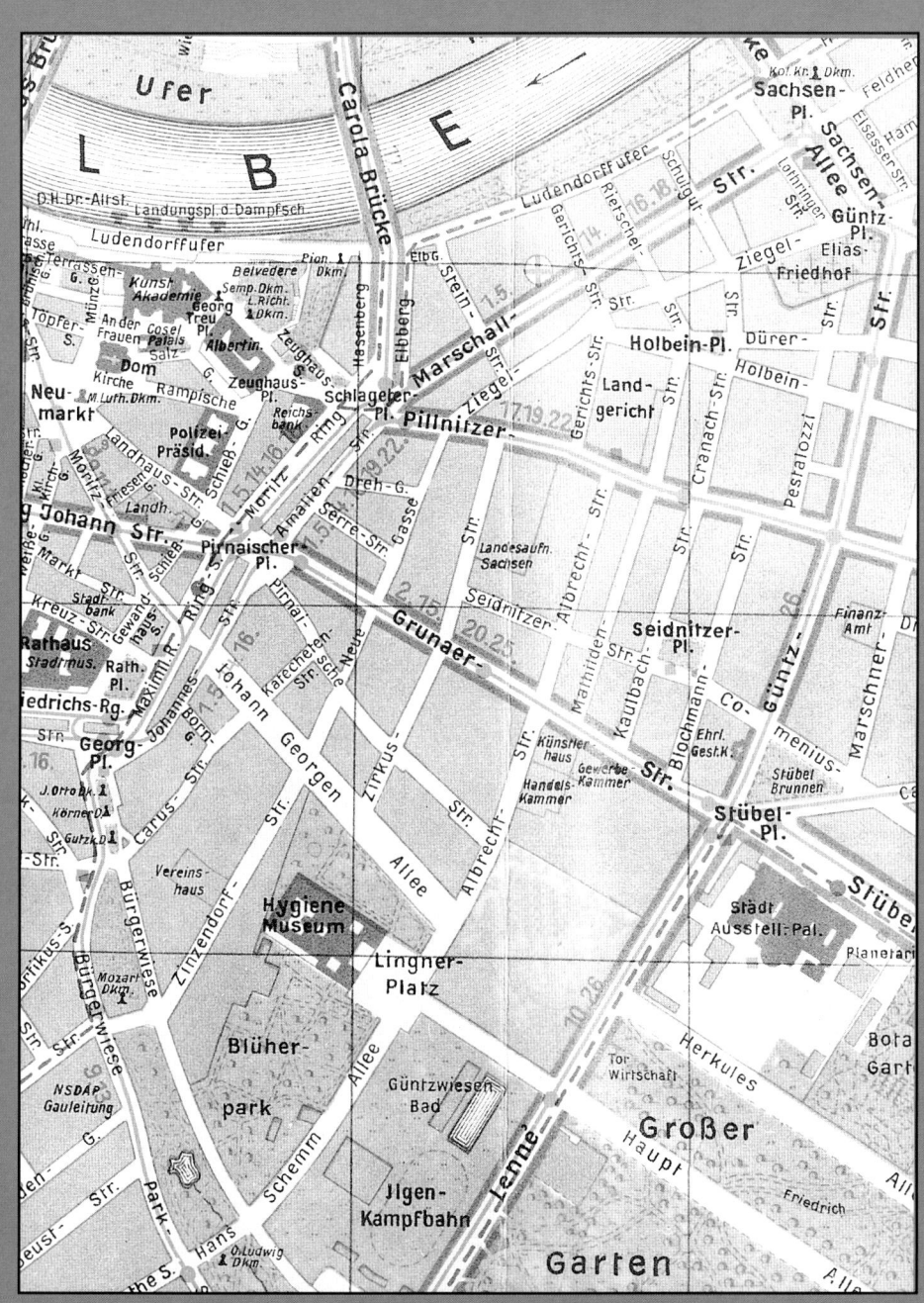

**Ziegelstraße/Ecke Schul-
gutstraße**
Heinz Kröbel

**Pirnaische Vorstadt,
im Hintergrund der Turm
der Johanniskirche**
Die Aufnahme entstand
vermutlich an der
Ecke Pillnitzer/Ziegel-
straße. Die Johanniskir-
che befand sich an der
Ecke Pillnitzer/Elias-
straße (heute Güntz-
straße).
Heinz Kröbel

**Ziegelstraße /Ecke
Holbeinplatz in Richtung
Altstadt gesehen**
In der Ziegelstraße
(rechts) gab es viele
kleine Geschäfte und
Gewerberäume von
Kleinfabrikanten.
Links das Gefängnis
des Landgerichtes
(Mathilde), dann in
Richtung Pillnitzer
Straße das Land-
gerichtsgebäude.
Das Schild »Elbufer«
diente der Orientierung
in der Trümmerwüste.
Im Hintergrund der
Rathausturm.
Heinz Kröbel

Ziegelstraße
Blick in Richtung Sach-
senplatz, ein Turm des
Amtsgerichtes ist
erkennbar.
Das Gefängnis des
Landgerichtes an der
Mathildenstraße (rechts)
war während der Weima-
rer Republik wegen
mangelhafter hygie-
nischer Bedingungen ge-
schlossen worden. Unter
dem faschistischen
Regime wurden hier
politische Häftlinge ein-
gekerkert. Viele kamen
beim Bombenangriff
ums Leben.
Alfred Wernicke

Ziegelstraße
Auch der Luftschutzhelm bot keinen Schutz gegen den Feuersturm.
Heinz Kröbel

Pillnitzer Straße in Richtung Johannstadt
Gut erkennbar ist das Schild der Likörfabrik und Weinhandlung Th. Triesethau. Pillnitzer Straße 1. Im Nachbarhaus Nr. 3 befanden sich Molkereierzeugnisse Ziegenmeyer, Drechslermeister Scholz, Ebel's Fleischsalatfabrik und die Seifenhandlung Nobis. Im Hintergrund ist das Gebäude des Landgerichtes erkennbar. Die Straßenbahnen der Linien 17, 19 und 22 befuhren ehedem die Pillnitzer Straße.
Heinz Kröbel

Pirnaische Straße in Richtung Pirnaischer Platz
Diese Straße ist heute überbaut und verlief südlich der Grunaer Straße, von der Lenné-straße zum Pirnaischen Platz. In Nr. 32 befand sich die Kunsthandlung Wilhelm Axt und in Nr. 24 das Leihhaus Eugen Berndt. Im Hintergrund erkennt man den Kaiserpalast am Pirnaischen Platz sowie das Polizeipräsidium Schießgasse.
Heinz Kröbel

Pirnaische Straße
(oben rechts)
Motiv wie linke Abbildung, jedoch in Richtung Großer Garten gesehen. Vermutlich links die Einmündung Neue Gasse.
Heinz Kröbel

Zirkusstraße Nr. 3
Die Zirkusstraße war erst Mitte des 19. Jahrhunderts angelegt worden. Hier im Haus Nr. 3 hatte die Autozubehörhandlung Pötzsch ihre Geschäftsräume. Der Standort des Fotografen könnte die Einmündung Pirnaische Straße sein.
Heinz Kröbel

Neue Gasse
Die Neue Gasse bildete die Verlängerung der Zinzendorfstraße bis zur Pillnitzer Straße. Aufgrund ihrer Enge war sie Einbahnstraße. In der Nr. 22 hatte die Bauklempnerei Giele ihren Sitz. Die Neue Gasse wurde total zerstört und ist mit dem Robotron Komplex überbaut.
Heinz Kröbel

Johann-Georgen-Allee
In Richtung Altstadt
gesehen, links der
Rathausturm.
Heinz Kröbel

**An der Johann-Georgen-
Allee**
Von Räumtrupps
geborgene Leichen
am Straßenrand zur
Überführung auf die
Friedhöfe.
Heinz Kröbel

Zinzendorfstraße
Vielleicht in Höhe der
Johann-Georgen-Allee
in Richtung Pirnaische
Straße gesehen.
Heinz Kröbel

Zinzendorfstraße 17
Das Zinzendorf-Hospiz war Hotel und evangelisches Vereinshaus gleichermaßen. Hier befand sich die Geschäftsstelle das Stadtvereins für Innere Mission.
Heinz Kröbel

Zinzendorfstraße 17
Motiv wie linke Abbildung, nur weiter nach rechts gesehen, im Hintergrund der Turm des Neuen Rathauses.
Heinz Kröbel

Blick über das Hygiene-Museum auf das Stadtzentrum nach Nordwest
Sächsische Landesbibliothek, Abt. Deutsche Fotothek Arch.-Nr. 310268, W. Hahn

Zinzendorfstraße, rechts Prinzenpalais
Zwischen Bürgerwiese und Hygiene-Museum befand sich das damalige Palais für die zweitgeborenen Prinzen des sächsischen Königshauses.
Heinz Kröbel

Zinzendorfstraße
Deutsches Hygiene-Museum (Rückansicht von Süden) und ehemaliges Prinzenpalais. Das 1928 bis 1930 nach Plänen des Architekten Wilhelm Kreis erbaute Deutsche Hygiene-Museum war ausgebrannt. Bereits 1947 wurde es wiederhergestellt. Das Prinzenpalais wurde abgebrochen.
Heinz Kröbel

Georgplatz
Kreuzschule mit umgestürztem Körnerdenkmal.
Seit 1871 stand vor der Kreuzschule ein Denkmal für Theodor Körner, der 1813 als Lützower Jäger fiel. Das Denkmal wurde 1946 wiederhergestellt und befindet sich heute etwa an seinem ursprünglichen Standort.
Heinz Kröbel

Kreuzschule vor der Zerstörung, Mai 1944
Der neogotische Bau des Gymnasiums Kreuzschule am Georgplatz 6, nach Plänen von C. F. Arnold errichtet, war ein Vierflügelbau mit zwei Innenhöfen.
Sächsische Landesbibliothek, Abt. Deutsche Fotothek.
Arch.-Nr. 63594, Kallmer

Georgplatz, Kreuzschule
Heinz Kröbel

Zinzendorfstraße
Leichen zwischen Trümmern.
Heinz Kröbel

SEEVORSTADT

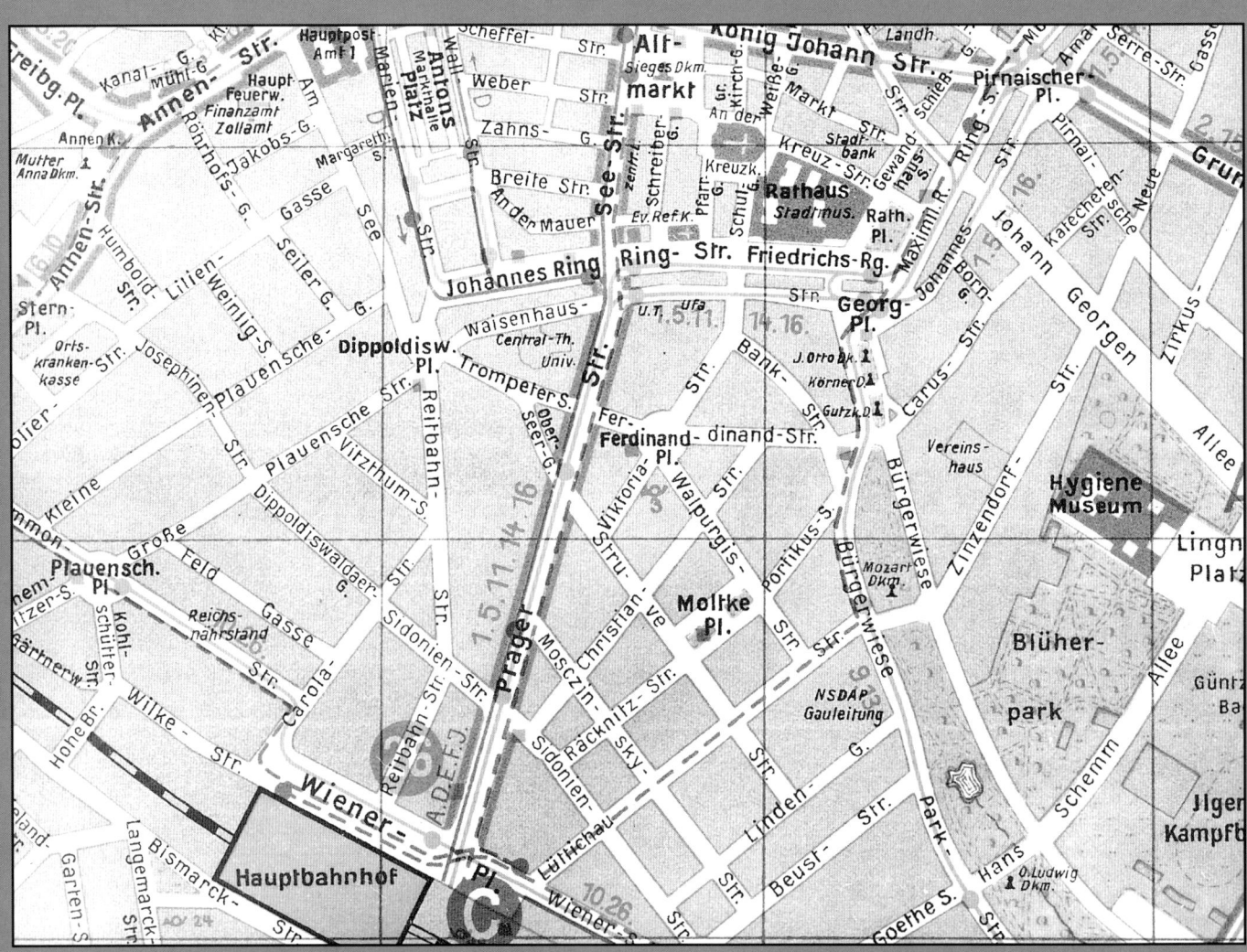

Walpurgisstraße

Von der Lüttichaustraße zum Ferdinandplatz gesehen. Im Gebäude rechts befand sich die Drogerie Sitte (Nr. 15) und weiter zum Ferdinandplatz in der Nr. 4 waren das Kontor der Dienstmann-Genossenschaft »Grün-Weiß« und in der Nr. 2 das Postamt A3.
Heinz Kröbel

Lüttichaustraße

(unten links)
Die Lüttichaustraße wurde nach 1847 in geschlossener Bauweise im Stil der Dresdner Schule angelegt. Bekannte Gebäude waren das Christian-Rauch-Haus (Nr. 11) und der Adlerhof (Nr. 23) mit Ausstellungsräumen der Firma Koch & Sterzel. Die Häuser der Lüttichaustraße brannten im Feuersturm total aus. An der Bürgerwiese zwischen Lüttichaustraße und Lindengasse im Haus Bürgerwiese 24 hatte die NSDAP-Gaugeschäftsführung Sachsen ihren Sitz.
Der Standort des Fotografen ist in der Zinzendorfstraße, links Baumstümpfe an der Bürgerwiese. Die Lüttichaustraße verläuft in Richtung Hauptbahnhof.
Heinz Kröbel

Bürgerwiese

Blick in Richtung Kreuzkirche, rechts der Rathausturm und links im Mittelpunkt die Portikusstraße.
Heinz Kröbel

Moltkeplatz
Nymphenbrunnen auf
dem Moltkeplatz in
unzerstörtem Zustand,
um 1935.
Bildstelle des Stadt-
planungsamtes
Dresden, Nr. 10942

Moltkeplatz (rechts oben)
Gleiches Motiv wie
linke obere Abbildung,
nach der Zerstörung.
Der Amateurfotograf
Heinz Kröbel, Bauinge-
nieur aus Leipzig, doku-
mentierte wenige Tage
nach dem 13. Februar
1945 diese grausigen
Bilder mit Toten des
Feuersturms am
Moltkeplatz. Die Men-
schen hatten in ihrer
Verzweiflung Schutz
am Brunnen und im
Splittergraben auf dem
Moltkeplatz gesucht.
Heinz Kröbel

Moltkeplatz
Leiche mit Helm am
Brunnen.
Heinz Kröbel

Moltkeplatz
Leichen im Brunnen-
becken.
Heinz Kröbel

Moltkeplatz
Leiche am Eingang
zum Splitterschutz-
graben.
Heinz Kröbel

Moltkeplatz
Leichen im Brunnen-
becken. Dahinter ein
Splittergraben mit Ent-
lüftungsschächten.
Heinz Kröbel

Moltkeplatz
Leichen an einer Litfaß-
säule.
Heinz Kröbel

Moltkeplatz
Heinz Kröbel

Seite 85:
Moltkeplatz
Heinz Kröbel

Struvestraße
In Richtung Prager Straße gesehen, rechts der Moltkeplatz.
In der total zerstörten Struvestraße befand sich im Haus Nr. 8 die »Dr. Struve Sächsische Concessionierte Mineralwasseranstalt«, die Dr. Friedrich Struve im Jahre 1818 hier gründete. Nach Dr. Struve war 1847 die Straße benannt worden.
Heinz Kröbel

Räcknitzstraße
(oben rechts)
Zwischen Moltkeplatz und Sidonienstraße. Der ausgebrannte Turm gehört zum Eckgebäude Prager Straße 49/Wiener Platz, bekannt als Feuerversicherungs-Gesellschaft. Hier befand sich auch das Kaiser-Café.
Heinz Kröbel

Christianstraße/Ecke Sidonienstraße
Die Menschen suchten vergeblich Schutz in Löschwasserbecken wie hier an der Christianstraße/Ecke Sidonienstraße.
Heinz Kröbel

Sidonienstraße/Ecke Christianstraße
Blick in die Christianstraße nach Norden, der Standort des Fotografen wie des Räumkommandos ist die Sidonienstraße. Links vor dem Hotel »Europahof« das Löschwasserbecken.
Heinz Kröbel

Prager Straße 31
Das blieb übrig von den
Capitol-Lichtspielen.
Sie waren mit 1 655 Sitz-
plätzen das größte
Filmtheater in Dresden.
Dieses Kino war 1925
im Hinterhof erbaut
worden, was für viele
Lichtspielhäuser
typisch war.
Heinz Kröbel

**Mosczinskystraße/Ecke
Prager Straße** (oben links)
Die Ausgänge der Capi-
tol-Lichtspiele führten
in die angrenzenden
Straßen, so auch in die
Mosczinskystraße. Auf
der Prager Straße arbei-
tet ein Räumtrupp der
Wehrmacht.
Heinz Kröbel

Prager Straße 31
Geschäft des Optikers
Timmel im Capitol-
Haus.
Kurt Schaarschuch

Prager Straße 31
Eingang zu den Capitol-
Lichtspielen vor dem
13. Februar 1945.
Kurt Schaarschuch

Prager Straße/Ecke Sidonienstraße (oben links)
Die Ecke Prager Straße/Sidonienstraße war durch das Café Hülfert bekannt. Die vielen Passanten auf der zerstörten Prager Straße, wenige Tage nach dem 13. Februar, deuten darauf hin, daß diese Straße eine wichtige Verbindung darstellte.
Heinz Kröbel

Prager Straße
Räumtrupps der Wehrmacht bei der Bergung von Toten und der Beräumung wichtiger Straßen.
Heinz Kröbel

Prager Straße/Ecke Sidonienstraße (oben rechts)
Motiv wie linke obere Abbildung, anläßlich der Reichstheaterwoche 1934.
Bildstelle des Stadtplanungsamtes Dresden, Arch.-Nr. 5621

Prager Straße/Ecke Sidonienstraße
An der Ecke Prager Straße/Sidonienstraße war auf der rechten Seite der Sidonienstraße ein Löschwasserbecken angelegt worden. In den umliegenden Häusern befanden sich rechts das Union-Hotel-Restaurant Wilhelm Tögel (Nr. 7) und links Schillers Hotel (Nr. 10), das nach Kriegsende als Hotel »Excelsior« wiederaufgebaut und bis 1965 genutzt wurde.
Heinz Kröbel

Prager Straße 50–56
(oben links)
Die Prinzeß-Lichtspiele
(in Nr. 52) waren in den
Jahren vor 1945 Dres-
dens Erstaufführungs-
kino. Sie wurden be-
reits 1916 erbaut.
Heinz Kröbel

Reitbahnstraße
(Mitte links)
In den Trümmern in
der Nähe des Dippoldis-
waldaer Platzes auch
ein ausgebranntes
Feuerwehrauto mit
Leiter.
Heinz Kröbel

Dippoldiswaldaer Gasse 9
(oben rechts)
Das städtische
Vitzthum-Gymnasium
wurde vor dem 13. Fe-
bruar 1945 als Behelfs-
lazarett genutzt.
Heinz Kröbel

Große Plauensche Straße
Die Bebauung an der
Großen Plauenschen
Straße stammte zum
Teil noch aus der Zeit
der ersten Hälfte des
19. Jahrhunderts. Die
alten Häuser boten dem
Feuersturm günstige
Angriffsflächen, was zu
totaler Zerstörung

führte. Im Haus Nr. 20
hatte die Firma Kühn-
scherf & Söhne, Her-
steller von Spezialauf-
zügen und Museums-
vitrinen, mit einer
großen privaten Kunst-
schmiedeeisensamm-
lung ihren Sitz.
Blick in Richtung
Stadtzentrum mit
Kreuzkirche.
Heinz Kröbel

Große Plauensche Straße
(oben links)
Gleicher Standort wie
rechte untere Abbil-
dung auf Seite 89,
jedoch in Richtung
Plauenscher Platz ge-
sehen.
Heinz Kröbel

**Dippoldiswaldaer
Gasse 13/15**
(oben rechts)
Elektro- und Radio-
großhandlung Kahle &
Cless.
Heinz Kröbel

Prager Straße
Gleiches Motiv wie
rechte Abbildung, zur
Reichstheaterwoche
1934.
Bildstelle des Stadtpla-
nungsamtes Dresden,
Arch.-Nr. 5623

Prager Straße 1–3
Das Residenzkaufhaus
(links) war das erste
große Dresdner
Warenhaus (erbaut
1912). Die Fassade aus
Stahlbeton blieb nach
dem Feuersturm er-
halten. Die Gebäude
rechts gehörten zur
Central-Theater-Pas-
sage mit den Univer-
sum-Lichtspielen und
dem Bekleidungshaus
Esders.
Heinz Kröbel

Ringstraße (links oben)
Räumtrupp auf der
Ringstraße, links das
Café König und die
Dresdner Filiale der
Deutschen Bank, Ring-
straße 10 (dieses Bank-
gebäude existiert heute
noch) und rechts an-
geschnitten das
Bismarck-Denkmal.
Heinz Kröbel

Prager Straße
In Richtung Hauptbahn-
hof gesehen.
Heinz Kröbel

Waisenhausstraße
(rechts oben)
Der Standort des Foto-
grafen ist in der See-
straße. Links in der
Waisenhausstraße das
Centraltheater
(1900 erbaut).
Alfred Wernicke

Prager Straße
Das Foto entstand am
gleichen Standort wie
linke untere Abbildung,
jedoch in Richtung
Waisenhausstraße ge-
sehen; am Ende der
Prager Straße das
Viktoria-Haus.
Heinz Kröbel

Seite 92:
**Viktoriastraße und Neues
Rathaus**
An der Ecke Ferdinand-
platz/Viktoriastraße
befanden sich Gebäude
der »Dresdner Neue-
sten Nachrichten« so-
wie Viktoriastraße 30
das Hotel »Vikotriahof«.
Das Neue Rathaus,
1905 bis 1910 erbaut im
Hintergrund, brannte
aus. Es wurde nach
Kriegsende wiederauf-
gebaut.
Heinz Kröbel

HAUPTBAHNHOF
UND SÜDVORSTADT

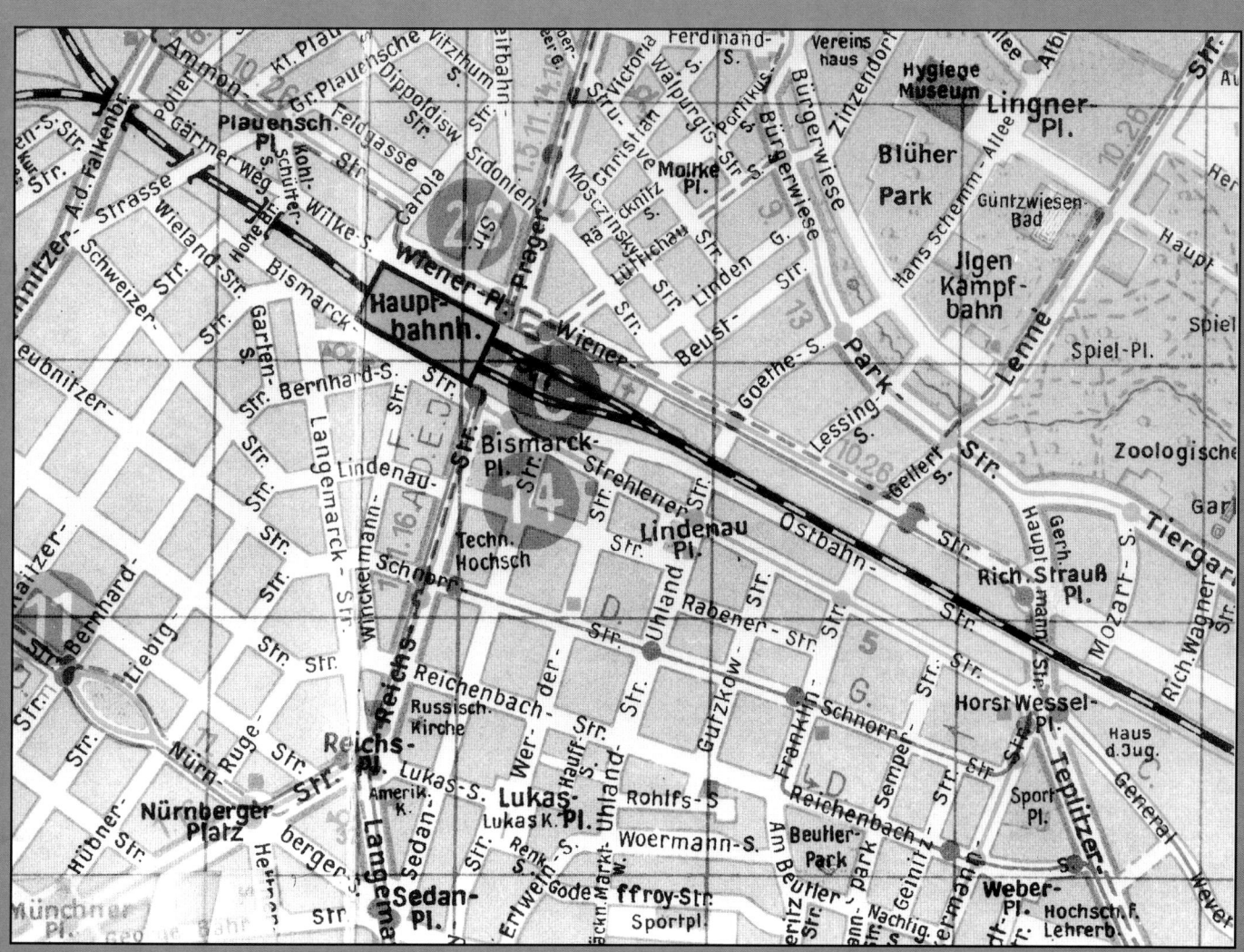

**Mittelhalle des Dresdner
Hauptbahnhofes**
Der Dresdner Haupt-
bahnhof ist im Ver-
gleich zur Größe der
Stadt relativ klein. Hier
waren Luftschutzräume
für ca. 2000 Menschen
eingerichtet worden.
Etwa 750 Personen
kamen bei den
Angriffen auf dem
Hauptbahnhof ums
Leben.
Heinz Kröbel

**Hauptbahnhof,
Bahnsteighalle**
Während der Angriffe
brannten hier
10 Wagenzüge aus.
Heinz Kröbel

Hauptbahnhof, Bahnsteig 11
Heinz Kröbel

Reichsstraße (links oben)
Heute Fritz-Löffler-Straße, vom Hauptbahnhof aus gesehen. Links die Einmündung der Strehlener Straße. Auf der rechten Seite der Reichsstraße wurden Wohngebäude mit Läden und Gewerberäumen in der Erdgeschoßzone zerstört, u. a. im Haus Nr. 6 die Dresdner Wäsche-Manufaktur Grohmann & Senf.
Heinz Kröbel

Strehlener Straße
(rechts oben)
Vom Hauptbahnhof aus gesehen. Das Verwaltungsgebäude der Reichsbahn, Strehlener Straße 1 (links), war Sitz verschiedener Büros, u. a. des Finanz-, Sicherungs-, Brücken- und Hochbaubüros.
Heinz Kröbel

Werderstraße
Heute Andreas-Schubert-Straße, mit Blick zur Lukaskirche. Die Wohnbebauung der Werderstraße führte von der Ostbahnstraße zum Lukasplatz mit der Lukaskirche, die 1963 bis 1972 vereinfacht wiederaufgebaut wurde.
Heinz Kröbel

INNERE ALTSTADT UND ANGRENZENDE PLÄTZE

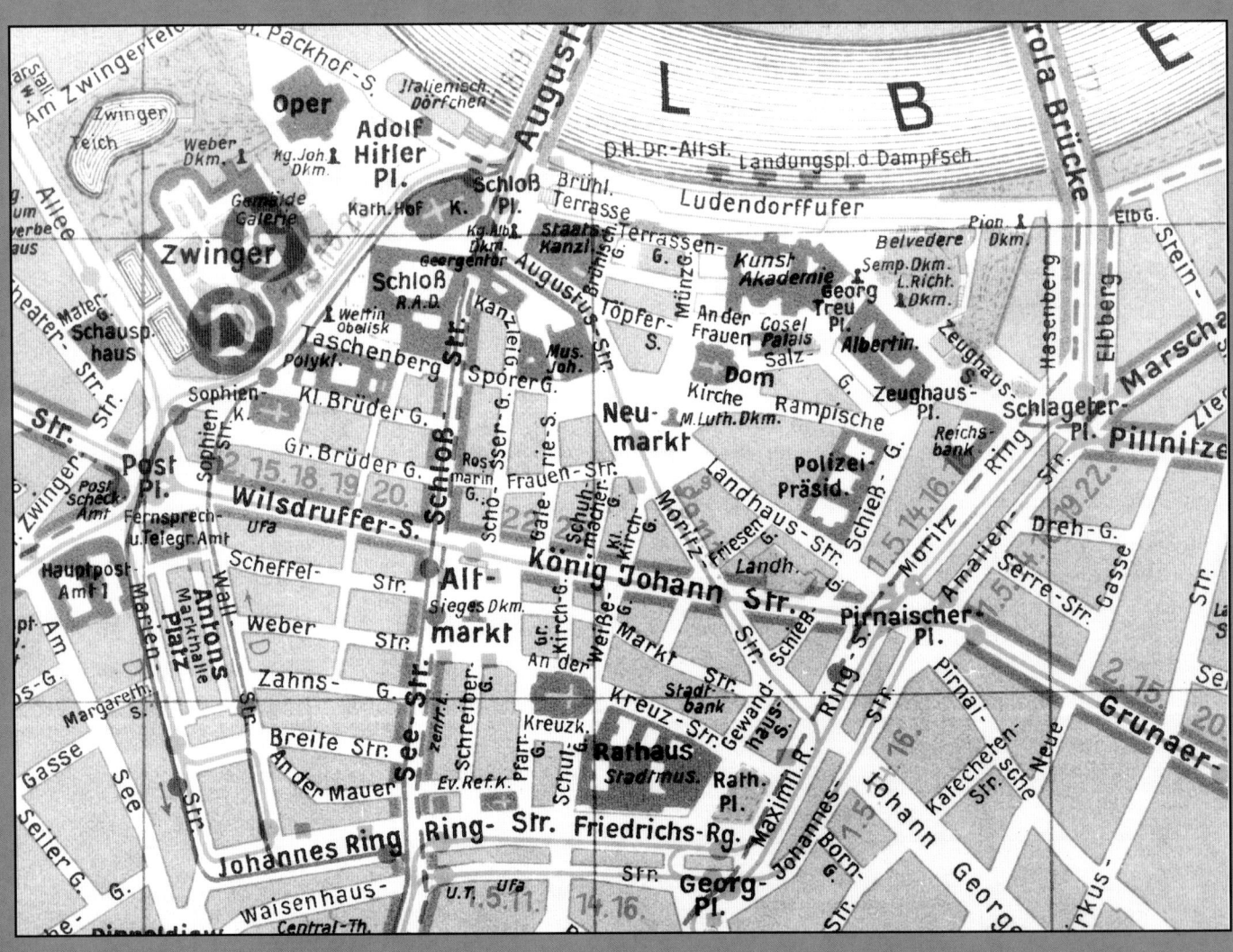

Innere Altstadt mit Altmarkt und Neumarkt

Seestraße (oben links)
In Richtung Schloß-
straße gesehen, auf den
Trümmern ein Räum-
trupp, im Hintergrund
die Katholische Hof-
kirche und das Georgen-
tor. Die Seestraße
zwischen Altmarkt und
Waisenhausstraße war
eine belebte Geschäfts-
straße, u. a. befanden
sich hier in Nr. 5 und 7
das Residenz-Büffet, in
Nr. 11 die Zentrum-
Lichtspiele, in Nr. 13
der Landesverein Säch-
sischer Heimatschutz
und in Nr. 18 die Säch-
sische Staatsbank.
Heinz Kröbel

Breite Straße
(oben rechts)
In Richtung Wallstraße
gesehen.
In der Breiten Straße 7
und 9 hatten der
»Dresdner Anzeiger«
und das »Dresdner
Adreßbuch« ihre
Geschäftsstellen.
Heinz Kröbel

Webergasse
Die Webergasse trug
im Volksmund die
Bezeichnung »Freß-
gasse«. Zu diesem Ruf
trugen bei die Bären-
Schänke (Nr. 27–31),
die Dresdner Fisch-
hallen (Nr. 17), das
Konservenspezialge-
schäft Hohlfeld (Nr. 1),
Chokoladen-Hering
(Nr. 19) sowie die Wild-
und Geflügelhandlung
Bursche (Nr. 21).
Alfred Wernicke

Altmarkt
Blick in Richtung
Schloßstraße mit
Löschwasserbecken,
im Hintergrund die
Türme von Schloß,
Hofkirche,
Georgentor und Land-
tagsgebäude.
Heinz Kröbel

Altmarkt-Ostseite
Die Marienapotheke
(Nr. 10) war die älteste
Apotheke Dresdens.
W. Metzler (Nr. 9) an-
noncierte als »Strumpf-
und Trikotagenhaus,
modische Strickbeklei-
dung, Decken aller Art,
Hauptniederlage der
echten Kamelhaardecken«.
Links im Bild das Defaka –
das Deutsche Familien-
Kaufhaus.
Alfred Wernicke

Altmarkt, 1934
Sächsische Landesbiblio-
thek, Abt. Deutsche Foto-
thek Arch.-Nr. 5020,
W. Möbius

Altmarkt-Ostseite
Das Motiv ist die Fort-
setzung der linken obe-
ren Abbildung in Rich-
tung König-Johann-
Straße gesehen. Das
Germania-Denkmal
(eingeweiht 1880) blieb
relativ unversehrt.
Es wurde im Dezember
1946 abgebrochen. Die
Fachdrogerie Hermann
Roch, Altmarkt 5,
wurde bereits 1843
gegründet und bildet
das Eckhaus Altmarkt/
König-Johann-Straße.
Alfred Wernicke

Altmarkt-Südseite
Heinz Kröbel

Schloßstraße
Rechts zwischen Sporergasse und Georgentor befanden sich die Königlich Sächsische Hofbuchhandlung M. Burdach und die Niederlage Dresden der Staatlichen Porzellanmanufaktur Meißen.

Links das Residenzschloß, überragt vom Turm der Katholischen Hofkirche und die Stadtseite des Georgentores.
Alfred Wernicke

Wilsdruffer Straße 44
Wollwaren Sternberg.
Heinz Kröbel

Wilsdruffer Straße 46
Tack-Schuhwaren.
Heinz Kröbel

Neumarkt

Blick zum Jüdenhof und zum Johanneum, im 16. bis 18. Jahrhundert Stallgebäude des Schlosses, wurde es 1950 bis 1968 wiederaufgebaut. In der Bildmitte der Türkenbrunnen, links davon die Ruine des Dinglingerhauses.
Heinz Kröbel

Neumarkt

In Richtung Augustusstraße gesehen. In den total zerstörten Gebäuden zwischen Augustusstraße und Frauenkirche befanden sich u. a. das Hotel »Stadt Berlin« (Nr. 1) und das Kirchgemeindeamt der Frauenkirche (Nr. 3). Links das Johanneum, im Hintergrund das Landtagsgebäude.
Heinz Kröbel

Münzgasse mit Frauenkirche

Der Blick von der Brühlschen Terrasse durch die Münzgasse zur Frauenkirche war ehedem ein beliebtes Motiv für Maler und Fotografen, daher auch »Malerblick« genannt.
Heinz Kröbel

Neumarkt-Südseite
Links das Postamt 9 und davor das Denkmal König Friedrich August II. (unzerstört) sowie das umgestürzte Luther-Denkmal, das im Jahre 1946 durch die Firma des Baumeisters Ullrich wiederaufgerichtet wurde. In der Bildmitte das Hotel »Stadt Rom« . Im Hintergrund die Türme von Rathaus und Kreuzkirche.
Alfred Wernicke

Moritzstraße/Ecke König-Johann-Straße
Heute Wilsdruffer Straße. Vorn ein ausgebrannter Straßenbahnwagen der Linie 11, hinten Johanneum und Turm der Katholischen Hofkirche.
Heinz Kröbel

Moritzstraße
Heute überbaut, vom Neumarkt in Richtung Ringstraße gesehen. Ein Räumtrupp versucht, geborgene Tote zu identifizieren.
Heinz Kröbel

Pirnaischer Platz und Umgebung

Zeughausstraße/Ringstraße (Moritzring)

Heute Akademiestraße/ St. Petersburger Straße.
Die Gebäude Zeughausstraße 1 und 3 gehörten der Israelitischen Religionsgemeinde zu Dresden. Hier war 1942 bis 1944 der Sammelpunkt für den Abtransport Dresdner Juden in die Konzentrationslager. Am 16. Februar 1945 sollten sich dort die letzten 100 noch in Dresden verbliebenen Juden melden, was durch die Bombenangriffe vereitelt wurde. Die von Gottfried Semper entworfene Synagoge (Zeughausstraße 1b) wurde in der Kristallnacht 1938 angezündet und die Reste noch im selben Jahr abgebrochen.
Heinz Kröbel

Amalienstraße

In Richtung Pirnaischer Platz, hinten der Turm des Kaiser-Palastes. Heute St. Petersburger Straße. Ehemalige Anwohner suchen die Trümmergrundstücke nach noch verwendbaren Gegenständen ab.
Heinz Kröbel

Pirnaischer Platz
Luftaufnahme. In der
Bildmitte der Kaiser-
palast, links das Land-
haus.
Sächsische Landes-
bibliothek, Abt. Deut-
sche Fotothek,
Arch.-Nr. 312 946,
W. Hahn

**Pirnaischer Platz und
Landhausstraße**
Im Landhaus (links)
hatten der Regierungs-
präsident Dresden-
Bautzen und der Land-
rat Dresden ihren Sitz.
In der Mitte das Polizei-
präsidium und rechts
der Kaiser-Palast.
Heinz Kröbel

**Johannes- und Amalien-
straße**
Blick aus der heutigen
St. Petersburger Straße
in Richtung Carola-
brücke, in der Mitte der
Kaiser-Palast.
Alfred Wernicke

Pirnaischer Platz
Blick in die Amalien-
straße, Bildmitte der
Kaiser-Palast, links die
Mohren-Apotheke.
Sächsische Landesbi-
bliothek, Abt. Deutsche
Fotothek,
Arch.-Nr. 63 625,
Kallmer

Pirnaischer Platz
Südseite mit der Mohren-Apotheke, im Hintergrund die Türme des Neuen Rathauses und der Kreuzkirche. Die Straßenbahnschienen im Vordergrund führen aus der Amalienstraße in die König-Johann-Straße.
Alfred Wernicke

Pirnaischer Platz und Ringstraße
Die Straßenbahnschienen führen rechts in die König-Johann-Straße.
Alfred Wernicke

Postplatz
und Umgebung

Postplatz und Sophien-
kirche

Die neogotische
Doppelturmfront der
Sophienkirche (66,2 m)
entstand 1864 bis 1866
nach Entwürfen von
C. F. Arnold als Vor-
blendung vor die ehe-
malige Franziskanerkir-
che (Franziskanerklo-
ster schon im 13. Jahr-
hundert urkundlich
erwähnt). Die histo-
risch wertvolle Bausub-
stanz wurde 1962/63
abgerissen und mußte
einem Gaststättenkom-

plex in Stahlbeton-Glas
(im Volksmund »Freß-
würfel« genannt)
weichen.
Alfred Wernicke

Postplatz, um 1928
Von links nach rechts:
Palasthotel Weber,
Schornstein des Heiz-
werkes, Oper, Zwinger
mit Gemäldegalerie,
Stadtwaldschlößchen
und die erst nach 1930
geschlossenen neogo-
tischen Türme der
Sophienkirche.
Sächsische Landes-
bibliothek, Abt. Deut-
sche Fotothek,
Arch.-Nr 118711, Trinks

Sophienkirche
Blick in die Kleine
Brüdergasse, links
die Rückfront des
Taschenbergpalais.
Heinz Kröbel

Sophienstraße
Taschenbergpalais,
Sophienkirche und
Glockenspielpavillon
des Zwingers. Im Hin-
tergrund Ruinen am
Postplatz, in der Ferne
der Annenkirchturm.
Heinz Kröbel

Kronentor des Zwingers
Das Kronentor des
Zwingers wurde nach
Kriegsende zum Sym-
bol des Wiederaufbaus
in Dresden. Bereits am
19. Juli 1947 waren der
zerstörte Turm und die
Krone wiederher-
gestellt. Für den gesam-
ten Wiederaufbau des
Zwingers wurden 19
Jahre (1945 bis 1964)
benötigt.
Heinz Kröbel

Zwinger
Blick zum Wallpavillon.
Alfred Wernicke

Theaterplatz – Ostseite
Katholische Hofkirche,
Schloßturm und unver-
sehrtes Denkmal König
Johanns.
Erst im Oktober 1991
erhielt der Schloßturm
wieder Haube und
Spitze.
Heinz Kröbel

Theaterplatz
Räumtrupp vor dem
Schloß.
Heinz Kröbel

Schloß – Nordflügel
Ausgebranntes Feuer-
wehrfahrzeug zwischen
Schloß und Katholi-
scher Hofkirche.
Heinz Kröbel

Katholische Hofkirche
In Bildmitte der Turm
des Georgentores, ganz
rechts der Schloßturm.
Der Wiederaufbau der
Katholischen Hofkirche
begann bereits kurz
nach Kriegsende. Im
Jahre 1950 wurde das
Dach wiederhergestellt
und 1951 konnte ein
Seitenschiff wieder
kirchlich genutzt wer-
den.
Heinz Kröbel

Katholische Hofkirche
Innenansicht des
Mittelschiffes zum
Hochaltar.
Heinz Kröbel

Schloßplatz
Das Reiterdenkmal
König Albert (links)
blieb unzerstört. Es
wurde im November
1951 entfernt.
Heinz Kröbel

**Blick von der Frauen-
kirche, um 1930**
Links der Schloßturm,
davor Georgentor und
Stallhof. Rechts vorn
Landtagsgebäude und
Turm der Katholischen
Hofkirche.
Sächsische Landes-
bibliothek, Abt.
Deutsche Fotothek
Arch.-Nr. 8042

Stallhof
Der Stallhof wurde
wiederaufgebaut und ist
heute eines der weni-
gen noch erhaltenen
Renaissancebauwerke
in Dresden. Links das
Kanzleihaus, dann
Schloßturm und
Georgentor, rechts
der Lange Gang.
Heinz Kröbel

Semperoper
Die total ausgebrannten
Ränge der Semperoper
wurden beim Wieder-
aufbau 1977 bis 1984
originalgetreu
rekonstruiert.
Heinz Kröbel

Semperoper
Die Bildnisse der
Potentaten des »Dritten
Reiches« im Opern-
Foyer blieben unver-
sehrt.
Heinz Kröbel

Semperoper
Im zerstörten Foyer.
Heinz Kröbel

»Hotel Bellevue« am Theaterplatz
Das Hotel »Bellevue« am Theaterplatz war das größte Hotel in Dresden. Es entstand 1853 durch Umbau der früheren Calberlaschen Zuckersiederei. Die Ruine, hier zwischen Semperoper und Italienischem Dörfchen, wurde abgebrochen.
Heinz Kröbel

Hotel »Bellevue«
Im Schmuck der Reichstheaterwoche 1934, zu welcher auch Adolf Hitler nach Dresden kam und im Hotel »Bellevue« logierte.
Bildstelle des Stadtplanungsamtes Dresden, Arch.-Nr. 5633

NEUSTADT

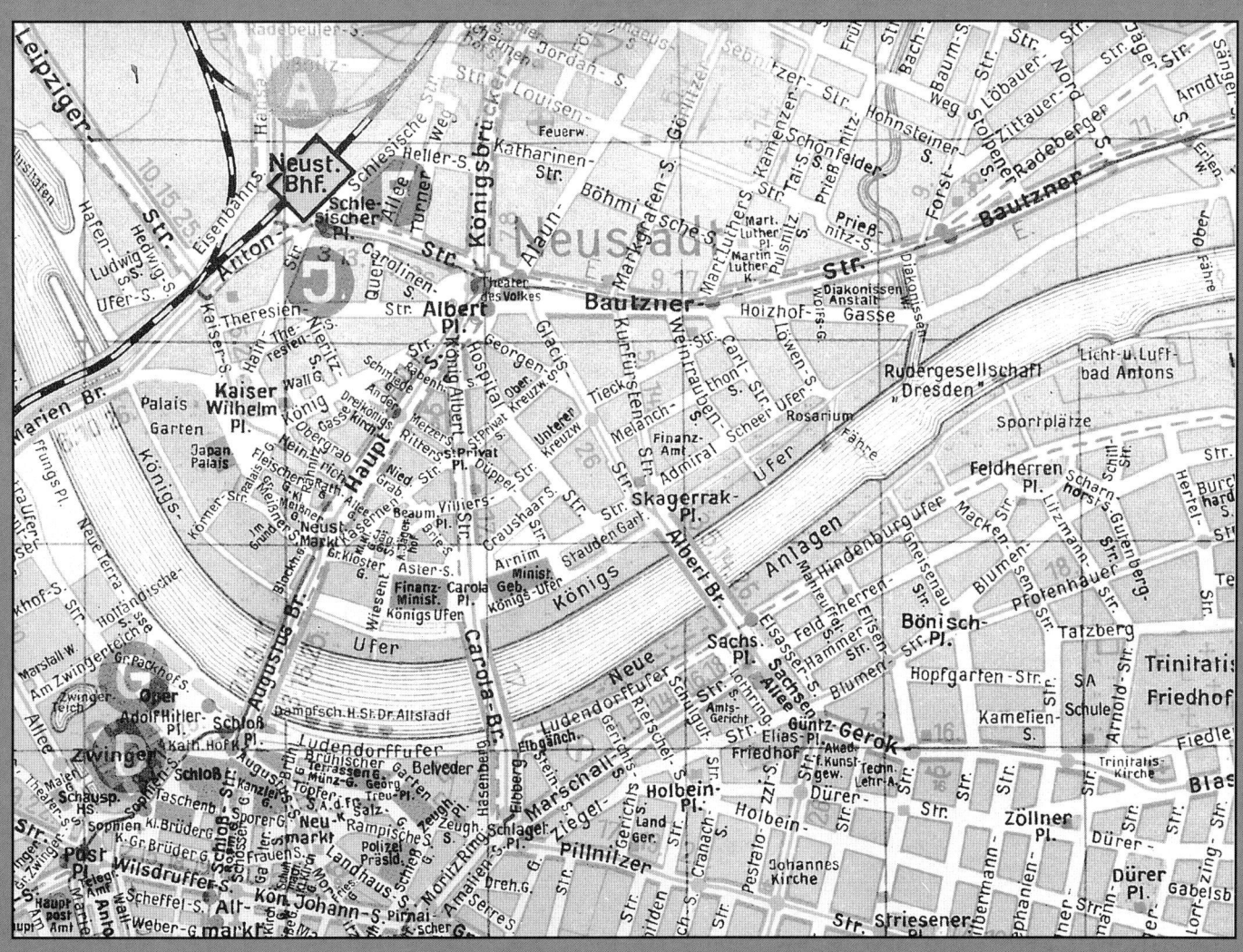

Augustusbrücke
Die hier durch einen
Bombentreffer beschä-
digte Augustusbrücke
wurde am 26. April 1945
durch das Brücken-
kommando der Wehr-
macht gesprengt.
Hinten Ruinen an der
Klostergasse, der
Wiesentorstraße sowie
das Finanzministerium.
Heinz Kröbel

**Neustädter Markt –
Ostseite**
Auch die Gebäude um
den Neustädter Markt
erlitten sehr schwere
Zerstörungen. Das
Reiterstandbild August
des Starken war ausge-
lagert worden. Links
der beschädigte Sockel.
Heinz Kröbel

Kasernenstraße
Blick über die Kasernenstraße hinweg zum Turm der Dreikönigskirche. Die Kasernenstraße zwischen Neustädter Markt und Ritterstraße ist heute überbaut.
Alfred Wernicke

Innere Neustadt
Auch das Neustädter Rathaus, (erbaut 1750–1754) links im Bild wurde zerstört, die Ruine1950 abgebrochen.
In der Bildmitte der Zirkus Sarrasani, dessen Ruine seit 1946 bis Ende der 60er Jahre allmählich abgebrochen wurde.
Sächsische Landesbibliothek, Abt. Deutsche Fotothek, Arch.-Nr. 312950, W. Hahn

Weintraubenstraße
Heinz Kröbel

Kurfürstenstraße
Heute Hoyerswerdaer
Straße. Blick von Höhe
Rosengarten in Rich-
tung Bautzner Straße.
Heinz Kröbel

Seite 119:
**Restaurant zum Lincke-
schen Bad**
Vom Elbufer aus, heute
Terrain der Drachen-
schänke. Vor dem An-
griff war hier ein Be-
helfslazarett eingerich-
tet worden.
Heinz Kröbel

Neustädter Elbufer
Zerstörter Lastkraftwa-
gen auf den Elbwiesen.
Auf der Altstädter Seite
Häuser der zerstörten
Johannstadt am Feld-
herrenplatz, Blumen-
straße und Bönisch-
platz.
Heinz Kröbel

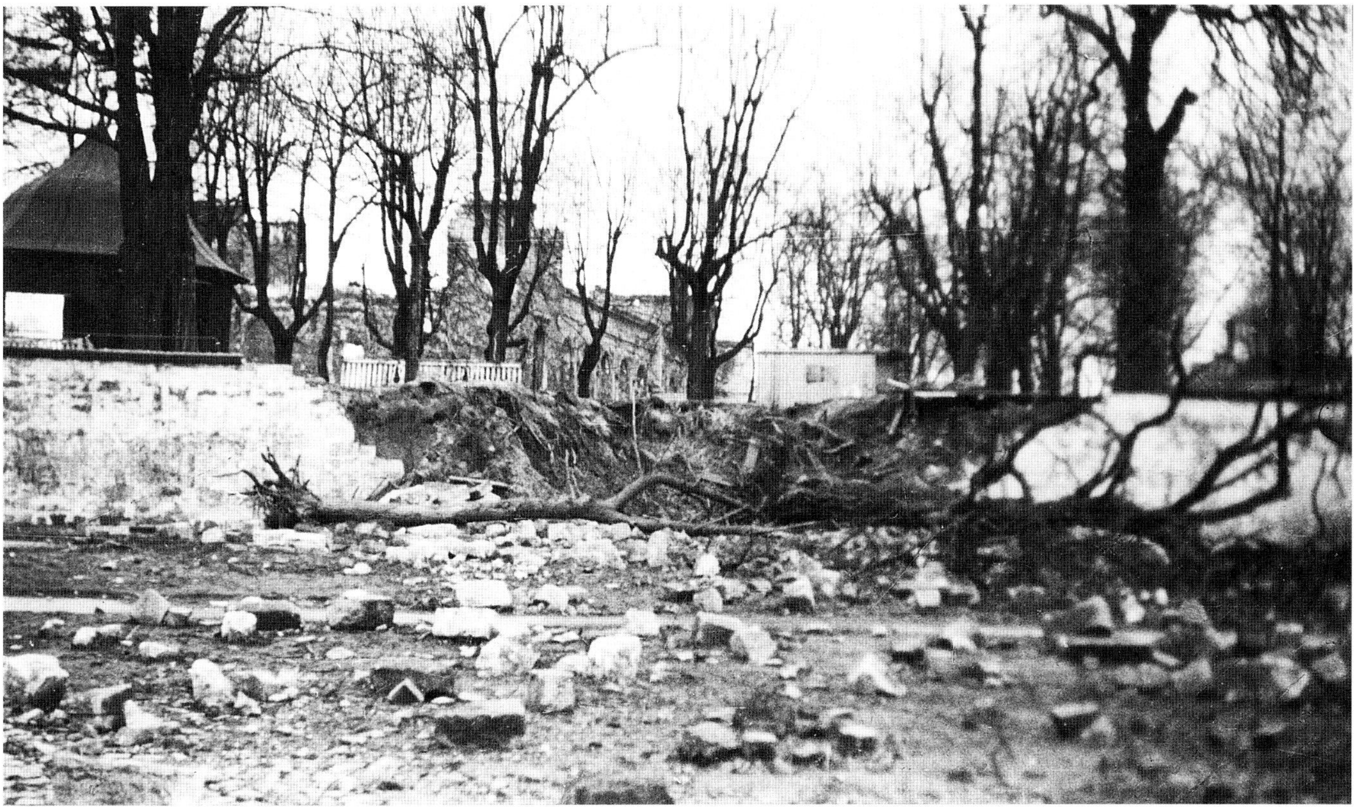

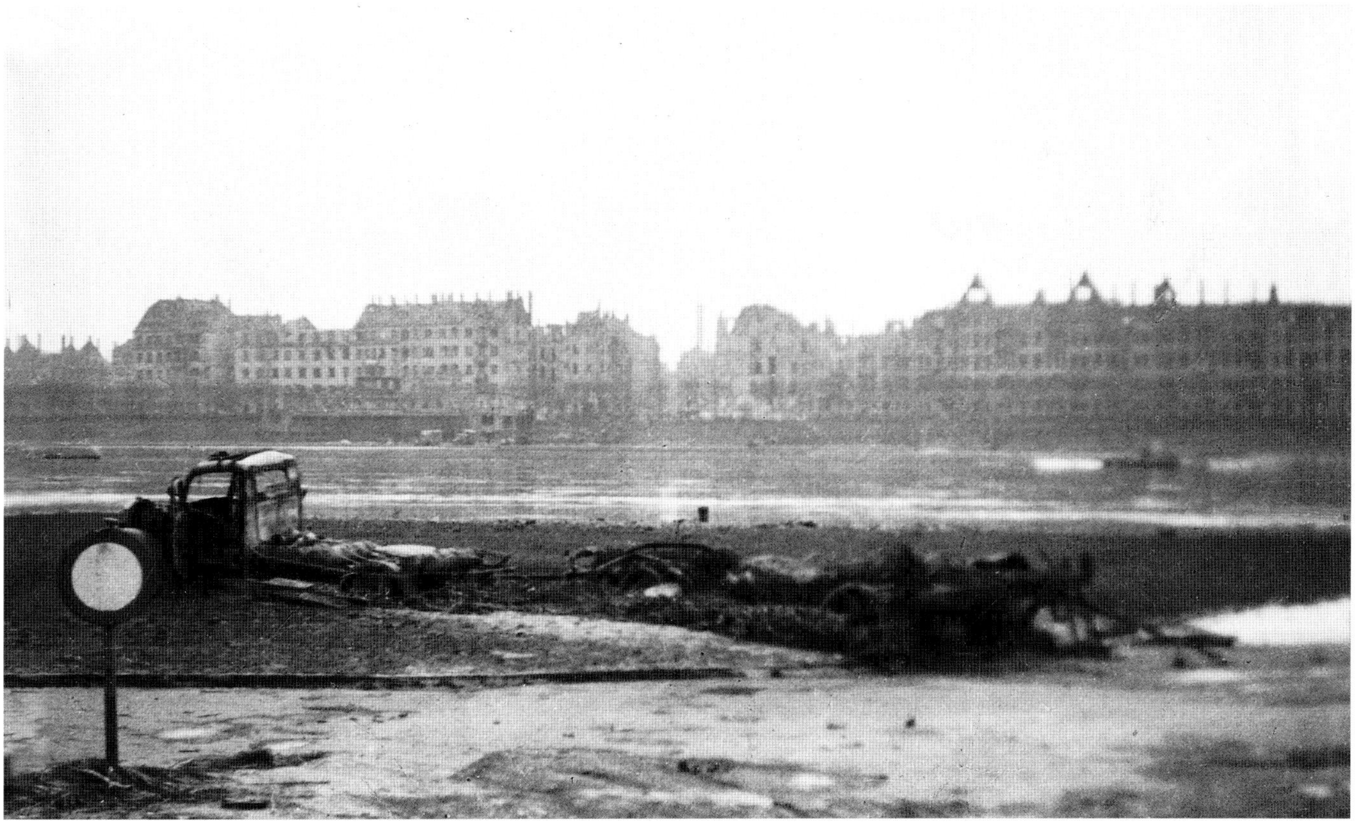

Neustädter Elbufer
Blindgänger einer
amerikanischen Fünf-
Zentner-Mehrzweck-
bombe in der Elbe.
Heinz Kröbel

ZUR GESCHICHTE DER DRESDNER GARNISON IM ZWEITEN WELTKRIEG 1939 BIS 1945

Hermann Rahne

Am 2. September 1939 konnten die Dresdener Bürger in der Zeitung »Der Freiheitskampf«, Organ der Nazi-Partei für den Gau Sachsen, nachlesen, was ihr Polizeipräsident schon am Vortage befohlen hatte, nämlich die Verdunkelung des gesamten Stadtgebietes und, so wörtlich: »Ich befehle ab sofort die Durchführung einer Luftschutzübung im Luftschutzort Dresden. Die Luftschutzübung wird sich voraussichtlich auf mehrere Tage erstrecken.«[1] Zu dieser Zeit hatte der Zweite Weltkrieg, der dann sechs Jahre dauern sollte, bereits mit dem deutschen Überfall auf Polen begonnen und Truppen aus der Dresdner Garnison, so auch das Infanterie-Regiment 10 im Bestand der 4. Infanterie-Division, kämpften seit 4.45 Uhr des Vortages schon auf polnischem Boden.[2]

Der Zweite Weltkrieg aber machte die weltberühmte Kunst- und Kulturstadt Dresden, ohnehin schon seit 1933/34 eine der größten Garnisonen des ›Dritten Reiches‹, endgültig zu einer wahren Soldatenstadt, dann auch noch zu einer nicht unbedeutenden Rüstungsstadt und schließlich zur wohl größten deutschen Lazarettstadt! Letztendlich sollte die von den Bombenangriffen des Februar 1945 bereits schwer getroffene Elbstadt noch zu einer der letzten »Festungsstädte« Hitlerdeutschlands werden.

Am Vorabend des Krieges standen in der Dresdner Garnison das Infanterie-Regiment 10 mit zwei Bataillonen und zahlreichen selbständigen Kompanien, das Maschinengewehr-Bataillon 7, das Artillerie-Regiment 4 mit zwei Abteilungen, die Nachrichten-Abteilung 4 und eine Staffel der Sanitäts-Abteilung 4. Sie alle zählten zur 4. Infanterie-Division, deren Stab im Herbst 1938 von Dresden nach Reichenberg verlegt worden war. Die blaugraue Uniform der Luftwaffe trugen die Abteilungen des Flak-Regiments 23, des Luftnachrichten-Regimentes 1, des Luftgaunachrichten-Regimentes 4, die Luftgausanitäts-Abteilung 4, die Luftzeuggruppe 4 und die Fliegerhorstkommandantur Dresden. Während die Kriegsschule Dresden, die größte des Heeres,

Offiziersnachwuchs für die Landstreitkräfte heranbildete, wurden an der Luftkriegsschule 1 in Dresden-Klotzsche Flieger- und Flak-Fähnriche der Luftwaffe ausgebildet. Auch mehrere hohe Stäbe amtierten in Dresden, so das Heeresgruppenkommando 3, das Generalkommando des IV. Armeekorps, das Luftgaukommando IV, das Kommando der Fliegerschulen und Fliegerersatzabteilungen 4, der Stab der 12. Flieger-Division, der Landwehrkommandeur Dresden und die Heeresdienststelle 5 – beides Rahmenstäbe für geplante Reserveverbände. Hinzu kam neben den drei Dresdner Wehrbezirkskommandos eine wahre Vielzahl von Dienststellen der Administrativen und Rückwärtigen Dienste, darunter auch das große Standortlazarett und das Wehrkreispferdelazarett IV.[3]

Zur Dresdner Garnison zählten weiterhin auch der seit 1937 hier stationierte Pionier-Sturmbahn der SS-Verfügungstruppen, der späteren Waffen-SS, und die kasernierte Polizeiausbildungs-Abteilung.[4] Mit ihnen umfaßte die Garnison im Spätsommer 1939 an die 20000 Mann.

So wie schon vor 1914 und im Ersten Weltkrieg bot auch am Vorabend des Zweiten Weltkrieges und in diesem der Standort Dresden – gern auch »schönste Garnison Deutschlands« genannt – den Militärs geradezu ideale Bedingungen für den Dienst- und Ausbildungsbetrieb. In unmittelbarer Nähe der ›Albertstadt‹ und der neuerrichteten Kasernen in Dresden-Klotzsche lagen die Standortschießstände. Die Sand- und Heidestrecken des Heller erwiesen sich immer als ideales taktisches Übungsgelände, auch bestens geeignet für die Reit- und Fahrausbildung berittener, bespannter und motorisierter Einheiten. Zusätzlich wurde hier nach 1937 ein Landübungsplatz für die SS-Pioniere hergerichtet, auf dem diese Bunker-, Sperren- und Stellungsbau üben mußten und den Umgang mit Sprengladungen erlernten. Der großflächige Alaunplatz diente nicht nur als Stätte der »Führer-Geburtstags-Paraden«, sondern auch als Exerzierplatz für alle nächstgelegenen Truppenteile. Auf der Elbe, in der Nähe des Schlachthofes, konnten die Pio-

Vereidigung der Heeresrekruten der Garnison Dresden im November 1938 auf dem Hof der Grenadier-Kasernen. Nicht ein Jahr später ziehen sie in den Zweiten Weltkrieg!

niere ihre vielfältigen Übersetz- und Pontonbrückenbauübungen absolvieren. Von den Flugplätzen Dresden-Klotzsche und Heller aber starteten die Flugschüler der Luftwaffe mit ihren Schulflugzeugen zu Kurz- und Streckenflügen, wobei sie wiederum willkommene Ziele für Richt- und Flugmeldeübungen der Dresdner Flak- und Luftnachrichtenabteilungen boten. In Tagesmarschweite lag der große Truppenübungsplatz Königsbrück vor Dresdens Toren und auch der zweite große sächsische Übungsplatz, Zeithain, befand sich nicht allzuweit entfernt. Der Dresdner Eisenbahnknotenpunkt mit seinen Güterbahnhöfen, dabei der große Verschiebebahnhof Dresden-Friedrichstadt, und der Autobahnanschluß Dresdens vervollkommneten die zahlreichen militärischen Vorzüge der Garnison und sollten dann in den folgenden Jahren bis zum Ende des Krieges noch eine sehr gewichtige Rolle für Truppen- und Nachschubtransporte in alle Richtungen spielen.

Im übrigen machten die vielen kulturellen und Bildungsmöglichkeiten der sächsischen Großstadt mit ihren berühmten Kunstsammlungen, Museen und Theatern, mit ihrer landschaftlich schönen Umgebung, mit ihren Einkaufsmöglichkeiten, Gaststätten und Ballhäusern Dresden auch in Hitler-Deutschland noch zu einer, bei Berufssoldaten wie bei »Gezogenen«, gleichermaßen beliebten Garnison. Das sollte auch bis weit in den Krieg hinein so bleiben. Für die Stadt Dresden aber bildeten die zahlreichen Truppenteile und Dienststellen der Wehrmacht, Waffen-SS und Polizeitruppe mit ihren ungemein vielfältigen Bedürfnissen aller Art einen gewichtigen Wirtschaftsfaktor. Nicht wenige große und noch mehr kleine Geschäftsleute aller Gewerbezweige spürten die Kaufkraft der Löhnung zigtausender Soldaten, der Gehälter der vielen Berufssoldaten, Militärbeamten und Zivilbeschäftigten und der relativ großzügig bemessenen Unterstützungsgelder für die Familien zehntausender Einberufener.[5] In die Stadtkasse flossen bis zu Kriegsende die Lohnsteuern der Militärs und aller bei der Wehrmacht beschäftigten Angestellten und Arbeiter.[6]

Im übrigen fanden viele der zumeist jungen Soldaten, Unteroffiziere und Offiziere in der Elbstadt ihr privates Glück, die Gefährtin fürs Leben, was allerdings bei nicht wenigen, gleich ob in ›Feldgrau‹ oder in ›Blaugrau‹, nicht mehr allzulange währen sollte und dann die große Zahl junger Kriegerwitwen erklärbar machte. Doch an diese Perspektiven dachten wohl im Spätsommer 1939 nur wenige Angehörige der Garnison. Gewiß nahm man auch in den Kasernen der Stadt die sich jetzt häufenden Pressemeldungen zur Kenntnis, in denen über tatsächliche oder vermeintliche Vergehen der Warschauer Regierung an der deutschen Minderheit in Polen berichtet wurde. Die große Mehrheit der Soldaten aber gab sich wie viele Dresdner Bürger dem Glauben hin, daß der »Führer« auch diesmal wieder »alles friedlich regeln« würde. Nur einige höhere Offiziere wußten sehr genau, daß nun die Zeit der »Blumenfeldzüge« vorbei war und ein ernsthafter Krieg mit Polen bevorstand. Allerdings hofften sie noch auf Hitlers Geschick, den Krieg auf Polen zu begrenzen. Anfang Juni 1939 hatte der Generalstab des Heeresgruppenkommandos 3, Sitz im Taschenbergpalais, unter Leitung seines Chefs, Generalmajor Hans Felber, den Operationsplan für die 8. deutsche Armee auszuarbeiten. Sie sollte nach Aufmarsch nordostwärts Breslau mit Beginn des Überfalls auf Polen in Richtung Lodz vorstoßen. Am 14. Juni 1939 fertiggestellt, ging der als »Geheime Kommandosache. Chefsache« eingestufte Plan den unterstellten Kommandeuren zu. Niemand von ihnen konnte ahnen, daß dieses in Dresden entstandene umfangreiche Dokument im Jahre 1945 von den Armeen der Westmächte erbeutet und dann von der amerikanischen Anklagevertretung im Nürnberger Hauptkriegsverbrecherprozeß im Jahre 1946 als Beweisdokument Nr. 2327-PS vorgelegt werden würde! [7]

Im Juli 1939 setzten auch in der Dresdner Garnison die unmittelbaren Vorbereitungen für den Krieg gegen Polen ein, die schließlich im August in die getarnte Mobilmachung mündeten. Ende Juli/Anfang August wurde die 4. Infanterie-Division, durch zu »Übungen« einberufene Reservisten schon auf Kriegsstärke gebracht, unter der Tarnbezeichnung »Baustab XII« nach Oberschlesien verlegt, ließ jedoch zahlreiche Offiziere und Mannschaften für die von ihr in und um Dresden aufzustellende 56. Infanterie-Division zurück. Nach und nach zogen dann im August 1939 die aktiven Stäbe und Truppen von Heer, Luftwaffe und Waffen-SS hinaus, ohne Jubel und Begeisterung, zumeist aber fest überzeugt von den NS-Propagandathesen von der »Schicksalsgemeinschaft aller Deutschen«! Am 26. August 1939 setzte dann die von Hitler am Vortage befohlene »Mobilmachung ohne öffentliche Verkündung« ein.

Die sächsische Gau- und Landeshauptstadt mit ihrem besonders hohen Anteil von Angestellten und Beamten an der städtischen Bevölkerung von 629 000 Menschen im Jahre 1939 mußte ein außergewöhnlich hohes Einberufungskontingent stellen, zumal viele der hiesigen Betriebe für die Rüstung noch keine namhafte Rolle spielten. So brachten Melder der Truppen und Briefträger schon in den Augusttagen des Jahres 1939 einigen zehntausenden Dresdnern die Einberufungsbefehle zu »Übungen« ins Haus! Zusammen mit Wehrpflichtigen aus den nördlichen

Sudetengebieten und aus dem östlichen Sachsen zogen die Dresdner in den Infanterie-Divisionen des Wehrkreises IV mit den Nummern 4, 56, 223, 255 und 256 in den Krieg. [8]

Bis zum Kriegsende sollten es über 20 Verbände des Heeres sein, in denen Wehrpflichtige, Kriegsfreiwillige und Berufssoldaten aus Dresden in größerer Zahl vertreten waren. Nicht wenige Dresdner wurden auch zu den Flak- und Luftnachrichten-Abteilungen am Standort einberufen, so z. B. zu den hier schon im August 1939 formierten Reserve-Flak-Abteilungen 231, 232, 233 und 234. [9] Damals schon und in der Folgezeit verleitete die ungemein wirkungsvolle Propaganda des NS-Regimes von dem »Deutschland aufgezwungenen Verteidigungskrieg« tausende Jugendliche gerade auch in Dresden dazu, sich freiwillig zum Dienst in der Wehrmacht und Waffen-SS zu melden! Begeistert und hingebungsvoll meldeten sich viele von ihnen zu den Fliegerausbildungsregimentern der Luftwaffe und wohl noch mehr zu den schwimmenden Einheiten der Kriegsmarine. [10]

Ältere gezogene Wehrpflichtige aus Dresden mußten in den in der Heimat verbliebenen Landesschützen-Bataillonen Dienst tun, so z. B. in den Bataillonen IX/IV und XXIV/IV, und in Dresden Stäbe, Depots und Kriegsgefangenenlager, die sehr bald in der Stadt und in unmittelbarer Nähe errichtet wurden, bewachen. Wiederum andere ältere Dresdner, einberufen als »Polizeireservisten«, gelangten mit den Polizei-Bataillonen 41/IV, 42/IV u. a. zu Kampfeinsätzen gegen Partisanen in den von Hitler-Deutschland besetzten Ländern. [11] Mit großen Personalabgaben an die Wehrmacht mußten die Dresdner Post-, Eisenbahn- und Polizeibehörden fertigwerden. So hatten die hiesigen Post-

Das Generalkommando des IV. Armeekorps Dresden mit General Viktor von Schwedler im Spätherbst 1939.

Lehrgangsteilnehmer an der Luftkriegsschule 1 Dresden-Klotzsche mit ihren Ausbildern im Frühjahr 1940.

dienststellen allein über 20 Feldpostämter im Verlaufe des Krieges aufzustellen.[12] Die Reichsbahndirektion Dresden hingegen mußte Personal und Material für Eisenbahnpionier- und Kfz.-Transport-Einheiten abgeben. Zusätzlich hatte sie die technische Besatzung für den in Dresden bereitgestellten Eisenbahn-Panzerzug aufzubringen.[13] Zu der Formierung der Feldgendarmerie-Einheiten des Heeres wurden auch zahlreiche Polizeibeamte der Stadt einberufen.

Auch die zum Wehrmacht-Gefolge zählende militärisch strukturierte Bautruppe, die »Organisation Todt« (OT), formierte in den Kriegsjahren aus hiesigen Baufachleuten aller Gewerke drei Einheiten.[14] Den Dresdner männlichen Jugendlichen aber blieb in der Regel auch im Kriege die Ableistung der Dienstpflicht im »Reichsarbeitsdienst« (RAD) vor der Einberufung zur Wehrmacht nicht erspart. Bei Kriegsbeginn zu Bau-Pionier-Bataillonen zusammengefaßt, sollten die Dresdner RAD-Abteilungen auch in der Folgezeit immer häufiger zu regelrechten militärischen Aufgaben herangezogen werden.

Wie im ganzen Deutschen Reich, so wurden auch in Dresden im August 1939 vorerst die Wehrpflichtigen der Geburtsjahrgänge 1893 bis 1900, die schon am Ersten Weltkrieg teilgenommen hatten, und solche der Jahrgänge bis 1918/19 einberufen. Ihnen mußten bis zum Jahre 1944 viele tausende Dresdner der Geburtsjahrgänge 1920 bis 1927 folgen, bis schließlich im Februar/März 1945 selbst noch die Sechzehn- und Siebzehnjährigen erfaßt, gemustert und zum Teil auch schon eingezogen wurden. Bereits im September 1943 hatten die Ersatzbehörden auch in Dresden die Männer der Jahrgänge 1884 bis 1892 erfaßt, denen dann im Oktober des Jahres 1944 die Musterung für den »Volkssturm« bevorstand.[15]

Angesichts der Tatsache, daß nach 1940 immer mehr Dresdener Betriebe dringende Rüstungsaufträge erhielten, mußten die drei Wehrbezirkskommandos allerdings auch

eine beachtliche Zahl von Ingenieuren, Meistern und Facharbeitern dieser Werke vom Wehrdienst zurückstellen. Immer öfter aber erfolgten Nachmusterungen von zeitlich Untauglichen und nicht selten erhielten auch in Dresden manche Wehrpflichtige mit gesundheitlichen Schäden, die gehofft hatten, damit dem Fronteinsatz zu entgehen, das gefürchtete militärärztliche Urteil »kriegsverwendungsfähig« (kv). Am 17. und 18. Dezember 1943 tagten in Dresden die Befehlshaber aller Wehrkreise im Deutschen Reich. Beratungsthema: Aufstellung von Sonderformationen aus »bedingt feldtauglichen Kranken« mit Truppenärzten, die zugleich Fachärzte für die jeweilige Krankheit sein sollten. Nach Sammlung von chronisch Magen- und OhrenKranken in Dresdner Reserve-Lazaretten erfolgt dann deren Einberufung zu speziellen ›Magen- und Ohren-Battaillonen‹.[16]

Ab Frühjahr 1942 erschien auch Hitlers »Sonderbeauftragter für die Überprüfung des zweckmäßigen Kriegseinsatzes«, der General Walter von Unruh, mehrmals in Dresden, um alle Dienststellen und Einheiten der großen Garnison immer wieder auf fronteinsatzfähige Soldaten untersuchen zu lassen. »Heldenklau« nannte der Volksmund auch in Dresden diese Kampagnen! Um Flaksoldaten für die Fronten freizumachen, wurden auch in unserer Stadt ab Mitte Februar 1943 zahlreiche Oberschüler als ›LuftwaffenHelfer‹ zu örtlichen Flak-Batterien einberufen.[17] Im folgenden Jahr bekamen zusätzlich die Lehrlinge des Geburtsjahrganges 1929 die Einberufungsbefehle zur Heimatflak. Für diese Aktion hatte allein der Gau Sachsen 3 600 Jungen – darunter viele aus Dresden – aufzubringen.[18]

Im übrigen mußten auch in der Dresdner Garnison mit wachsender Kriegsdauer mehr und mehr Mädchen und junge Frauen die Aufgaben von Soldaten übernehmen, so vor allem im Nachrichten- und Flugmeldewesen, wie auch in den Lazaretten der Großstadt.[19] Sehr bald schon nach Kriegsbeginn gehörten die Trachtenkleidung der zahlreichen Rotkreuzschwestern und später dann die Uniformen der ›Wehrmacht- und SS-Helferinnen‹ zum gewohnten Straßenbild.

Hatte die sächsische Landeshauptstadt im Ersten Weltkrieg 13 880 Gefallene von ihren einberufenen Bürgern zu beklagen, so darf ohne Berücksichtigung der Luftkriegstoten angenommen werden, daß an die 30 000 Dresdner Soldaten den Tod auf allen Schlachtfeldern des Zweiten Weltkrieges in Europa und Afrika, wie auch auf den Weltmeeren und in den Kriegsgefangenenlagern der Siegermächte fanden. Dafür sprechen die längere Kriegsdauer, die oft größere Unerbittlichkeit der Kämpfe und die weit höhere Einberufungsquote als in den Jahren 1914 bis 1918. Durch-

Die vollmotorisierte Panzerabwehr-Kompanie des Dresdener Infanterie-Regimentes 10 im August 1939 unmittelbar vor der Abfahrt nach Oberschlesien.

Ausbildung an der schweren 8,8-cm-Flak in Dresden gegen Jahresende 1939.

Dresdner Luftwaffenhelfer der Batterie 203/IV in der Feuerstellung auf der Vogelwiese – August 1943.

aus glaubhaft berichtete intern der ›Reichssicherheitsdienst der SS‹ im Jahre 1943, daß nach Ende der Schlacht um Stalingrad allein 3 000 aus Dresden gebürtige Soldaten dort begraben lagen.[20] Neben vielen anderen Verbänden der Wehrmacht gingen dort drei sächsische Divisionen zugrunde, die 14. Panzer-Division, die 94. und die 384. Infanterie-Division, dazu das Generalkommando des Dresdner IV. Armeekorps mit seinen Korpstruppen. Es werden wohl mehr als nur 3 000 Dresdner Soldaten gewesen sein, die dort an der Wolga starben! Zumeist im Bestand Dresdner Truppenteile werden auch die 302 Studenten gefallen sein, die die damalige Technische Hochschule Dresden nach 1945 als Kriegsverluste ermittelte.[21]

Nicht unbeträchtliche materielle Einbußen und Verluste hatten manche Dresdner Bürger schon unmittelbar bei Kriegsbeginn hinzunehmen. So verloren nicht wenige Betriebsinhaber, Geschäftsleute und Fuhrunternehmer ihre Pferde, Wagen und Kfz durch Beschlagnahme für die Wehrmacht bereits im August 1939. Die städtischen Verkehrsbetriebe hatten ebenfalls schon im Jahre 1939 43 von ihren 88 Kraftomnibussen an Heer und Luftwaffe im Standort abzugeben.[22] Die von der illegalen KPD organisierte nächtliche Beschriftung an eingezogenen LKW, abgestellt am Zirkus Sarrasani, mit Anti-Kriegs-Losungen zeigte kaum Wirkung, zumal die Fahrzeuge dann umgehend mit Tarnfarbe umbemalt wurden.[23] In der Folgezeit ordneten die Militärbehörden noch wiederholt Musterungen für Pferde an und im Oktober 1939 mußten selbst die Besitzer von großen Hunden in Dresden – die als Melde-, Sanitäts- und Wachhunde in Frage kamen – ihre vierbeinigen Lieblinge zur Musterung vorführen.

Nach Abzug der mobilen Regimenter, Abteilungen und Bataillone von Heer, Luftwaffe, Waffen-SS und Polizei ins Feld füllten sich alle Kasernen Dresdens und seiner Vororte unverzüglich mit den Rekruten der zahlreichen Ausbildungs- und Ersatz-Truppenteile. Zweifellos kann die Stärke der Garnison in allen Kriegsjahren bis hin zum Februar/März 1945 durchgehend immer mit um die 20 000 Mann angenommen werden, nicht gerechnet die vielen tausend Verwundeten in den Reservelazaretten der Stadt. Da die Kasernen der ›Albertstadt‹ und die am Sachsenplatz, in Klotzsche und Übigau, in Nickern und Strehlen, in Radebeul und Radeberg, in Hellerau und in der Hellerhofstraße zur Unterbringung der großen Zahl starker Ersatz-Einheiten, wie auch für die mehrmalige Neuaufstellung von Truppenteilen nicht ausreichten, mußten zusätzlich noch mehrere Barackenlager errichtet werden. Auch die zum Schutze Dresdens vorerst nur auf den Räcknitzhöhen und dann im ganzen Stadtgebiet verteilt in Stellung gegangenen Flak-Batterien lebten in Baracken bei ihren Geschützen.

Die Formierung immer stärkerer Genesenden-Einheiten im Bestand der Ausbildungs- und Ersatz-Truppenteile machte weiteren Unterbringungsraum erforderlich, so daß die Standortkommandantur Dresden von Jahr zu Jahr mehr Schulen und Gaststätten beschlagnahmen ließ, um sie zu Truppenunterkünften einzurichten, wie z.B. die Gudrun-Schule, die Marienhof-Schule, die Schulen in Radebeul, in der Aachener und in der Görlitzer Straße. Auch die bei Generationen von Dresdnern gut bekannten Gaststätten »Lindenhof« und »Zum Wilden Mann« wurden zu Behelfskasernen umfunktioniert.[24] Die Ausstellungshallen am Lennéplatz aber nahm der Heimatkraftfahrpark IV/1 des Heeres in Besitz, um hier große Mengen an Fahrzeugen aller Typen abzustellen. In der Endphase des Krieges dienten dann noch viele öffentliche Gebäude, so z.B. auch einige der Technischen Hochschule, als Truppenunterkünfte.

Während die Luftkriegsschule 1 ihre Ausbildung von Fähnrichen der Luftwaffe bis zum Oktober 1944 fortsetzte[25], war die Kriegsschule Dresden des Heeres mit der Mobilmachung im August 1939 aufgelöst worden. In die nur wenige Wochen leerstehende Kaserne zogen dann nacheinander verschiedene Offizierslehrgänge, die in Dresden gebildete ›Deutsche Militärmission Rumänien‹, der Stab der 14. Panzer-Division und noch andere Dienststellen ein.[26] In der Zeit vom 1. April 1940 bis zum Abzug in andere Standorte am 10. Juli 1941 aber erhielten hier rund 600 Vierzehn- und Fünfzehnjährige, ›Jungschützen‹ der Unteroffiziers-Vorschule IV, die einmal Berufsunteroffizier werden wollten, ihre Ausbildung.[27] Dann aber diente die traditionsreiche Kaserne wieder der Heranbildung von Offizieren. Die enormen Verluste gerade an Infanterieoffizieren veranlaßten das Oberkommando des Heeres im Dezember 1941 dazu, die Errichtung von Fahnenjunkerschulen der Infanterie zu befehlen. Erste und größte Schule dieser Art wurde die in Dresden, die im Februar 1942 den Lehrbetrieb aufnahm. Bis zu ihrer Schließung Anfang März 1945 gingen etwa 3 500 Oberfähnriche oder gleich zum Leutnant beförderte Absolventen von Dresden aus an die Fronten des Zweiten Weltkrieges.[28] Im übrigen fanden an dieser Lehreinrichtung auch Schulungen der »Nationalsozialistischen Führungsoffiziere« statt und mehrmals sprachen prominente Nazis wie der ›Reichspropagandaminister‹ Dr. Joseph Goebbels, SA-Stabschef Wilhelm Schepmann und der NS-Chef-Ideologe ›Reichsleiter‹ Alfred Rosenberg vor dem Lehrkörper und den Offiziersanwärtern.[29] Zusammen mit der ebenfalls großen Luftkriegsschule 1, der Funkmeßschule und der Waffentechnischen

Ausbildung unter der Gasmaske im Infanterie-Ersatz-Bataillon 156 Dresden im Frühjahr 1941.

Auch im Krieg wird das exakte militärische Grüßen noch gelehrt und gelernt! Dresden – Frühjahr 1941.

Schule der Luftwaffe stellte somit die Dresdner Garnison noch im Kriege ein beachtliches militärisches Ausbildungszentrum dar. Auch die Dresdner SS-Pioniere, die zur Stammtruppe sämtlicher Pionier-Bataillone der Waffen-SS werden sollten, trugen dazu bei.[30]

Die Rückkehr von Dresdner Truppenteilen nach den Blitz-Kriegen und -Siegen der Jahre 1939/40 in ihre Garnison, um hier für neuen Einsatz umstrukturiert zu werden, gestaltete sich jedesmal zu wahren Triumphzügen! Dreimal erlebte die Bevölkerung der Elbstadt ein solches Wiedersehen mit ihren Angehörigen und Freunden in Uniform. So kehrte das Luftnachrichten-Regiment 1 am 29. September 1939 nach dem Krieg gegen Polen in seine Kaserne in Klotzsche zurück. Auf dem Fußmarsch vom Hauptbahnhof, wo die motorisierte Truppe von ihren Fahrzeugen absitzen mußte, bis hin nach Klotzsche wurden die Soldaten jubelnd begrüßt und ihnen Blumen, Zigaretten und selbst Süßigkeiten zugeworfen.[31] Wenige Tage später, am 2. Oktober 1939, mußten in Dresden wie in ganz Deutschland auf Anordnung Hitlers, anläßlich der Einnahme Warschaus, alle öffentlichen Gebäude und damit auch sämtliche Kasernen beflaggt werden. Am gleichen Tage und aus gleichem Anlaß wies die evangelische Kirchenleitung an, im ganzen Reich sieben Tage hindurch mittags von 12.00 bis 13.00 Uhr die Glocken zu läuten![32] Noch mehrmals sollten sich derartige Siegesfeiern in der Folgezeit wiederholen. Erneut, mit großer Begeisterung der Dresdner, wurde am 24. Juli 1940 das aus Frankreich zurückkommende MG-Bataillon 7 empfangen.[33] Zu einem absoluten Höhepunkt im Leben der Stadt aber gestaltete sich dann der Einzug und die Parade auf dem Altmarkt der gesamten sächsisch-Dresdner 4. Infanterie-Division am 9. August 1940. Hunderttausende – jung und alt – standen jubelnd an den Straßenrändern.[34] Sie, wie die Soldaten hofften, daß der Krieg nun so gut wie gewonnen und beendet sei! Was sie nicht wußten: die 4. Infanterie-Division sollte für den schon geplanten Krieg gegen die UdSSR in die 14. Panzer-Division umstrukturiert werden. Auch die Ende Oktober 1940 erfolgte Verlegung des Stabes der Heeresgruppe ›C‹ unter Generalfeldmarschall Wilhelm Ritter von Leeb in den Standort Dresden diente der Vorbereitung des Krieges im Osten. Einquartiert im Palasthotel ›Weber‹ neben dem Schaupielhaus, leitete dieser Stab von Dresden aus die Aufstellung und Ausbildung aller neuen Divisionen im gesamten Reichsgebiet. Dann aber überbrachte ein Offizierskurier am 3. Februar 1941 den streng geheimen »Plan Barbarossa« in die Elbstadt und hier, in der künftigen Partnerstadt Leningrads, erarbeiteten Generalstäbler des Heeresgruppenkommandos in aller Stille den Operationsplan für ihre Verbände zum Vorstoß auf die Millionenstadt an der Newa.[35] Für die Sicherstellung des Eisenbahnaufmarsches der Wehrmacht gegen die UdSSR jedoch hatte die im April 1941 in Dresden gebildete Feldeisenbahn-Direktion-2 Sorge zu tragen.[36] Wenige Wochen vor dem 22. Juni 1941 verließen beide Stäbe die Stadt unauffällig in Richtung Osten.

Schon sehr bald machte sich die Ausweitung des Krieges auch in der Dresdner Garnison bemerkbar. In den Zeitungen der Stadt häuften sich von nun an die Gefallenen-Mitteilungen. Angesichts der fortwährend steigenden hohen Verluste auf russischem Boden forderten alle hier kämpfenden sächsischen und Dresdner Truppen immer dringlicher Ersatz von den heimatlichen Ausbildungs-Einheiten. Dieser Zustand sollte bis Kriegsende so bleiben, trotz mehrmaliger Kürzung der Ausbildungszeit für die Rekruten. Zum Ausgleich für die immer kürzere Rekrutenausbildung mußten auch in Dresden die 16- und 17jährigen

Herbst 1940 – die Ausbildungsergebnisse der Jungschützen der Unteroffiziers-Vorschule werden inspiziert!

Fähnriche der Fahnenjunkerschule der Infanterie 1 Dresden Ende 1944 vor der Beförderung zum Leutnant und vor der Abreise an die Front.

Jungen, sofern sie nicht schon in der Flak dienten, ab 1942 die dreiwöchigen ›Wehrertüchtigungslager‹ der ›Hitler Jugend‹ durchlaufen. Die Ersatztruppen der Garnison aber hatten die Ausbilder für alle 16 sächsischen »WE-Lager« zu stellen.[37]

Als das für den Winterkrieg im Osten nicht ausgerüstete deutsche Heer in dem überaus harten Winter 1941/42 furchtbare Verluste allein durch Erfrierungen erleiden mußte, ließ die Nazi-Führung durch Goebbels die Bevölkerung am 21. Dezember 1941 zur Spende von Wintersachen aufrufen.[38] Bereitwillig und hilfsbereit, viele Soldatenfamilien auch in der Hoffnung, eigenen Angehörigen zu helfen, trugen nicht wenige Dresdner ihre Pelze, Pullover und Stricksachen zu den Sammelstellen.

Ebenfalls für den Kampf im Osten, und zwar für den Seekrieg, waren in den Jahren 1942/43 zahlreiche Transporte deutscher Kriegsschiffe über Dresden zum Schwarzen

9. August 1940 in Dresden: Die Infanteriegeschütz-Kompanie des Infanterie-
Regimentes 10 bei der Parade auf dem Altmarkt.

Meer bestimmt. In diesem Zusammenhang wurde die sächsische Hauptstadt für einige Monate zu einer kleinen Marine-
Garnison. Sechs U-Boote, viele Dutzende Schnell- und
Räum-Boote sowie U-Boot-Jäger wurden auf der Elbe bis
Übigau geschleppt und dort über ein Querslip an Land und
auf Tieflader gezogen. Starke Zugmaschinen zogen an-
schließend die Schiffe über 400 km auf der Autobahn nach
Ingolstadt, wo die Fahrzeuge in die Donau gesetzt wurden
und letztendlich donauabwärts die zugewiesenen Schwarz-
meerhäfen erreichten. Staunend beobachteten die Elbstäd-
ter die ungewöhnlichen Transporte, bei denen die hiesigen
SS-Pioniere mehrmals Hilfestellung zu leisten hatten.[39]

Im Januar 1943 erhielt die Dresdner Garnision einen
ganz ungewöhnlichen Zuwachs. Der II. Sturmbann der SA-
Standarte »Feldherrnhalle« zog, aus München kommend,
in die Kaserne am Sachsenplatz ein. Nur aus regulär die-
nenden Freiwilligen bestehend, stellte diese SA-Fomation
im Oktober 1944 das Personal für ein Fallschirmjäger-Regi-
ment.[40]

Die Befehlsverhältnisse in der Garnison Dresden änder-
ten sich während des gesamten Krieges nur wenig. Sie waren hier ebenso verworren wie überall im »Dritten
Reich«. Trotz des imposanten Titels unterstanden dem jeweiligen ›Stellvertretendem Kommandierenden General
des IV. Armeekorps und Befehlshaber im Wehrkreis IV‹
lediglich die Ersatztruppen des Heeres in den 40 Garnisonen seines Wehrkreises und die 11 Kriegsgefangenenlager
in Sachsen, nicht aber die Schulen des Heeres, die Luftwaf-
fen-Dienststellen und schon gar nicht die Ersatz-Einheiten
der Waffen-SS und die Polizei.[41] Sämtliche Luftwaffen-Ver-
bände und die Flugplätze in Sachsen/Thüringen gehörten
zum Dienstbereich des ›Kommandierenden Generals im
Luftgau IV‹. Als jedoch das Dresdner Luftgaukommando IV
zum 1. Dezember 1941 mobil gemacht und – sehr voreilig –
unter der Dienstbezeichnung ›Luftgaukommando Moskau‹
nach Osten verlegt wurde, etablierte sich in der Folgezeit
die ›Befehlsstelle Dresden des Luftgaus III/IV‹.[42] Die in
Dresden stehenden Flak-Abteilungen, die im Januar 1945

die Stadt verließen, zählten zur 14. Flak-Division mit Stabssitz in Leipzig, während die in den letzten Kriegsmonaten auf den Flugplatz Dresden-Klotzsche verlegten beiden Gruppen des Nachtjagd-Geschwaders 5 der 1. Jagd-Division, Stab in Döberitz, unterstanden.[43] Über alle Einheiten von SS und Polizei in Sachsen und somit auch in Dresden gebot der ›Höhere SS- und Polizei-Führer‹ des ›SS-Oberabschnittes Elbe‹ mit Sitz in der sächsischen Hauptstadt.[44] Als Leit- und Kontrollbehörde für die 110 Dresdner Rüstungsbetriebe fungierte die hiesige ›Rüstungsinspektion IV a‹, die ihre Anweisungen wiederum vom ›Oberkommando der Wehrmacht‹, später dann vom ›Speer-Ministerium‹ erhielt. Direkte Vorgesetzte für alle Dresdner Heeres-Einheiten und Landesschützen-Bataillone stellten die jeweiligen Kommandeure der Divisionen mit den Nr. 154 und 404 dar. Über allen Kommandobehörden von Wehrmacht, Polizei und SS stand der sächsische Gauleiter Martin Mutschmann als ›Reichsverteidigungskommissar‹!

Für »Disziplin und Ordnung« im Standort sorgten unter dem Befehl des langjährigen und sehr angesehenen Stadtkommandanten, Generalleutnant Karl Mehnert,[45] der örtliche Heeres-Streifendienst und nicht zuletzt die hiesigen Divisionsgerichte, die erbarmungslos gegen Nazi- und Kriegsgegner in Wehrmachtuniform Todesurteile aussprachen und auch auf dem Heller durch Erschießen vollstrecken ließen.[46] Die Wehrmachthaftanstalt in der Fabrice-Straße war stets voll belegt. Großes Aufsehen erregte unter den Geschäftsleuten der Stadt der von ›der Gestapo‹ so betitelte Kriminalfall ›Rund um den Altmarkt‹. Finanzkräftige Geschäftsinhaber, zumeist am Altmarkt ansässig, hatten einen Feldwebel eines Dresdner Wehrbezirkskommandos für hohe Summen bestochen, für die sie durch falsche Eintragungen in ihren Wehrunterlagen vor Einberufungen bewahrt werden sollten. Nach Aufdeckung der Bestechung mußten dann alle Beteiligten im Jahre 1944 den Kopf unter das Dresdner Fallbeil legen.[47]

Aber es gab auch wirkliche Hitler-Gegner in der Garnison, so selbst im Stellvertretenden Generalkommando. Hier hatte sich ab 1943 um den General Viktor von Schwedler ein kleiner Kreis von Offizieren gebildet, die in Umrissen in die Staatsstreichpläne Stauffenbergs und Olbrichts eingeweiht waren. Als dann aber am 20. Juli 1944 in den späten Nachmittagsstunden die Befehle der Verschwörer per Fernschreiben in Dresden eintrafen, kamen fast gleichzeitig schon die Gegenbefehle aus dem ›Führer-Hauptquartier‹. General von Schwedler konnte noch Alarmierungsmaßnahmen und eine Verstärkung der Stabswache anordnen, dann wurde er zur Berichterstattung zum Gauleiter beordert! Allerdings gelang es ihm, sein Mitwissen über

9. August 1940 in Dresden: die vollmotorisierten Teile der Nachrichten-Abteilung 4 warten auf den Befehl zum Abmarsch zur Parade am Hauptbahnhof.

Appell des SS-Pionier-Ausbildungs- und Ersatz-Bataillons 1 Dresden anläßlich des Heldengedenktages im März 1943.

die Staatsstreichpläne zu leugnen.[48] Immerhin hielt es der Kommandeur des Dresdner SS-Pionier-Ausbildungs- und Ersatz-Bataillons am Nachmittag des 20. Juli 1944 noch für angebracht, seine Kasernen in der Hellerhofstraße zur Rundumverteidigung einzurichten.[49] Am folgenden Tage hatten starke Abordnungen aller Truppenteile der Garnison an der befohlenen »Treuekundgebung für den Führer« am Dresdner Königsufer teilzunehmen. In den Straßen der Stadt aber wurden Heeresoffiziere von aufgebrachten Nazis bespuckt und beschimpft, da sie die gleiche Uniform wie die »Verräter« trugen. Vom 22. Juli 1944 an mußten auch in der hiesigen Garnison alle Angehörigen der Wehrmacht nur noch mit dem ›Deutschen Gruß‹ grüßen!

Am 31. August 1944 schlossen im Zuge der Maßnahmen des »totalen Krieges« auch in Dresden die Oper, die Theater wie überhaupt sämtliche staatlichen und privaten Kunstinstitute. Die Künstler und das andere Personal erhielten die Einberufung oder wurden zur Arbeit in Rüstungsbetrieben verpflichtet.[50] Bis zu diesem Zeitpunkt aber konnten die in Dresden für kürzere oder längere Zeit stationierten Soldaten ebenso wie die Offiziersanwärter von Heer und Luftwaffe, Lehrgangsteilnehmer, Fronturlauber, Genesende und Verwundete sämtliche Kunststätten, den Zoo wie auch die ab 1940 wiedereröffneten Museen zu stark herabgesetzten Eintrittspreisen besuchen. Auch der Dresdner Rennverein, wie die Weiße Flotte, deren Dampfer bis 1942 wie im Frieden verkehrten, ehe sie für Wehrmachtszwecke in Anspruch genommen wurden, hatten für die »Feldgrauen« herabgesetzte Preise. Die Kinos, die den Dresdnern, als auch ihren Soldaten bis kurz vor Kriegsende erhalten blieben, mußten allen Soldaten ebenfalls verbilligten Eintritt gestatten.[51] Bei der Benutzung von Straßenbahnen und Bussen zahlten Soldaten nur 10 Pfennig Fahrgeld; Verwundete in Uniform fuhren kostenlos. Freien Eintritt hatten alle Wehrmachtsangehörigen beim Besuch des »Heeresmuseums Dresden«, das am 18. Januar 1940 von Landesbesitz in Wehrmachtseigentum wechselte. Es machte vor allem durch die Ausstellung von Beutewaffen auf sich aufmerksam, die in der Regel von sächsischen Truppenteilen erobert worden waren.[52]

Zum Kriegsalltag gehörten bis 1944 noch viele Sportveranstaltungen, Fußballspiele, aber auch Versehrtensportwettkämpfe. Die Zuschauer aber trugen zumeist Uniform. Ab dem 28. August 1940, als zum ersten Mal in Dresden die Sirenen heulten, wurden Fliegeralarme gewohnte Ereignisse und so wie die Dresdner Zivilbevölkerung mußten auch die Dresdner Soldaten 297mal während des gesamten Krieges die Luftschutzkeller der Kasernen oder Splitterschutzgräben aufsuchen. Außerdem hatten alle Einheiten ›Wehrmacht-Hilfskommandos‹ bereitzuhalten, um gegebenenfalls die örtlichen Luftschutzkräfte und Feuerwehren zu unterstützen.[53] Zu Höhepunkten im Kriegsalltag gestalteten sich alljährlich und immer unter großer Beteiligung der Dresdner Bürger die Veranstaltungen der Garnison zum »Heldengedenktag« und zum »Tag der Wehrmacht«.[54] Viel öffentliche Beachtung fand auch stets die feierliche Eintragung von Ritterkreuzträgern, gebürtige Dresdner oder Angehörige von Dresdner Truppenteilen, in das »Goldene Buch« der Stadt.[55]

In der bis zum 7. Oktober 1944 gänzlich von Bombenangriffen verschonten sächsischen Großstadt machten sich die Auswirkungen des Krieges vorerst durch die stetig wachsende Zahl von Verwundeten im Stadtbild öffentlich bemerkbar. Mit den bemerkenswert vielen Krankenhäusern, Sanatorien und anderen zur Aufnahme von Kriegsverletzten geeigneten Gebäuden schien Dresden den Militärs zur Einrichtung zahlreicher Reservelazarette geradezu prädestiniert. Zumal hielten sie die Stadt lange Zeit für

7. November 1944: bei der Vereidigung des Dresdner Volkssturms präsentiert eine Ehrenformation der SS-Pioniere das Gewehr!

nicht luftkriegsgefährdet. So wurden sowohl in den Krankenhäusern Friedrichstadt und Johannstadt, im Carola-Krankenhaus wie im Joseph-Stift, in Dr.-Lahmanns-Sanatorium, als auch in den Schlössern auf der Bautzener Straße, in den Cafés im Großen Garten, im Japanischen Palais, im Linckeschen Bad und in nicht wenigen Schulen, wie z. B. in der Vitztum-Schule Reserve-Lazarette eingerichtet. Nach Verlegung der Lazarette aus Schlesien Ende 1944/Anfang 1945 nahm deren Zahl noch weiter zu.[56] Selbst ein Dampfer der Weißen Flotte, die »Leipzig«, wurde als schwimmendes Lazarett genutzt. Mit Gewißheit darf angenommen werden, daß ab 1944 um die 10 000 Verwundete in den Dresdner Lazaretten versorgt wurden. Da die Stadt Dresden somit zu einer der größten, wenn nicht gar zur absolut größten Lazarettstadt Deutschlands geworden war, nährte das Hoffnungen in der Bevölkerung, dadurch auch künftig von Bombenangriffen verschont zu werden. Zur kulturellen Betreuung der Verwundeten traten bis Spätsommer 1944 nahezu regelmäßig Künstler, Gruppen der »Hitler-Jugend« (HJ) und des »Bundes deutscher Mädchen« (BdM) mit Gesang und Spielen in den Lazaretten auf. Die Vorsitzende des Ortsverbandes Dresden im »Richard-Wagner-Verband deutscher Frauen«, Angelika Hammitzsch, die in Dresden lebende Halbschwester Hitlers, ließ außerdem in der ersten Zeit des Krieges Konzerte im Festsaal des Rathauses veranstalten, deren Einnahmen – wie es hieß – für verwundete Soldaten bestimmt waren.[57]

Am Abend des 18. Oktober 1944, des 131. Jahrestages der Völkerschlacht bei Leipzig, ließ Hitler seinen Erlaß über die Bildung des ›Volkssturms‹ im Rundfunk verlesen. Auch in Dresden mußten die Männer zwischen 45 und 60 Jahren ebenso wie zurückgestellte Rüstungsarbeiter zur Kenntnis nehmen, daß selbst ihnen noch der Fronteinsatz in Aussicht stand. Ohnehin schon durch die Wehrbezirkskommandos erfaßt, nun bald gemustert, marschierten die ersten Dresdner ›Volkssturm-Bataillone‹ – 10 zu je rund 600 Mann wurden insgesamt aufgestellt – 7. November 1944 zu einer NS-Propagandaschau auf der Ilgen-Kampfbahn auf. Nicht viel später, im Januar/Februar 1945 gingen erste Einheiten an die Ostfront ab.[58] Vorerst aber hatten die ›Volkssturm-Männer‹ nach der Arbeit und an den Wochenenden an der Ausbildung teilzunehmen. Einige Bataillone, nunmehr auch zur Garnison zählend, wurden kaserniert untergebracht, so in den Grenadier-Kasernen wie auch z. B. in der Schule Görlitzer Straße.

Daß es der Wehrmacht zunehmend an deutschen Ersatzmannschaften fehlte, konnten die Dresdner auch an den vielen Ausländern in Uniformen von Heer, Luftwaffe, Waffen-SS und Polizei feststellen, die hier ausgebildet wurden oder aber ab 1943 ständig in Dresden Dienst taten, so wie die kriegsgefangenen Soldaten der Roten Armee bei der hiesigen Heimatflak.[59] Belgische, kroatische und lettische Freiwillige erhielten bei den Dresdner SS-Pionieren ihre Pionierausbildung. Aus Überläufern der britischen Armee wurde in der Kaserne an der Hellerhofstraße eine englische Waffen-SS-Einheit mit dem Namen ›St. Georgs-Legion‹ aufgestellt.[60] Die Polizeischule in Hellerau bildete französische Freiwillige aus. Auch eine ungarische Polizeitruppe erhielt Dresden als zeitweiligen Standort zugewiesen. Ebenso befanden sich hier russische Soldaten der »Wlassow-Armee«. Besonders bestaunt wurden die dunkelhäutigen und schwarzbärtigen Angehörigen der »Indischen Legion« in feldgrauer Uniform mit feldgrauem Turban. Im Gegensatz zu solchen ehemaligen Kriegsgefangenen aus den britischen Streitkräften lehnten die kriegsgefangenen Amerikaner in Dresden die NS-Werbung zum Eintritt in das »Freie amerikanische Korps« strikt ab.[61] Im-

merhin lebten zu Beginn des Jahres 1945 rund 3 000 amerikanische Kriegsgefangene in der Elbstadt, aufgeteilt auf 7 Arbeitskommandos. Die weit zahlreicher vertretenen Briten stellten zur gleichen Zeit 76 Arbeitskommandos.[62] Vor dem Mitte April 1945 befohlenen Abtransport in Richtung Böhmen oder Westen befanden sich etwa 27 000 Kriegsgefangene in Lagern in der Stadt oder in Stadtnähe.[63] Dabei sind 1 050 Offiziere und 42 000 Soldaten der italienischen Armee nicht mit einbegriffen. Sie wurden im November 1943 nach Dresden gefahren und hier zumeist auf umliegende Lager verteilt, sofern sie als sogenannte ›Militär-Internierte‹ nicht der Waffen-SS beitraten.[64]

Das Jahr 1945 sollte aus der ›Garnisonstadt Dresden‹ auch noch eine ›Festungsstadt‹ machen! Der Generalstab des Heeres hatte zum 1. Januar 1945 die Schaffung des ›Verteidigungsbereiches Dresden‹ mit festungsgleichen Aufgaben und Vollmachten angeordnet.[65] Allerdings erfuhren die Dresdner erst durch die Bekanntmachung des Gauleiters vom 14. April 1945, daß sie nunmehr in einer ›Festungsstadt‹ leben mußten. Vier Divisionsgruppen, bestehend aus Dresdner Ersatz- und Genesenden-Einheiten, Volkssturm-Bataillonen und ›Hitler-Jugend-Formationen‹, deutschen Ausbildungskommandos der »Wlassow-Armee«, aufgefangenen Fronturlaubern und zurückgehenden Truppen des Feldheeres sollten Dresden gegen die Rote Armee verteidigen. Auf beiden Seiten der Elbe entstanden Stellungen und Panzergräben, wurden Minenfelder und Panzersperren angelegt. Zur Bestückung der ›Festung Dresden‹ dienten in nahen Depots zusammengesuchte Waffen, wie französische und italienische Granatwerfer, ältere deutsche, französische, österreichische und russische Geschütze,

Herbst 1941 – ein Transportzug mit Schützenpanzerwagen rollt durch Dresden an die Ostfront.

Panzerkanonen auf Behelfslafetten und Beute-Panzer vom Typ T-34. Trotz fortgesetzter Abverfügung von Marsch-Bataillonen, Kampfgruppen und ›Führer-Nachwuchs-Regimentern‹ der Fahnenjunkerschule der Infanterie 1 ab Januar 1945 an die immer näher rückende Ostfront behielt die Garnison bis Februar eine Stärke von an die 20 000 Mann. Denn die Kasernen füllten sich nun durch die einberufenen Jugendlichen der Jahrgänge 1928 und 1929, durch ›Volkssturm‹-Männer, durch halbwegs Genesende und auf den Bahnhöfen der Stadt abgefangene ›Versprengte‹.[66]

Ab Januar 1945 herrschte angesichts der Kriegslage Ausgangsverbot für die Angehörigen der Garnison. Zweifellos sollte dieser Befehl vielen Soldaten das Leben retten, als die anglo-amerikanischen Bomberverbände bei ihren Angriffen vom 13. bis 15. Februar 1945 die von Flak völlig entblößte wehrlose Stadt Dresden zerstörten. Von Zufallstreffern abgesehen, blieben die Kasernen nahezu unbeschädigt. Die Verluste der Garnison, nicht gerechnet die in den zerstörten Lazaretten umgekommenen Verwundeten, beliefen sich nur auf etwa 100 Mann.[67] Mit der Bombardierung Dresdens hatten die Bevölkerung, wie auch die Militärs nicht mehr gerechnet, obwohl sie wußten, daß es in der Stadt und ringsherum beachtliche Ziele für Luftangriffe gab. Das galt in besonderem Maße für den Eisenbahnknotenpunkt Dresden, über den während des gesamten Zweiten Weltkrieges unzählige Truppentransporte gerollt waren und über den Ende Januar/Anfang Februar 1945 die Panzer-Divisionen der 6. SS-Panzer-Armee in Richtung Ungarn fuhren.[68] Auf dem Flugplatz Dresden-Klotzsche wurden ab 12. Februar 1945 die Ju-52-Transportflieger-Staffeln zusammengezogen, die die »Festung Breslau« aus der Luft versorgen sollten.[69] Auch die Autobahn mit Autobahnbrücke stellte ein militärisches Ziel dar. Auf der Elbe wiederum schwammen nahe der Stadt Verpflegungsschiffe und auf Tankschiffen die letzten Spritreserven des Oberkommandos der Wehrmacht. Im übrigen besaß die Kriegsmarine unmittelbar um die Stadt große Versorgungslager.[70] Nicht unerwähnt soll bleiben, daß Dresden als die sechstgrößte Industriestadt des Deutschen Reiches natürlich auch für die Rüstung keine unbedeutende Rolle spielte.

Gewiß wurden in Dresden keine kompletten Panzer, Flugzeuge oder Geschütze hergestellt, aber wesentliche Teile wie Panzermotoren, Teile für Flugzeugmotoren, Baugruppen für den Düsenjäger Me-262 und vor allem Ziel- und Rundblickfernrohre für verschiedene Geschütztypen und selbst Bombenzielgeräte. Auch U-Boot-Motoren, Sehrohre sowie wesentliche Teile von Torpedos und Wasserbomben entstanden hier. Ferner fabrizierten hiesige Betriebe Funk-, Fernsprech-, Fernschreib- und Minensuchgeräte, Flakscheinwerfer und elektronische Bauteile für Funkmeßstationen. Auf den Elbewerften fertigte man U-Boot-Teile und Pionier-Sturm-Boote. Andere Betriebe in Dresden und Vororten produzierten in großen Stückzahlen Munition, von MPi-Patronen bis hin zu Haubitz- und Flakgranaten einschließlich der Zünder. Wichtige Bauteile für die Fernzielrakete »Rheinbote«, die parallel zur V-2-Rakete entwickelt worden war, entstanden ebenfalls hier.[71] An der V-2-Entwicklung war die technische Hochschule Dresden aktiv beteiligt. Überhaupt betrieb diese Lehrstätte Rüstungsforschung in beachtlichem Umfang und zwar auf vielen Gebieten.[72] So wurden z. B. die Panzer »Panther« und »Tiger« von Wissenschaftlern der TH Dresden getestet und beurteilt.[73]

Für die allermeisten und größten Rüstungsbetriebe der Stadt, wie z. B. die Sachsenwerke AG, Radio Mende & Co oder die Hille-Werke, die in den letzten Monaten des Krieges Panzer in Großserien reparieren mußten, traf jedoch zu, daß sie alle weit außerhalb des eigentlichen alten Stadtgebietes lagen. Festgestellt werden muß: Bei den Bomben-

Der Befehlshaber des ›Festungsbereiches Dresden‹, General der Infanterie Werner Freiherr von und zu Gilsa.

Einsatz aller Arbeitskräfte für die Verteidigungsbereitschaft

Anordnung des Kommandanten des Festungsbereichs Dresden

Der Ernst der augenblicklichen Lage erfordert außergewöhnliche Maßnahmen, um die Verteidigungsbereitschaft des Verteidigungsbereiches beschleunigt zu vollenden. Jeder ist verpflichtet, seine ganze Arbeitskraft dafür einzusetzen.

Um Zwangsmaßnahmen zu vermeiden, ordne ich an: Jeder Mann, jede Frau sowie Jungen und Mädchen (vom 14. Lebensjahr an) stellen sich mit Schanzgerät (Hacke, Schaufel und Spaten) täglich (einschließlich Sonntag) ab 21. April 8 Uhr zum Stellungsbau oder zu Aufräumungsarbeiten an den durch Plakate bekanntgegebenen Stellplätzen.

Arbeitszeit für Männer (vom 18. Lebensjahr aufwärts) von 8 bis 16 Uhr, für Frauen und Jugendliche von 8 bis 12 Uhr. Verpflegung ist mitzubringen. Der bereits angesetzte Einsatz der Betriebe für Schanz- oder Rüstungsarbeit bleibt bestehen.

Der Kommandant des Festungsbereiches Dresden:
gez.: Frhr. von und zu Gilsa
General der Infanterie.

Was die Dresdner am 21. April 1945 in ihrer Zeitung lasen!

angriffen auf Dresden im Februar 1945 wurden weder die Kasernen, die Verkehrswege noch die großen Rüstungswerke gezielt angegriffen!

Truppen der Garnison wurden umgehend zur Hilfeleistung für die schwer geprüfte Dresdner Bevölkerung eingesetzt, halfen bei der Beseitigung von Trümmern und bei der Rettung Verschütteter. Im Zoo mußten Soldaten freigewordene Raubtiere erschießen. Der Kommandierende General im ›Festungsbereich Dresden‹, der General der Infanterie Werner Freiherr von und zu Gilsa, ließ zur Versorgung der Bevölkerung Verpflegungslager der Kriegsmarine öffnen.[74] In der Luftwaffen-Kaserne in Dresden-Nickern erhielten viele verletzte Zivilisten medizinische Betreuung. Auch aus dem nahen Truppenlager Königsbrück wurden Einheiten zur Hilfeleistung für Dresden heranbeordert.

Dann aber nahmen die militärischen Aufgaben und Ereignisse die Garnison wieder voll in Anspruch. Nach wie vor mußten neben Bürgern der Stadt auch Soldaten am weiteren Ausbau der Stellungen um die Stadt arbeiten. Anfang März 1945 stellte die Fahnenjunkerschule der Infanterie 1 Dresden den Lehrbetrieb ein. Das Lehr- und Stammpersonal wurde zur Aufstellung der Stäbe der neuen Infanterie-Division »Ulrich von Hutten« abkommandiert.[75] Teile der Dresdner Garnison, so 4 MG-Bataillone und die Festungs-Panzerabwehrabteilung nahmen Mitte April noch an dem Gegenstoß zur Befreiung der eingeschlossenen deutschen Besatzung von Bautzen teil. Zur Motorisierung der eingesetzten Truppen wurden die noch vorhandenen Busse der Verkehrsbetriebe beschlagnahmt. Am 20. April 1945 heulten die Sirenen in Dresden. Sie gaben das Signal »Feindalarm«! Doch noch bis Anfang Mai rollten Eisenbahntruppentransporte durch Dresden in Richtung Böhmen.[76] Zur gleichen Zeit kamen 1000 »Hitler-Jungen« auf Elbschiffen

in Dresden an, um in die, mit Teilen hier stehende, 2. SS-Panzer-Division »Das Reich« eingereiht zu werden. Vernünftig denkende Offiziere lehnten jedoch die Übernahme der 15- und 16jährigen ab.[77] Allerdings wurden zahlreiche Dresdner Feuerwehrmänner noch in diese Division einberufen.

Als sich abzeichnete, daß Dresden von der Roten Armee im Norden bereits umgangen war, erhielt der General von und zu Gilsa von Feldmarschall Ferdinand Schörner den Befehl, die Stadt zu räumen und mit allen Truppen als ›Korps Gilsa‹ nach Süden abzuziehen. Am 7. Mai 1945 verließ so die Garnison Dresden. Zuvor wurde noch die Carola-Brücke gesprengt. Durch Dresden gleichfalls nach Böhmen marschierende Reste von Verbänden der 4. deutschen Panzer-Armee, Versprengte und einige fanatische Nazis schossen dann am 7. und 8. Mai 1945 auf die einrückende Rote Armee, die beim Kampf in der Stadt noch 200 Soldaten verlor.[78] Mit dem 8. Mai 1945 wurde Dresden schließlich zu einer der größten sowjetischen Garnisonen auf deutschem Boden.

Anmerkungen

1 »Der Freiheitskampf«; Sonnabend, 2. September 1939, S. 9.

2 Siehe Das 10. (Sächsische) Infanterie-Regiment des Reichsheeres und die aus ihm hervorgegangenen Infanterieregimenter der Wehrmacht. Eine Chronik; o. O., 1983, S. 136.

3 Zusammengestellt nach: Das Deutsche Heer 1939. Gliederung, Standorte, Stellenbesetzung und Verzeichnis sämtlicher Offiziere am 3. 1. 1939; hrsg. von H. H. Podzun, Bad Nauheim 1953 und Horst Adalbert Koch; Zur Organisationsgeschichte der deutschen Luftwaffe (1935–1945). In: »Feldgrau«, Sonderheft 6/1956, S. 1 ff.

4 Siehe Pioniere der Waffen-SS im Bild, hrsg. von der Pionierkameradschaft Dresden, Osnabrück 1985, S. 23. Für die Polizeiausbildungs-Abteilung wurde schon 1936 das Hellerauer Festspielhaus zur Kaserne umfunktioniert!

5 Siehe Eichholtz, Dietrich; Zur Lage der deutschen Werktätigen im ersten Kriegsjahr 1939/40. In: Jahrbuch für Wirtschaftsgeschichte 1967. Teil I, Berlin 1967, S. 167.

6 Siehe z. B. die bei Hans-Georg Model und Dermot Bradley; Generalfeldmarschall Walter Model (1891–1945); Osnabrück 1991 abgedruckte Lohnsteuerbescheinigung des in Dresden wohnhaften Feldmarschalls für das Jahr 1944!

7 Siehe Der Prozeß gegen die Hauptkriegsverbrecher vor dem Internationalen Militärgerichtshof Nürnberg, 14. November 1945 – 1. Oktober 1946; Bd. XXX, Nürnberg 1948, S. 180 ff.

8 Eine weitgehend vollständige Übersicht über alle in Dresden während des Zweiten Weltkrieges aufgestellten Truppenteile und Einheiten der Wehrmacht und Waffen-SS findet sich bei Georg Tessin; Verbände und Truppen der deutschen Wehrmacht und Waffen-SS im Zweiten Weltkrieg 1939–1945; I. Bd., Osnabrück 1977 bis XV. Bd., Osnabrück 1988.

9 Siehe Die deutsche Flakartillerie vor und im Zweiten Weltkrieg. Eine Studie von Oberst a. D. Friedrich-Wilhelm Böhme und General a. D. von Renz; o. O., o. J., S. 125/126.

10 Für die vielen Freiwilligenmeldungen zur Kriegsmarine spricht auch die Tatsache, daß bis zur Gegenwart in Dresden die »U-Boot-Kameradschaft Dresden« existiert!

[11] Siehe Neufeld, Hans-Joachim/Huch, Jürgen/Tessin, Georg; Zur Geschichte der Ordnungspolizei 1936–1945; Boppard am Rhein 1957, Teil II, S. 33/34.

[12] Siehe Kannapin, Norbert; Die Deutsche Feldpost 1939–1945. 2. wesentlich erweiterte Auflage, Osnabrück 1987, S. 95ff.

[13] Siehe Sawodny, Wolfgang; Panzerzüge im Einsatz auf deutscher Seite 1939–1945. Friedberg 1989, S. 50.

[14] Siehe Böhm, Klaus; Die Organisation Todt im Einsatz 1939–1945, Osnabrück 1987, S. 13.

[15] Siehe Absolon, Rudolf; Wehrgesetz und Wehrdienst 1935–1945. Boppard am Rhein 1960, S. 153.

[16] Siehe Valentin, Rolf; Die Krankenbataillone. Sonderformationen der deutschen Wehrmacht im Zweiten Weltkrieg. Düsseldorf 1981, S. 162/163.

[17] Siehe Bergander, Götz; Dresden im Luftkrieg. 2. überarb. und erw. Auflage. Weimar, Köln, Wien 1994, S. 49.

[18] Siehe Tewes, Ludger; Jugend im Krieg. Von Luftwaffenhelfern und Soldaten 1939–1945. Essen 1989, S. 47.

[19] Siehe Westenrieder, Norbert; »Deutsche Frauen und Mädchen!« Vom Alltagsleben 1933–1945. Düsseldorf 1990. S. 112ff.

[20] Siehe Meldungen aus dem Reich 1938–1945. Die geheimen Lageberichte des Sicherheitsdienstes der SS. Hrsg. und eingeleitet von Heinz Boberach. Bd. 12, Herrsching 1984, S. 4822.

[21] Siehe Geschichte der Technischen Universität Dresden 1828–1978. Hrsg. von einem Autorenkollektiv unter Leitung von Rolf Sonnemann. Berlin 1978, S. 164.

[22] Siehe Kreschnak, Werner; Geschichte der Dresdner Straßenbahn. Geschichte des VEB Verkehrsbetriebe der Stadt Dresden (1872–1975). Berlin 1980, S. 16.

[23] Siehe Patrioten gegen Barbaren. Aus der Chronik des Kampfes gegen Faschismus und Krieg in Dresden in den Jahren 1933–1945. Dresden 1985, S. 46.

[24] Einen besonders hohen Bedarf an Unterkünften hatte das zahlenmäßig sehr starke Dresdner Pionier-Ausbildungs- und Ersatz-Bataillon 1 der Waffen-SS, das dann auch noch zum 30. September 1944 zum Pionier-Ausbildungs- und Ersatz-Regiment aufgestockt wurde!

[25] Siehe Ries, Karl; Deutsche Flugzeugführerschulen und ihre Maschinen 1919–1945. Stuttgart 1988, S. 120.

[26] Siehe Nachrichtenblatt der Kriegsschule Dresden. Bundesarchiv-Militärarchiv. Akte Rh 17/v 1, Bl. 1. Zu den bekanntesten Absolventen der Dresdner Lehrgänge für Generalstabsoffiziere gehört der spätere Vier-Sterne-General der Bundeswehr Ulrich de Maizière, der bereits 1931/32 die Infanterieschule der Reichswehr in Dresden besucht hatte!

[27] Siehe Lahne, Werner; Unteroffiziere. Gestern-heute-morgen. 2. erweiterte Auflage. Herford 1974, S. 467ff. Zu den bekanntesten Dresdner ›Jungschützen‹ gehören der spätere Vier-Sterne-General der Bundeswehr Dr. Günter Kiesling und der einst in der DDR sehr beliebte Sänger Fred Frohberg!

[28] Siehe Tessin, Georg; Verbände und Truppen der Deutschen Wehrmacht und Waffen-SS im Zweiten Weltkrieg 1939–1945, Bd. I, Osnabrück 1977, S. 146.

[29] Siehe Rahne, Hermann; Geschult für ein kurzes Leben an der Front. In »Sächsische Zeitung«. Beilage zum Wochenende, 04. Februar 1994, S. 2. Ein sehr bekannter Absolvent der Dresdner Fahnenjunkerschule der Infanterie 1 ist der FDP-Politiker Wolfgang Mischnick!

[30] Siehe Chronik der Pionier-Einheiten in den Divisionen, Brigaden, Regimentern und Abteilungen der ehemaligen Waffen-SS. Hrsg. von der Pionierkameradschaft Dresden, Langen 1983, S. D 3. Für 38 Divisionen (!) wurden in Dresden Pionier-Offiziere, -Unteroffiziere und -Mannschaften ausgebildet!

[31] Siehe Die Luftnachrichten-Truppe im Einsatz. Mit Luftnachrichten-Regiment 1 in Polen. In: »Internationale Luftwaffen-Revue«; Heft 11/November 1962, S. 180.

[32] Siehe Jürgens, Hans-Jürgen; Zeugnisse aus unheilvoller Zeit. 2. Auflage, Jever 1991, S. 74.

[33] Siehe »Dresdner Neueste Nachrichten«, 25. Juli 1940, S. 1.

[34] Siehe Grams, Rolf; Die 14. Panzer-Division 1940–1945. Bad Nauheim 1957, S. 14 und Paul, Wolfgang; Geschichte der 18. Panzer-Division 1940–1943. 3. Auflage, Eßlingen am Neckar 1981, S. 1.

[35] Siehe Generalfeldmarschall Wilhelm Ritter von Leeb. Tagebuchaufzeichnungen und Lagebeurteilungen aus zwei Welt-Kriegen. Hrsg. von Georg Meyer. Stuttgart 1976, S. 259ff.

[36] Siehe Haupt, Werner; Heeresgruppe Mitte 1941–1945. Dorheim 1968, S. 21 und Pottgießer, Hans; Die Deutsche Reichsbahn im Ostfeldzug 1939–1944. Neckargemünd 1975, S. 24/25.

[37] Siehe Holzträger, Hans; Die Wehrertüchtigungslager der Hitler-Jugend 1942–1945. Ippesheim 1990, S. 35/36.

[38] Siehe »Wollt Ihr den totalen Krieg?« Die geheimen Goebbels-Konferenzen 1939–1943. Hrsg. von Willi A. Boelcke, Stuttgart 1967, S. 201.

[39] Siehe Enders, Gerd; Auch kleine Igel haben Stacheln. Deutsche U-Boote im Schwarzen Meer, Herford 1984, S. 42 ff. und Mayen, Jan; Alarm – Schnellboote! Zwischen Kanal und Kaukasus, Oldenburg/Hamburg 1961, S. 140 ff. sowie Schneider, Gerd-Dietrich; Vom Kanal zum Kaukasus. Die 3. R-Flottille – Feuerwehr an allen Fronten. Herford 1982, S. 82 ff.

[40] Siehe Woche, Klaus; Die Soldaten der Feldherrnhalle. In: »Zeitschrift für Heereskunde«, Heft Nr. 272/273–1977, S. 77 ff. und Busch, Erich; Die Fallschirmjäger-Chronik 1935–1945. Friedberg 1983, S. 87.

[41] Siehe Geschäftseinteilung des Stellv. Generalkommando IV. Armeekorps. Bundesarchiv-Militärarchiv. Akte Rh/53-4/24. Mit über 170 Offizieren, Sanitäts- und Veterinär-Offizieren, Militärbeamten und Zivilangestellten bildete das Stellv. Generalkommando einen recht stattlichen Stab!

[42] Siehe Die Deutsche Luftwaffe 1939–1945. Führung und Truppe. Hrsg. von Kurt Mehner und Reinhard Teuber. Norderstedt 1993, S. 165.

[43] Siehe Die Verbände der Luftwaffe 1935–1945. Gliederungen und Kurzchroniken – eine Dokumentation. Hrsg. von Wolfgang Dietrich, Stuttgart 1976, S. 71 und S. 338 ff.

[44] Siehe Kern, Wolfgang; Die innere Funktion der Wehrmacht 1933–1939. Berlin 1979, S. 194.

[45] Siehe Keilig, Wolf; Die Generale des Heeres. Friedberg 1983, S. 220.

[46] Siehe die Erinnerungsberichte von Dresdner Wehrmachtshäftlingen und Angehörigen in: »Sächsische Zeitung«, 1. November 1960, S. 3.

[47] Siehe Rodenberger, Axel; Der Tod von Dresden. 8. Auflage, Frankfurt am Main 1963, S. 41 ff.

[48] Siehe Hoffmann, Peter; Widerstand-Staatsstreich-Attentat. Der Kampf der Opposition gegen Hitler. 4., neu überarbeitete und ergänzte Ausgabe, München/Zürich 1985, S. 546 ff.

[49] Siehe SS-Pionier-Ausbildungs- und Ersatz-Bataillon Dresden; o. O. 1983, S. A u. ED65.

[50] Siehe Paul, Wolfgang; … zum Beispiel Dresden. Schicksal einer Stadt. Frankfurt am Main 1964, S. 156.

[51] Siehe Ratgeber für die Wehrmacht im Standort Dresden. Hrsg. von der Kommandantur Dresden, Dresden 1941. S. 24ff.

[52] Siehe Koerner, Ernst von; Das Heeresmuseum Dresden im Kriege. In: Dresdner Jahrbuch 1942, Dresden o. J., S. 94ff.

[53] Siehe Seidler, Franz W.; Blitzmädchen. Die Geschichte der Helferinnen der deutschen Wehrmacht im Zweiten Weltkrieg. Koblenz/Bonn 1979, S. 71.

[54] Siehe z. B. die Broschüre »Tag der Wehrmacht in den Kasernen des Standortes Dresden. Sonntag, 23. März 1941«!

[55] Siehe Richter, Walter; Dresdner Ritterkreuzträger. In: Dresdner Jahrbuch 1942, Dresden o. J., S. 6ff.

[56] Siehe Rodenberger, Axel; Der Tod von Dresden, a. a. O., S. 100 und Paul, Wolfgang; … zum Beispiel Dresden, a. a. O., S. 156.

[57] Siehe »Der Freiheitskampf«, 29. November 1939, S. 5.

[58] Schriftliche Mitteilung von Oberstleutnant a. D. Eberhard Matthes vom 18. 5. 1992 an den Autor.

[59] Schriftliche Mitteilung von Herrn Götz Bergander an den Autor vom 17. 6. 1994.

60 Siehe Die Tagebücher von Joseph Goebbels. Hrsg. von Elke Fröhlich. Teil II. Bd. 8, München–New Providence–London–Paris 1993, S. 319.

61 Siehe die literarische Darstellung dieser Tatsache bei Kurt Vonneguth; Schlachthaus 5 oder der Kinderkreuzzug. 2. Auflage, Berlin 1983, S. 159 ff.

62 Siehe McKee, Alexander; Dresden 1945. Das deutsche Hiroshima. Wien–Hamburg 1983, S. 82.

63 Siehe Pioniere der Waffen-SS im Bild; a. a. O., S. 222.

64 Siehe Schreiber, Gerhard; Die italienischen Militärinternierten im deutschen Machtbereich 1943–1945. München 1990, S. 363.

65 Siehe Gedächtnisbericht über Die militärischen Ereignisse in und um Dresden vom Januar 1945 bis zur Kapitulation Mai 1945 von Oberstleutnant a. D. Eberhard Matthes, Oktober 1992, S. 1. (Im Besitz des Autors)

66 Siehe Paul, Wolfgang; … zum Beispiel Dresden, a. a. O., S. 19.

67 Siehe ders.; Der Heimatkrieg 1939–1945. Eßlingen am Neckar 1980, S. 398. Der Autor war zu dieser Zeit Ordonnanzoffizier in Dresden, so daß diese Angabe sehr glaubhaft ist!

68 Siehe Maier, Georg; Drama zwischen Budapest und Wien. Der Endkampf der 6. Panzerarmee 1945. Osnabrück 1985, S. 132 und Meyer, Hubert; Kriegsgeschichte der 12. SS-Panzer-Division »Hitler-Jugend«, Bd. II, Osnabrück 1982, S. 480.

69 Siehe Morzik, Fritz; Die deutschen Transportflieger im Zweiten Weltkrieg. Frankfurt am Main 1966, S. 217 ff.

70 Siehe Gedächtnisbericht über die militärischen Ereignisse in und um Dresden …; a. a. O., S. 2.

71 Siehe Geheim! Oberkommando des Heeres. Chef der Heeresrüstung und Befehlshaber des Ersatzheeres. Heereswaffenamt WaZ Liste der Fertigungskennzeichen für Waffen, Munition und Gerät (Nach Buchstabengruppen geordnet) Berlin 1944. Originalgetreuer Nachdruck, Nürnberg 1977. Hierin konnten 110 Dresdner Rüstungsbetriebe festgestellt werden!

72 Siehe Geschichte der Technischen Universität Dresden 1828–1978; a. a. O., S. 161. Siehe ferner die Dissertation von Rudolf Jenak; Der Mißbrauch der Wissenschaft in der Zeit des Faschismus (dargestellt am Beispiel der Technischen Hochschule Dresden 1933–1945); Diss. Dr. Phil.; Phil. Fakultät der Humboldt-Universität zu Berlin, 1964.

73 Siehe Spielberger, Walter J.; Der Panzerkampfwagen Tiger und seine Abarten. Stuttgart 1977, S. 98.

74 Siehe Gedächtnisbericht über Die militärischen Ereignisse in und um Dresden …, a. a. O., S. 2.

75 Mitteilung von Herrn Hans John, damals Leutnant an der Schule, am 12. Juli 1994 an den Autor.

76 Siehe Spaeter, Helmuth; Panzerkorps Großdeutschland. Berichte und Bilder über das Erleben, Einsätze, die Männer und Kampfräume. Friedberg 1988, S. 208.

77 Siehe Weidinger, Otto; Division Das Reich. Der Weg der 2. SS-Panzer-Division »Das Reich«. Bd. V: 1943–1945, Osnabrück 1982, S. 549.

78 So Armeegeneral A. S. Shadow zitiert bei Götz Bergander; Dresden im Luftkrieg, a. a. O., S. 281.

DER LETZTE TRÜMMERBERG DRESDENS SAGT AUS

Erkenntnisse aus der archäologischen Enttrümmerung der Frauenkirche zu Dresden über die Geschehnisse in der Nacht vom 13. zum 14. Februar 1945*

Wolfram Jäger, Dieter Rosenkranz

Der Trümmerberg der Frauenkirche

Als in der Nacht vom 13. zum 14. Februar 1945 das alte Dresden durch englische Luftangriffe in Schutt und Asche gelegt wurde, war auch das Ende der Frauenkirche besiegelt.

Fast 200 Jahre lang hatte die zwischen 1726 und 1743 nach Plänen und unter Leitung des genialen Dresdener Ratszimmermeisters George Bähr erbaute barocke Frauenkirche mit ihrer »steinernen Glocke« die Stadtsilhouette geprägt.[1] Den Bombenhagel überstand dieses architektonische Meisterwerk. Als aber Flammen infolge des Flächenbrandes im Stadtzentrum nach dem zweiten Bombenangriff in das Innere der Kirche eingedrungen waren, brannte sie vollständig aus. Das Bauwerk hielt den Belastungen nicht mehr stand und sank in den späten Vormittagsstunden des 15. Februars 1945 in sich zusammen.**

Die stehengebliebenen Ruinenteile und der Trümmerberg waren danach für fast 50 Jahre ein eindrucksvolles Mahnmal gegen die furchtbaren und sinnlosen Folgen eines Krieges. In vielen Köpfen und Herzen blieb mit dieser Ruine die fehlende Vollendung des mutigen Wiederaufbauwerkes nach der schrecklichen Zerstörung Dresdens lebendig.

Der Nestor der sächsischen Denkmalpflege, Prof. Hans Nadler, hat sich mit Mitarbeitern und Gleichgesinnten über die Jahre seit der Zerstörung um den Erhalt der Ruine mit dem Trümmerberg verdient gemacht. Sein Ziel war es dabei, die Chance zu einem Wiederaufbau der Kirche, so wie sie war und mit originalem Material, zu bewahren.[2]

Die Ehrung des Erbauers der Frauenkirche anläßlich seines 250. Todestages im Jahre 1988 war Ausgangspunkt für die neuerliche Sammlung von Förderern und Befürwortern eines Wiederaufbaues. Der Weg von der Rückbesinnung bis zum spürbaren Tätigwerden ist von Hans-Joachim Jäger in den Dresdner Heften mit dem Beitrag »Die Bürgerinitiative« dokumentiert worden.[3]

Anerkannte Wissenschaftler und Fachleute trafen sich im Februar 1991 in Dresden, um über die Möglichkeit eines archäologischen Wiederaufbaues zu beraten. Die Teilnehmer sprachen sich mit einem klaren Votum dafür aus.[4]

Die im November 1991 gegründete Stiftung Frauenkirche Dresden e. V. erklärte in ihrer Satzung den archäologischen Wiederaufbau zu ihrem Ziel und veranlaßte als Bauherr den Beginn der Vorbereitungsarbeiten.

Der erste, wesentliche Schritt zur Verwirklichung der Wiederaufbaupläne war die unter bauarchäologischen Gesichtspunkten durchzuführende Beräumung des Trümmerberges. Die Autoren hatten den Auftrag, die dazu erforderliche Planung[5] zu bearbeiten, die Realisierung zu leiten und die Ergebnisse zu dokumentieren.[6]

Die Beschäftigung mit den Geschehnissen des 13./14. Februar 1945

Mit dem Allgemeinwissen aus Geschichte, Kunst und Literatur über die Zerstörung Dresdens allein ließen sich die für die Enttrümmerung wesentlichen Ereignisse bis zum Einsturz nicht nachvollziehen. Genauere Kenntnisse waren erforderlich, um den bauarchäologischen Ansprüchen gerecht zu werden. Es war das Ziel, möglichst viel an authentischer Substanz der Ruine zu erhalten, wiederverwendbare Originalsteine zu gewinnen und ihren ursprünglichen Platz im Bauwerk zu lokalisieren. Eine weitere, wesentliche Aufgabe bestand darin, jegliche im Trümmerberg enthaltenen Informationen über die Frauenkirche zu erfassen.

---

* Der Beitrag ist ein Exzerpt aus den von der Stiftung Frauenkirche Dresden e. V. finanzierten Arbeiten zur Enttrümmerung der Ruine der Dresdner Frauenkirche.

** Die genaue Einsturzzeit wurde von Weinert (vgl. [9]) mit 10.15 Uhr angegeben.

Die Frauenkirche 1930, vom Neumarkt aus gesehen
Sächsische Landesbibliothek Dresden, Abt. Deutsche Fotothek

Die zerstörte Frauenkirche im Februar 1945
Stadtmuseum Dresden, Fotobestand Heinz Kröbel

Um die Bergewürdigkeit von Originalsubstanz und die Wertigkeit von sich darbietenden Informationen erkennen zu können, mußten bereits vor Beginn der Enttrümmerungsarbeiten intensive Ermittlungen und Überlegungen zu der Größe und der Zusammensetzung des Berges angestellt werden. Am Anfang der Beschäftigung damit stand die intensive Auswertung aller zugänglichen Archivmaterialien über die Frauenkirche, ihre Zerstörung sowie die Veränderungen an der Ruine und an dem Trümmerberg nach 1945. Die dabei gewonnenen Kenntnisse und die aus den Analysen möglichen Schlußfolgerungen waren eine Grundlage für die Planung der archäologischen Enttrümmerung.

Ergänzung und Vertiefung fand das Bild vom Geschehen 1945 durch Augenzeugenberichte, die nach einem Zeitungsaufruf der Verfasser[7] eingingen.

Augenzeugen des Geschehens

Leider konnte niemand der noch lebenden Zeugen der Zerstörung des alten Dresdens, die sich auf den Aufruf hin gemeldet hatten, den Einsturz der Frauenkirche detailliert schildern.

Der Augenzeuge Edgar Roschig, der sich zu diesem Zeitpunkt als Angehöriger der Technischen Nothilfe am Johanneum aufhielt, beschrieb sein Erleben wie folgt: »Auf einmal, wie ein Blitz aus heiterem Himmel, ist die ganze Glocke gerade herunter, in die Kirche hineingestürzt …, der ganze Neumarkt war vollständig eingenebelt und wir waren von oben bis unten weiß …«.[8] Er bestätigte damit das in Hermann Weinerts Bericht über die Totalvernichtung des Dresdner Domes wiedergegebene Erlebnis von Frau Weinert. Diese hatte gesehen, wie »… nach anfänglichem leisen Knistern die Kuppel langsam in sich zusammensank und dann mit einem ungeheuren Knall die Außenwände der Kirche barsten und eine nachtschwarze Staubwolke die ganze Umgegend erfüllte«.[9]

Zum Einsturzhergang und der damit verbundenen Verteilung der Trümmer im Berg ergaben die Augenzeugenberichte keine über Bekanntes hinausgehenden Erkenntnisse. Dahingegen konnte das aus Literatur und Archivgut erlangte Wissen zu Vorkehrungen gegen Luftangriffe, zu den Geschehnissen in der Nacht vom 13. zum 14. Februar 1945, zum Kirchenbrand sowie zur Wahrscheinlichkeit des Fundes von Opfern der Zerstörung unter den Trümmern erweitert werden. Gerade letztere Frage war für die Durchführung der praktischen Enttrümmerungsarbeiten wichtig. Der Augenzeuge Edgar Roschig schilderte, daß sich im Augenblick des Einsturzes auf dem Neumarkt wegen der unerträglichen Situation nach der Zerstörung des Stadtzentrums keine Personen aufhielten.[10]

Frau Ursula Wilde erzählte in ihrem Augenzeugenbericht, daß sie mit ihrer Mutter nach dem ersten Angriff unterwegs zu einem großen Luftschutzkeller in der Nähe des Stallhofes war.[11] Auf dem Neumarkt wurden beide durch Ordnungskräfte aufgefordert, die Luftschutzräume des Kanzleihauses oder der Frauenkiche aufzusuchen. In letzterem verbrachten sie mehrere Stunden, bis die Schutzsuchenden bei vollem Kirchenbrande gerade noch den Luftschutzkeller über den Eingang nach dem Coselpalais und die Münzgasse hin zur Brühlschen Terrasse verlassen konnten.

Frau Wilde bestätigte damit aus eigenem Erleben die bereits von Weinert beschriebene Rettung von ca. 300 Menschen aus den Katakomben der Frauenkirche in den frühen Morgenstunden des 14. Februar 1945.[12]

Opfer der Zerstörung waren damit weder unter den Trümmern außerhalb, noch innerhalb der Kirche zu erwarten. Letztendlich hat sich diese Schlußfolgerung bestätigt.

Für die Autoren waren sämtliche Gespräche mit den Augenzeugen ein gedankliches Erleben des entsetzlichen Infernos in der Stadt Dresden als Folge der Luftangriffe. Die Schilderungen und das persönliche Leid derer, die es selbst erfahren haben, stellten emotional prägende Erlebnisse bei der Beräumung des letzten sichtbaren Trümmerberges in Dresden für die Beteiligten dar. Während der praktischen Enttrümmerungsarbeiten sollten diese Emotionen mit dem fortwährenden Auffinden von Augenblickssituationen der letzten Nutzung und der Zerstörung der Frauenkirche immer wieder angesprochen werden.

Sammlung von Informationen und Erkenntnissen während des Abtragens der Trümmer

Mit der theoretischen Vorbereitung der archäologischen Enttrümmerung wurden wesentliche Kenntnisse vom tragischen Geschehen um die Frauenkirche zum Kriegsende zusammengetragen. Während des schichtenweisen Abtragens der 22 000 m^3 Trümmermasse traten dann mit jedem Handgriff neue, informationstragende Zustände ein, die sich im nächsten Augenblick bereits wieder veränderten und Vergangenheit wurden.

In dieser raschen Abfolge von nicht wiederkehrenden Situationen wurden Informationen zu fast 12 000 archäologischen Funden erfaßt. Dabei sind über 10 700 Steine und Gegenstände fachgerecht geborgen worden, die als Originale in Lagern und Archiven verwahrt sind. Sie werden entweder Werksteine bzw. Vorlagen für den Wiederaufbau sein, oder aber für museale und wissenschaftliche Zwecke zur Verfügung stehen.

Das Abtragen des letzten großen Trümmerberges Dresdens war nicht nur eine Vollendung des lebensmutigen Neubeginns unserer Eltern und Großeltern, sondern auch das einmalige Erleben und Festhalten der Geschichte einer furchtbaren Zerstörung.

In den nachfolgenden Abschnitten werden gesammelte Fakten und Informationen genannt und interpretiert. Sie sollen dazu dienen, das Wissen um die vergangenen schrecklichen Ereignisse bleibend festzuhalten und Menschen zur Besinnung und Vernunft zu mahnen.

Luftbild des Trümmerberges im Mai 1992
Peter Schubert, Dresden

Der bauliche Zustand der Frauenkirche und Vorkehrungen gegen Luftangriffe

Die Frauenkirche war in diesem Jahrhundert zwischen 1924 und 1932 sowie zwischen 1938 und 1942 durch umfangreiche Reparatur- und Renovierungsarbeiten in einen guten baulichen Zustand gebracht worden. Zusammenfassende Berichte dazu sind von Paul Wolf[13] und Georg Rüth[14] gegeben worden. Die baubegleitende Fotosammlung des Landeskirchenamtes[15] enthält neben den Bildern Beschreibungen der ausgeführten Maßnahmen. Vom heutigen Erkenntnisstand her kann gesagt werden, daß die Frauenkirche reichlich zwei Jahre vor ihrer Zerstörung dauerhaft ertüchtigt war.

Mit zunehmender Gefahr von Luftangriffen wurden 1944/45 vorsorglich Kirchenfenster des Erdgeschosses und große Bogenfenster der aufgehenden Wände von außen vermauert. Weinert verwies in seinem Bericht darauf, daß auf der Nordseite noch unvermauerte Fenster waren.[16] Dieser Fakt wurde bei der Freilegung der Ruinenteile bestätigt. Links und rechts der Außentreppe zum Westportal kamen unter dem Trümmerberg tausende sorgfältig abgestapelte Ziegelsteine zum Vorschein, die nicht mehr vermauert werden konnten. Entweder waren die Arbeiten durch die sehr kalten Wintermonate 1944/45 unterbrochen oder durch die Kriegswirren nur schleppend ausgeführt worden.

Südlich des Westportales und auf der Nordseite des Altaranbaues zeigt die Fassade im Erdgeschoßbereich lokal starke Abschalungen*, die auf Brandstellen abgelagerter Bauhölzer hindeuten. Diese dürften zum Bau der Gerüste für die Ausmauerung gedient haben.

Durch Funde kompletter oder zerstörter Ziegelausmauerungen sowie durch Spuren von Mörtel bzw. der Fugenspannbänder läßt sich die Ausmauerung lediglich für die gesamte Ostseite einschließlich Choranbau, für das Erdgeschoß der Südseite und für ein Erdgeschoßfenster sowie die großen Fenster der Westseite nachweisen. Da Überreste einer entsprechend großen Ziegelzahl im südlichen Trümmerberg nicht gefunden wurden, müssen auch die großen Fenster der Neumarktseite ohne Vermauerung gewesen sein.

---

* Sandstein beginnt sich bei Temperaturen von etwa 200 bis 300°C zunächst an der Oberfläche rötlich zu färben. Bei weiterer Temperaturerhöhungen kommt es zu Strukturveränderungen, die mit dem vollständigen Verlust der inneren Festigkeit bei ca. 700°C und einer starken Rotfärbung (ziegelrot) verbunden sind. Infolge von unterschiedlichen Temperaturdehnungen kommt es im Mauerwerk zu schalenförmigen Abplatzungen.

Fensterausmauerung und Brandschaden durch Rüstholz
Thomas Albrecht, Dresden

Eine weitere Luftschutzmaßnahme war die Löschwasseranlage, die nach Weinerts Bericht allerdings nicht in Betrieb genommen werden konnte, weil das städtische Wasserwerk die Zuleitung abgeschaltet hatte.[17] Reste der Anlage wurden als Rohrstücken auch in oberen Lagen des Trümmerberges sowie als noch eingebaute Leitungsreste in einem Raum des Erdgeschosses auf der Westseite und im unzerstörten Kellerraum unter dem Altar gefunden.

Zusätzlich waren in Erdgeschoßräumen und im Keller eiserne Löschwasserfässer aufgestellt, die bei der Trümmerberäumung zum Vorschein kamen.

Die Kirche verfügte über eine batteriegestützte Notstromversorgung, die sich im Elektro-Anschlußraum neben dem Südportal befand. Erkennbar war unter den Trümmern eine Vielzahl von Batteriezellen, die auf gläsernen Isolationsfüßen standen.

Im Zusammenhang mit den eingelagerten Filmmaterialien des Reichsluftfahrtministeriums ist sicher die Anwesenheit einer militärischen Brandwache, bestehend aus einem Offizier und zwei Mann zu sehen.[18] Die je zwei unter den Trümmern gefundenen Helme und Gasmasken sowie eine Komplettausrüstung mit Stahlhelm, Gasmaske, Tornister und Telefon gehörten demnach dieser Wache. Da keine Anzeichen von sterblichen Überresten in der Nähe dieser Gegenstände gefunden wurden, sind sie offensichtlich in der Dramatik der Ereignisse zurückgelassen worden.

Der erste Angriff und seine Auswirkungen

Während des ersten Angriffes gingen im Bereich des Neumarktes vor allem Sprengbomben[19] nieder. Kurz danach war die Augenzeugin Johanna Jakubowski unterwegs zu dem Geschäft, in dem sie arbeitete. Frau Jakubowski erinnerte sich an Bombentrichter, die sie wahrnahm, bevor sie von einem Luftschutzhelfer in einen der untereinander verbundenen Schutzräume in den Häusern am Neumarkt geholt wurde.[20]

Beim Abtragen des Trümmerberges kam vor dem südöstlichen Treppenturm ein Bombentrichter mit über 4,0 m Durchmesser zum Vorschein. Dieser dürfte der letzte im Stadtgebiet zu findende Bombentrichter gewesen sein. Die Spuren der Splittereinschläge sind an der freigelegten Erdgeschoßfassade des Glockenturmes* zu sehen.

Sicher war es dieser Treffer, von dem Weinert schrieb, daß infolge seiner Wucht die auf dem Glockenturm befindliche Flammenvase herabstürzte.[21] Es muß sich allerdings um einen anderen großen Fassadenstein gehandelt haben, denn die besagte Flammenvase wurde inmitten der Trümmer des Treppenhauses gefunden.

Nach dem ersten Angriff suchten etwa 300 Menschen Zuflucht im Keller der Frauenkirche. Sie gelangten über die Kellertreppen der Ecktürme nach unten. An einem Trümmerstein, der als rechtes Türgewände des südöstlichen Einganges identifiziert wurde, war noch der weiße Pfeil zu sehen, der den Menschen den Weg wies. Dieser Stein ist inzwischen als Zeugnis der Ereignisse unmittelbar neben seinem ursprünglichen Platz wieder eingebaut worden.

Im Keller lagerten im Februar 1945 noch beachtliche Mengen an Material der letzten Reparaturmaßnahmen, wie Rüstholz, Sandstein- und Fußbodenplatten, Dielungs- und Parketthölzer, Stahlträger und Bewehrungsstahl. Hinzu kamen noch Werkzeug- und Gerätekisten der Handwerker.

---

* Turm über dem südwestlichen Eingang C, entsprechend der bereits von George Bähr vorgenommenen Kennzeichnung der Eingänge mit lateinischen Großbuchstaben.

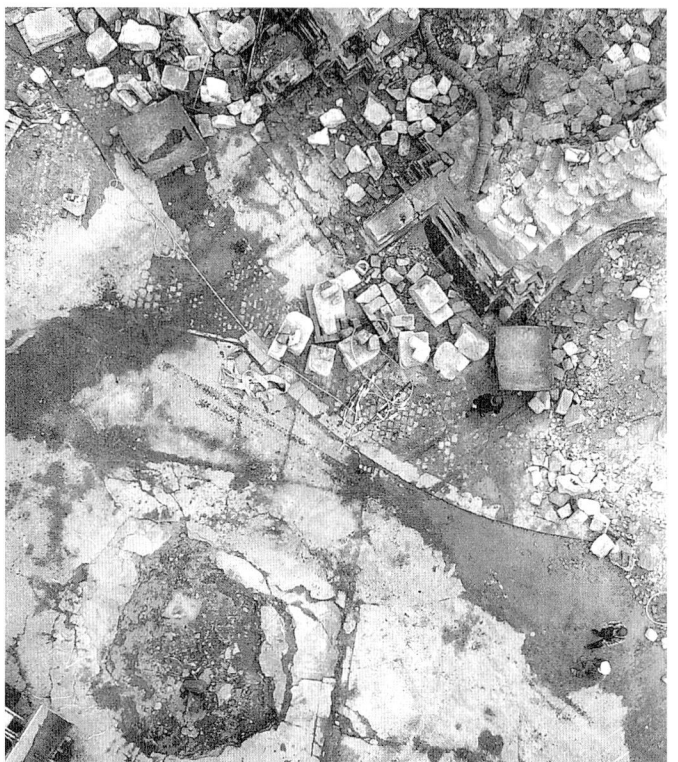

Der letzte gefundene Bombentrichter Dresdens
Arbeitsgemeinschaft Archäologische Enttrümmerung der Frauenkirche zu Dresden, Ingenieurvermessungsbüro Dresden Graupner–Henke–Hoffmann

Bombensplitterspuren am Fuße des Glockenturmes
Thomas Albrecht, Dresden

Aber auch wertvolles Gut, wie das Grabmal George Bährs oder die überlebensgroße Figur des Schmerzensmannes aus der Dresdner Sophienkirche waren in den Kellergewölben verblieben, da diese als bombensicher galten. Aus gleichem Grunde erfolgte auch die Einlagerung von fast 800 Filmrollen aus Beständen des Reichsluftfahrtministeriums in den beiden nördlichen großen Grabkammern.

Der zweite Angriff

Beim zweiten Angriff wurden durch Brandbomben und Luftminen die Gebäude um den Neumarkt in Brand gesetzt und der Feuersturm entfacht. Frau Jakubowski erinnerte sich an diesen Eindruck beim Verlassen des Luftschutzkellers unmittelbar nach dem Angriff.[22] Zeugnis davon gaben auch drei Stabbrandbombenteile, die während der Enttrümmerung gefunden wurden. Diese hatten sich offensichtlich in den Aufbauten der Treppenturmspitzen bzw. der Laterne verfangen, ohne der steinernen Kirche etwas anhaben zu können.

Trotz der schrecklichen Ereignisse konnte Frau Jakubowski wahrnehmen, daß die Frauenkirche unmittelbar nach dem zweiten Angriff noch nicht, wie die Gebäude ringsum, sichtbar brannte.[23] Vielmehr drang, wie Weinert beschrieb, die bald entstandene furchtbare Feuersbrunst vom lohend brennenden Coselpalais her auf der Nordseite durch die zersprungenen Scheiben der unvermauerten Fenster in das Kircheninnere ein.[24]

Die im Buch von Max Seydewitz »Zerstörung und Wiederaufbau von Dresden« enthaltene Darstellung, daß Feuerfunken das im Kirchenkeller lagernde Filmarchiv des Reichsluftfahrtministeriums in Brand setzten und dieses dazu beitrug, das »… Feuer im Dom von unten her zu steigern«,[25] muß nach heutigem Kenntnisstand widerlegt werden. Die Filmrollen waren in den nördlichen Grüften eingelagert. Bei der Enttrümmerung wurden Reste von Holztüren gefunden, die mit Asbestplatten beschlagen waren. Diese verwehrten den Zutritt und sollten vor Brandschäden schützen.

Fachleute des Bundesfilmarchives, die bei der Bergung hinzugezogen wurden, verwiesen auf die Gefährlichkeit des vorgefundenen Nitrozellulosefilmmaterials. Dieses brennt, auch unter Luftabschluß, explosionsartig mit sehr großer Hitze und Entwicklung giftiger Gase ab.

Es ist sicher, daß die Menschen in den neben den Filmen befindlichen Räumen im Falle eines Brandes der Rollen keinesfalls mehrere Stunden im Keller hätten ausharren können.

Fund des Gebeingefäßes und des Grabmals George Bährs
Arbeitsgemeinschaft Archäologische Enttrümmerung der Frauenkirche zu Dresden, Ingenieurvermessungsbüro Dresden Graupner–Henke–Hoffmann

Fund des Schmerzensmannes aus der Sophienkirche
Arbeitsgemeinschaft Archäologische Enttrümmerung der Frauenkirche zu Dresden, Ingenieurvermessungsbüro Dresden Graupner-Henke-Hofmann

Filmbüchse mit verkohltem Inhalt
Thomas Albrecht, Dresden

Durch den Filmbrand nach dem Einsturz abgeschalte Wand
Thomas Albrecht, Dresden

Die Fundsituationen über und bei den Filmrollen belegten eindeutig, daß erst das Kircheninnere über dem Keller ausbrannte, dann die Kirche einstürzte und sehr heiße Trümmerstücke den in der nordwestlichen Grabkammer befindlichen Teil des Archivs in Brand setzten. Hier konnten in über 300 Filmbüchsen nur 10 unverbrannte Filmrollen geborgen werden. Diese waren wahrscheinlich durch die ersten herabstürzenden Trümmer zur Seite geschleudert worden. Der Rest war nach dem Einsturz zwar von Trümmermassen bedeckt, brannte aber dennoch fast vollständig aus. Die Schwelgase durchrußten viele Meter hoch den Feinschutt. Sie entflammten sich und führten so zu lokal beträchtlichen Schäden an den überstreiften Wänden und Gewölberesten.

Auch die nordöstliche Grabkammer wurde beim Einsturz zerstört. Die hier eingelagerten 413 Filmrollen blie-

ben allerdings erhalten. Offensichtlich war die Temperatur der ersten Trümmerstücke, die das Gruftgewölbe durchschlugen nicht hoch genug, um diese Filmrollen zu entzünden.

Alle unverbrannten Filmrollen wurden dem Bundesfilmarchiv in Koblenz übergeben. Bei der Auswertung[26] stellte sich heraus, daß es sich fast ausschließlich um militärische Lehrfilme und auch unbelichtetes Rohfilmmaterial handelte.

Der Brand und seine Spuren

Da sich unmittelbar hinter den unvermauerten großen Fenstern der Frauenkirche Holzeinbauten befanden, breitete sich das Feuer nach dem Eindringen durch die nicht vermauerten Fenster schnell aus.

Menschen harrten noch im Keller der Kirche aus, als der Brand bereits bis unter die Innenkuppel vorgedrungen war. Das Schicksal der Menschen stand in der schrecklichen Situation im Zentrum der Stadt über der Sicherstellung wertvoller Gegenstände aus dem Kircheninnern, die den Flammen überlassen werden mußten. An diese konnte in jenem Moment wohl niemand denken. So blieben z. B. das Kruzifix und die Altarleuchter auf dem Altartisch stehen. Sie wurden nach fast 50 Jahren unter den Trümmern gefunden und geborgen.

Frau Wilde erzählte, daß schon während des zweiten Angriffes und immer stärker danach, Rauch und Funkenregen durch Öffnungen aus dem Kirchenschiff in die Katakomben drangen. Sie erinnerte sich deutlich auch daran, daß die Menschen im Keller immer wieder durch laute und dröhnende Schläge auf die über ihnen befindlichen Gewölbe verängstigt wurden.[27] Wahrscheinlich war dies auf das Herabstürzen von Teilen der brennenden Emporen zurückzuführen.

Nach etwa drei Stunden Brand war der Aufenthalt im Keller unerträglich geworden. Es gelang, alle 300 Menschen über den freigehaltenen Ausgang und durch die Flammen der ringsum brennenden Gebäude zum Elbufer zu retten.[28]

Als im März 1994 der Fußboden der Kellergewölbe erreicht war, wurde das dramatische Geschehen nach 49 Jahren für Augenblicke noch einmal deutlich. Es fanden sich unter den Trümmern auf dem Fußboden persönliche Gegenstände der Menschen, die in den Katakomben Schutz gesucht hatten. Die Gegenstände wurden zurückgelassen, als ihre Besitzer in letzter Minute und in Todesangst die Keller der Frauenkirche verließen.

Frauen- und Kinderschuhe
Thomas Albrecht, Dresden

Ledertasche mit Brille, Handschuhen und Wecker
Thomas Albrecht, Dresden

Kollektenbüchse mit Inhalt
Thomas Albrecht, Dresden

Dazu gehörten z. B.

- Sieben Paar Frauen- und Kinderschuhe.
- Eine Ledertasche mit Damenutensilien. Kofferreste mit Kleidungsstücken, Flickzeug, Arznei und die Straßenbahnnetzkarte Nr. 32476.
- Eine Ledertasche mit Brille, Handschuhen und einem Wecker. Dessen Zeiger waren 12 Minuten vor 1 Uhr stehengeblieben, vielleicht zwischen den beiden Luftangriffen in der Nacht vom 13. zum 14. Februar 1945.

Eine Kollektenbüchse mit Inhalt blieb unbeachtet in der Kirche zurück.

Die Frauenkirche brannte vollständig aus. Ca. 300 m³ Holz[29] waren als Gestühl, Wandeinbauten, Fußböden und Holzkonstruktion der Emporen unterhalb der Innenkuppel im und um das Kirchenschiff verteilt und gaben dem Feuer Nahrung.

Im Bereich der Betstübchen und der im Kirchenschiff davor stehenden Gestühlreihen stieg die Temperatur während des Brandes auf etwa 1050 bis 1100°C. Dies ließ sich aus den Brandschäden an Wänden und Pfeilern sowie gefundenen Glasgefäßen und Scheibenresten, die zum Teil bis zur Fließgrenze erweicht waren, schlußfolgern.

Der Fußboden zwischen den Innenpfeilern war mit einer bis zu 40 cm hohen Schicht aus Asche und verkohlten Holzresten bedeckt. Die in den Emporen noch umfangreich vorhandenen Holzteile waren offensichtlich brennend heruntergefallen.

Temperaturen in der genannten Höhe traten auch an anderen Stellen auf, so im Bereich der Ausmauerung der Erdgeschoßfenster. Es kam hinter den vermauerten Öffnungen zum Hitzestau, während durch die zerplatzten Scheiben nicht vermauerter Fenster die heiße Luft abziehen konnte.

Gleiche Schadbilder wie im Erdgeschoß sind heute noch im stehengebliebenen Altarraum sichtbar. Der Prospekt der Silbermannorgel[30] über dem Steinaltar bestand überwiegend aus Holz. Infolge der vermauerten Fenster ringsum kam es auch hier zum Hitzestau unter dem Deckengewölbe. Die Orgel wurde vollständig zerstört. Das Pfeifenzinn tropfte auf den darunter befindlichen Steinaltar. Übrig blieben lediglich mechanische Teile aus Metall und wenige kleine, noch als Pfeifenstücke erkennbare Funde.

In den oberen Bereichen des Kircheninnenraumes war die Brandtemperatur wesentlich geringer. Durch die nicht vermauerten Fenster der Süd- und Nordfassade konnte die Hitze ebenso entweichen, wie über die darüberliegenden Fenster der Hauptgesimszone und des Kuppelhalses.

Die im Trümmerberg gefundenen Fenstergewände aus den genannten Bereichen weisen die für Sandstein typische

Polstergestühl in einem Garderobenraum
Arbeitsgemeinschaft Archäologische Enttrümmerung der Frauenkirche
zu Dresden, Ingenieurvermessungsbüro Dresden
Graupner–Henke–Hoffmann

Die unzerstörte Putzkammer
Arbeitsgemeinschaft Archäologische Enttrümmerung der Frauenkirche
zu Dresden, Ingenieurvermessungsbüro Dresden
Graupner–Henke–Hoffmann

rötliche Färbung infolge Erhitzung im Anfangsstadium, aber kaum Abschalungen auf. Die Temperaturbelastung muß also wesentlich geringer gewesen sein als im unteren Bereich.

Die runde, ca. 6 m breite Öffnung in der Innenkuppel war 1932 mit einer verfahrbaren zweiteiligen Abdeckung versehen worden.[31] Ihre zusammenhängende Lage im Trümmerberg sowie das Fehlen von Brandspuren und der Rotfärbung an den Gewänden der darüberliegenden Kuppelfenster lassen den Schluß zu, daß die Abdeckung geschlossen war. Weitere Indizien dafür sind wenige und einseitige Hitzeschäden an Drahtglasbruchstücken der Abdeckung sowie der Fund von nicht oder nur lokal brandgeschädigten Balken der Fußbodenkonstruktion über der Innenkuppel. Der hölzerne Hauptkuppelfußboden wurde wahrscheinlich nur durch brennende Holzstücken aus dem Laternendach lokal in Brand gesetzt. Nicht auszuschließen ist auch, daß einzelne Stabbrandbomben durch die Öffnung im Fuße der Laterne auf den Fußboden der Hauptkuppel fielen.

Der von Augenzeugen mehrfach erwähnte Eindruck, daß Flammen aus der Kuppel schlugen, war wahrscheinlich auf den Brand des Holzdachstuhles der Laterne zurückzuführen. Für diese Schlußfolgerung spricht auch, daß sich unterhalb der nur 2 m breiten runden Öffnung im Laternenfußboden keine Brandspuren an Funden nachweisen ließen.

Im Ergebnis der Auswertung der gesammelten Fakten müssen zwei bisher selbstverständliche Interpretationen des Brandgeschehens neu beurteilt werden. Zum einen herrschten in der Frauenkirche während des Brandes nicht, wie Weinert schreibt, 2000°C,[32] sondern höchstens im unteren Bereich des Bauwerkes etwas über 1000°C. Zum anderen war der Kirchenbrand hauptsächlich auf das Kirchenschiff bis unter die Innenkuppel und angrenzende Räume beschränkt. Es gibt keine mit Funden zu belegenden Anhaltspunkte dafür, daß Flammen und Brandgase aus dem Kirchenschiff durch die Hauptkuppel strömten.

In den unteren Bereichen der Kirche gab es auch Raumabschnitte, die der größten Hitze ausgesetzt waren und dennoch in Nischen geringe Schäden zeigten. So wurde z. B. neben der völlig zerstörten Taufkapelle eine Putzkammer freigelegt, deren Tür nur teilweise verkohlt war. Der erste Blick in das Innere ließ das seltsame Gefühl aufkommen, die für die Reinlichkeit zuständige Person könnte jeden Moment um die Ecke kommen, eintreten und ihre »guten« Straßenschuhe gegen die im Regal stehenden älteren Latschen mit stark abgelaufenen Absätzen wechseln, dann einen der vielen Besen, einen Eimer, Kehrschaufel

Fundsituation der Jesusfigur des Kruzifixes vor dem Altartisch
Arbeitsgemeinschaft Archäologische Enttrümmerung der Frauenkirche
zu Dresden, Ingenieurvermessungsbüro Dresden
Graupner–Henke–Hoffmann

Das bekrönende Kreuz der Frauenkirche nach der Freilegung im Trümmerberg
Arbeitsgemeinschaft Archäologische Enttrümmerung der Frauenkirche
zu Dresden, Ingenieurvermessungsbüro Dresden
Graupner–Henke–Hoffmann

Der freigelegte steinerne Altar
Thomas Albrecht, Dresden

und den kleinen Handfeger mit der Aufschrift »Dom zu Dresden« nehmen und ans Werk gehen. Insgesamt 81 Positionen zählt die Inventarliste.

Vom Brand kaum berührte Gegenstände wurden auch in dem Garderobenraum nördlich neben dem Eingang D* gefunden. Hier waren Stühle mit Polsterung eingelagert, die zwar beim Einsturz zerbrachen, jedoch nur geringe Brandspuren zeigten.

Die letztgenannten unerwarteten Funde waren durch umliegende Mauern teilweise geschützt. Erschreckend war es für die Beteiligten, 49 Jahre nach dem furchtbaren Ereignis mit dem Freilegen der unteren Kirchenbereiche den direkten Eindruck von der Stärke und dem Umfang des Brandes zu bekommen.

Dieser hatte selbst die Kellerräume nicht völlig verschont. Nachdem die Schutzsuchenden die Katakomben verlassen mußten, war niemand mehr da, der versuchte, die durch die Öffnung in der Mitte des Hauptgewölbes herabfallenden brennenden Stücke zu löschen.

So wurden Teile des im Hauptkeller abgelagerten Bauholzes entflammt. Es blieb aber beim Abbrand einzelner Stapel, wie unverbrannte Holzreste und nur lokale Schadstellen an Wänden und am Fußboden belegen.

Die Kirche brannte vom 14. Februar 1945 nach 2.00 Uhr morgens bis vermutlich in die Abendstunden lichterloh. Nach dem Höhepunkt des Brandes sanken die Temperaturen im Kircheninnern langsam ab. Fast alles Brennbare war zu diesem Zeitpunkt vernichtet, die Wand- und Gewölbeoberflächen stark erhitzt und zum Teil abgeschalt.

* Westportal

145

Der Einsturz

Um eine klare Zuordnung des Fundmaterials zu seinem ursprünglichen Platz in der Kirche vornehmen zu können, war es notwendig, während der vorbereitenden Planungen auch Klarheit über Einsturzursachen und -hergang zu erhalten. Die dabei aufgestellten Hypothesen[33] haben sich im wesentlichen mit den Feststellungen bei der Enttrümmerung bestätigt.

Bis zum Höhepunkt des Brandes hatten sich infolge der instationären Wärmeausbreitung in dem massiven Sandsteinmauerwerk zusätzliche Spannungen aufgebaut und ungleichförmige Dehnungen eingestellt. Erschütterungen durch die Detonation der in unmittelbarer Nähe niedergegangenen Sprengbomben hatten zur Öffnung alter und Bildung neuer Risse im Bauwerk geführt.

Die erhitzten, zum Teil auch schon plastisch verformten Stahlträger der Emporen waren noch in ihren Auflagern, übten aber beträchtliche Kräfte auf das umgebende Mauerwerk aus und führten zu ersten lokalen Zerstörungen und bleibenden Deformationen.

Zu den ohnehin hohen Beanspruchungen aus der Last der Kuppel kamen weitere dazu. Durch die ungleichmäßige Erwärmung des Mauerwerkes und die Zwängung der Stahlträger stiegen die Gesamtspannungen bis an die Bruchgrenze des Mauerwerks. Die Sicherheitsreserven des Bauwerkes waren aufgebraucht. Es bedurfte nur eines kleinen Anstoßes, um eine Kettenreaktion auszulösen.

Stahlträger der Emporenkonstruktion
Arbeitsgemeinschaft Archäologische Enttrümmerung der Frauenkirche zu Dresden, Ingenieurvermessungsbüro Dresden
Graupner–Henke–Hoffmann

Ein 8 m hohes Pfeilerstück in Sturzlage im östlichen Teil des Hauptkellers
Arbeitsgemeinschaft Archäologische Enttrümmerung der Frauenkirche zu Dresden, Ingenieurvermessungsbüro Dresden
Graupner–Henke–Hoffmann

Diesen gab allerdings nicht, wie vorher vermutet, die Querschnittsschwächung eines Innenpfeilers durch das Abplatzen von Schalen infolge des Brandes. Die vorgefundenen Restquerschnitte in dem thermisch am stärksten betroffenen unteren Innenpfeilerbereich* lagen noch über den Normalquerschnitten in Emporenhöhe.

Vielmehr muß man wahrscheinlich die Emporenstahlträger als auslösenden Faktor für den Einsturz sehen. Diese bildeten um das Kirchenschiff in vier Lagen übereinander einen Ring, der allerdings zum Altarraum hin offen war, womit Gegenkräfte fehlten. Es ist anzunehmen, daß in diesem Ring infolge des Abkühlens sich die beträchtliche Ausdehnung der Stahlträger wieder verringerte und diese wegen der nicht mehr vorhandenen Auflager abstürzten. Dabei wurden mit Sicherheit seitliche Kräfte auf einen oder mehrere Innenpfeiler ausgeübt, die diese nicht mehr aufnehmen konnten. Ein südöstlicher Innenpfeiler versagte.

Durch Wegfall dieser Stützung setzte sich die Kuppellast auf die verbleibenden Säulen ab. Die ohnehin starke Beanspruchung vergrößerte sich noch mehr. Die Kuppel begann sich leicht nach Südosten zu neigen, wurde aber für Augenblicke noch von den Innenpfeilern der Nordseite gehalten. Sie neigten sich dadurch nach außen. Im Bereich der Stützenfüße wurden die Steine regelrecht zerdrückt und zermahlen.

Ohne mehr ein festes Auflager zu haben, begann die Kuppel in den Kirchengrundriß zu sinken. Schon zu Beginn Ihres Weges schob sie – noch zusammengehalten von den schmiedeeisernen Ringankern Bährs und den 1938/39 eingebauten Stahlbetonringankern – die mächtigen Fassadenwände der Nord- und Südseite nach außen.

Das Außenmauerwerk des Chores, der sich östlich außerhalb des Kuppelumrisses befand, blieb stehen. Herabstürzende Steinmassen beschädigten die zum Kirchenraum zeigende Seite des steinernen Altars, der jedoch nicht einstürzte. Hervorstehende Teile des plastisch gestalteten Altars wurden abgerissen.

Gleichzeitig stürzten die Emporenstahlträger herab und schlugen in Bündeln auf dem Erdgeschoßfußboden auf. Große, zusammenhängende Stücke der Innenpfeiler durchschlugen die Kellergewölbe.

Die Kuppel zerstörte die inneren Wände mit ihren Gewölben und Bögen.

Durch die Druckwelle der sinkenden Kuppel und den ungeheuren Impuls wurden auch die westlichen und Teile der östlichen Außenwände über dem Erdgeschoß in den Fensterachsen auseinandergerissen und schlagartig weg-

* Die Pfeilerfüße hatten bis auf eine Höhe von ca. 1,75 m einen um allseits 10 cm größeren Querschnitt.

1   2

3   4

Rekonstruktion des Einsturzherganges
Dieter Rosenkranz, Radebeul

gedrückt. Sie stürzten dabei in sich zusammen. Eine Seitenwand des südöstlichen Treppenturmes schlug lang auf den Neumarkt.

Das bekrönende Kreuz, das aus über 90 m Höhe mit herabstürzte, rutschte dabei auf der sich neigenden Kuppel zum Neumarkt zu. Es wurde zwischen den Steinen und dem Schutt der Außenwände begraben. Einzelne Teile der Laterne fielen ebenfalls auf den Neumarkt, weitere gingen den Weg mit der Kuppel und blieben, als diese im unteren Teil der Kirche endgültig zerbarst, zwischen deren Trümmern liegen.

Beim Aufschlagen der Kuppel auf den Kirchenfußboden zerbarsten die Korbbogengewölbe des Hauptkellers bis auf kleine Randstreifen im Westen und Osten. Die Gewölbe der beiden nördlichen Grabkammern wurden ebenfalls durchschlagen. Die zwei südlichen Grabkammern blieben unversehrt.

Der Einsturz endete damit, daß die Dächer der Treppentürme, nachdem sie ihre inneren Auflager verloren hatten, kopfüber auf den Trümmerberg fielen und seine höchsten Punkte bildeten.

Ein in hartem Ringen in vielen Jahren entstandenes architektonisches Meisterwerk, das Symbol der Silhouette dieser Stadt, war in wenigen Augenblicken bis zur Unkenntlichkeit zerstört.

Blick vom Kran auf die fast vollständig beräumte Ruine Ende März 1994
Thomas Albrecht, Dresden

Wiederaufbau als Zeichen der Versöhnung

All die, die für den Wiederaufbau der Dresdner Frauenkirche eintreten, die ihn fördern und an ihm selbst beteiligt sind, wollen neben der Wiederherstellung dieses im Zentrum der Stadt so bedeutsamen Bauwerkes auch ein Zeichen der Versöhnung setzen.

Die Geschichte soll dennoch an der neu errichteten Frauenkirche ablesbar bleiben. Die patinierte Ruine wird sich in den ersten Jahren deutlich abzeichnen. Neue Werksteinflächen werden markant von dunklen Fundstücken durchbrochen sein. Die Zeit wird die Unterschiede zwischen alt und neu verblassen lassen. Für nachfolgende Generationen bleiben dann am Bauwerk als Träger der geschichtlichen Ereignisse des für Dresden so tragischen Februars von 1945 die vernarbten Wunden der Originalsteine, der stehengebliebene und deformierte Teil des Nordportals, die Rudimente des Westgiebels und die wenigen, wiedereingebauten Großtrümmer erlebbar.

Anmerkungen

[1] Magirius, Heinrich: Die Frauenkirche Dresden. Überblick zu ihrer Baugeschichte. In: Ruf aus Dresden, Eigenverlag Bürgerinitiative für den Aufbau der Frauenkirche, Dresden 13. Februar 1990
Sponsel, Jean Louis: Die Frauenkirche zu Dresden. Geschichte ihrer Entstehung von George Bährs Entwürfen an bis zur Vollendung nach dem Tode des Erbauers. Wilhelm Baensch, Dresden 1893

2 Nadler, Hans: Der Erhalt der Ruine der Frauenkirche nach 1945. In: Die Dresdner Frauenkirche, Geschichte – Zerstörung – Rekonstruktion. Dresdner Hefte **10** (1992) 32, H. 4/92, hrsgg. v. Dresdner Geschichtsverein e. V., Dresden 1992, S. 25–34

3 Jäger, Hans-Joachim: Die Bürgerinitiative. Gesellschaft zur Förderung des Wiederaufbaus der Frauenkirche Dresden e. V. In: Dresdner Hefte a. o. a. O., S. 97–101

4 Güttler, Ludwig ; Jäger, Hans-Joachim: Votum der ersten wissenschaftlichen Arbeitstagung (des Förderkreises zum Wiederaufbau der Frauenkirche Dresden e. V. vom 21. bis 23. Februar 1991 in Dresden) zum archäologischen Wiederaufbau der Dresdner Frauenkirche. In: Sächsische Zeitung, Dresden 4. 3. 1991

5 Jäger, Wolfram; Rosenkranz, Dieter; Seifert, Karola: Grundlagenermittlung und Vorplanung der archäologischen Enttrümmerung der Frauenkirche zu Dresden. Unveröffentlicht. Planungs- und Ingenieurbüro Dr.-Ing. Wolfram Jäger, Radebeul, Januar 1992
Jäger, Wolfram; Rosenkranz, Dieter; Starosta, Ute: Genehmigungsplanung. Unveröffentlicht. A. a. O. Juli 1992
Jäger, Wolfram; Rosenkranz, Dieter; Gebauer, Bernd: Vergabeunterlagen. Unveröffentlicht. A. a. O. Oktober 1992

6 Jäger, Wolfram; Rosenkranz, Dieter; Petzold, Anke; Ullmann, Steffen: Abschlußdokumentation der archäologischen Enttrümmerung der Frauenkirche zu Dresden. Unveröffentlicht. Planungs- und Ingenieurbüro Dr.-Ing. Wolfram Jäger, Radebeul Juni 1994

7 Jäger, Wolfram; Rosenkranz, Dieter: Aufruf zur Meldung von Zeugen des tragischen Endes der Frauenkirche zu Dresden, Sächsische Zeitung 13. 02. 1992

8 Roschig, Edgar: Augenzeugenbericht der Geschehnisse um die Frauenkirche in den Tagen 13./14./15. Februar 1945, abgegeben am 14. 02. 1992. Wörtliche Niederschrift, unveröffentlicht. Planungs- und Ingenieurbüro Dr.-Ing. Wolfram Jäger, Radebeul

9 Weinert, Hermann: Bericht über die Totalvernichtung des Domes zu Dresden durch den Terrorangriff am Dienstag, den 13. Februar 1945, abgegeben am 12. März 1945. Unveröffentlicht. Archiv des Evangelisch-Lutherischen Landeskirchenamtes Sachsen, Dresden. (Inhaltlich wiedergegeben in: Weinert, Hermann: Das Ende der Frauenkirche. Die Union 8 (1953) 31, S. 5)

10 Ebenda

11 Wilde, Ursula: Augenzeugenbericht der Geschehnisse um und in der Frauenkirche in den Tagen 13./14./15. Februar 1945, abgegeben am 26. 02. 1992. Unveröffentlicht, Niederschrift Planungs- und Ingenieurbüro Dr.-Ing. Wolfram Jäger, Radebeul

12 Ebenda

13 Wolf, Paul: Die Dresdner Frauenkirche – ihre Entstehung und ihre Erneuerung. In: Sächsische Bau- und Kunstdenkmäler, Hgg. v. Landesverein Sächsischer Heimatschutz Dresden. Dresden 1933, S. 110–144

14 Rüth, Georg: Dresden behält sein schönstes Wahrzeichen. Die Schäden und Sicherungsarbeiten an der Frauenkirche. In: Dresdner Jahrbuch 1940, S. 29–35

15 Baubegleitende Fotodokumentation von 1924 bis 1942 des Evangelischlutherischen Landeskirchenamtes Sachsen

16 Weinert, Hermann a. o. a. O.

17 Ebenda

18 Ebenda

19 Ebenda

20 Jakubowski, Johanna: Augenzeugenbericht der Geschehnisse um die Frauenkirche in den Tagen 13./14./15. Februar 1945, abgegeben am 17. Februar 1992. Unveröffentlicht, Niederschrift im Planungs- und Ingenieurbüro Dr.-Ing. Wolfram Jäger, Radebeul

21 Weinert, Hermann a. o. a. O.

22 Jakubowski, Johanna a. o. a. O.

23 Ebenda

24 Weinert, Hermann a. o. a. O.

25 Seydewitz, Max: Zerstörung und Wiederaufbau von Dresden. Berlin: Kongreßverlag 1955, S. 103

26 Bericht zur Auswertung der Filmfunde in den Trümmern der Frauenkirche zu Dresden. Unveröffentlichtes Manuskript. Koblenz: Bundesfilmarchiv 1994

27 Wilde, Ursula a. o. a. O.

28 Weinert, Hermann a. o. a. O.

29 Jäger, Wolfram u. a.: Genehmigungsplanung zur archäologischen Enttrümmerung der Frauenkirche zu Dresden a. o. a. O., S. 24

30 Greß, Frank-Harald: Die Orgeln der Frauenkirche zu Dresden, Gottfried-Silbermann-Gesellschaft e. V., Freiberg 1994

31 Baubegleitende Fotodokumentation von 1924 bis 1942 a. o. a. O., Tafel 212, Bild 998

32 Weinert, Hermann a. o. a. O.

33 Jäger, Wolfram u. a.: Archäologische Enttrümmerung der Frauenkirche zu Dresden. Genehmigungsplanung. A. o. a. O., S. 41–50
Jäger, Wolfram; Rosenkranz, Dieter: The archaeological clearance of the rubble of the Church of our Lady in Dresden. In: Structural Repair and Maintenance of Historical Buildings III, Hgg. v. C. A. Brebbia und R. J. B. Frewer, Southampton, Boston: Computational Mechanics Publications 1993, S. 611 f.

ZUR REZEPTIONSGESCHICHTE DES 13. FEBRUAR 1945

Friedrich Reichert

Der Umgang mit der Thematik »Dresden – 13. Februar 1945« besitzt eine eigenständige fast 50jährige Geschichte. Besondere Bedeutung hatten dabei die Gedenkveranstaltungen zu den jeweiligen Jahrestagen.

Aber auch Publikationen, die Erzählungen Betroffener sowie die Eindrücke und Aussagen der Gedenkveranstaltungen gehören zur Rezeptionsgeschichte des 13. Februar 1945. Zwei Problemkreise standen im Mittelpunkt der Betrachtungen: Die Schilderungen der Ereignisse am 13. und 14. Februar sowie die Schuldfrage. Im Laufe der Jahre zeichneten sich große Unterschiede in den Darstellungen ab.

»Der Tod von Dresden – Ein Leuchtzeichen des Widerstandes«

Wie sahen Dresdner Bürger die Katastrophe des 13. Februar? Seit 1943 hatten sie fast täglich Nachrichten über Bombardements in anderen Städten erhalten, insbesondere durch Augenzeugenberichte, die mündlich weitergegeben wurden. Der Bezirksinnungsmeister für das Elektrohandwerk Sachsens Karl Steglich, der 1943 während der schweren Bombenangriffe auf Hamburg dort zu Besuch weilte, äußerte danach, daß Hitler daran die Schuld trage. Aufgrund dieser Äußerungen wurde er zum Tode verurteilt. Auch andere kritische Dresdner sahen die Bombardements als ein Ergebnis der Wahnidee Hitlers und befürchteten zunehmend, daß schließlich alles zugrunde gehen würde. Die Mehrzahl folgte jedoch mehr oder weniger den Vorstellungen der nationalsozialistischen Ideologie. Diese erklärte die Toten der Luftangriffe zum »Gemeinschaftsopfer«, das die Heimatfront für den Endsieg aufbringe. In diesem Sinne schrieb ein junger Soldat an seine in Dresden ausgebombte Tante, daß der Endsieg teuer erkauft werden müsse.

Also gingen die Dresdner mit unterschiedlichen Gedanken am 13. Februar 1945 in die Luftschutzkeller. Was die Überlebenden danach sahen, war schrecklicher als das bisher aus Erzählungen Gehörte. Dies trug dazu bei, die erahnte Zahl der Opfer zu vervielfachen, zumal die tatsächlich von den Behörden ermittelten Zahlen geheim blieben, so daß Gerüchte unwidersprochen kursieren konnten.

Die erste öffentliche Wertung der Ereignisse des 13. Februar gab der Artikel »Der Tod von Dresden. Ein Leuchtzeichen des Widerstandes« von Rudolf Sparing am 4. März 1945 in der Wochenzeitung »Das Reich«.

Sparing bestätigte die schon geschilderte Sicht des an den Endsieg glaubenden Deutschen. Dazu schrieb er: »Der Gang in den Keller gehört zum Tagesablauf von Millionen, die Ausbombung zu den Episoden des Krieges oder seinen kühl erwogenen Eventualitäten. Ueber alles das werden seit langem nicht viele Worte gemacht.«

Und bei Sparing beginnt auch der politische Mißbrauch mit den Toten des 13. Februar, indem er sie zu Leuchtzeichen des Widerstandes erklärt: »Wir machen keine Mitleidskampagne, wir rücken die Kriegsführung des Feindes nur in das Licht eines Feuers, das er selbst entzündet hat. Er will uns von der einen Seite her durch Massenmord zur Kapitulation zwingen, damit dann am verbleibenden Rest, wie sich die andere Seite ausdrückt, das Todesurteil vollstreckt werden kann. Gegen diese Drohung gibt es keinen anderen Ausweg als den des kämpfenden Widerstandes.«

In diesem Sinne waren schon die »Kurznachrichten für die vom Luftkrieg betroffene Bevölkerung. Dresden, 14. Februar 1945« angelegt. Dort erfuhr der Leser zunächst: »Unsere Führung ist unaufhörlich bestrebt, die materielle Überlegenheit der Bolschewisten mit den modernsten Kampfmitteln auszugleichen. Eine der wirksamsten Waffen gegen Panzer ist die Panzerfaust. Sie gibt dem beherzten Soldaten eine Kampfkraft, mit der er selbst die großen bolschewistischen Panzer erledigen kann.« Erst am Schluß erfährt der Leser: Die Angriffe der Luftgangster in den Abendstunden des 13. und in den Morgenstunden des 14. Februar 1945 waren von einer noch nie dagewesenen Abscheulichkeit.«

Ein Artikel in der New Yorker Staatszeitung und Herold vom 5. November 1945 trug mit zu einem verzerrten Bild von den Geschehnissen am 13. Februar bei. Abgedruckt wurde die Schilderung eines Dr. Paul Schwarz aus einer Schweizer Zeitung, der als Augenzeuge über den 13. Februar berichtete. Es wurden Angaben verbreitet, zu denen Schwarz keinen entsprechenden Einblick hatte. So behauptete er, daß der Angriff am 13. Februar 1945 der erste und letzte auf Dresden gewesen sei, daß sich eine halbe Million Ostflüchtlinge in der Stadt befunden hätten und daß in der Innenstadt kein Mensch überlebt habe. Mancher deutsche Kriegsgefangene in den USA erfuhr so erstmals Einzelheiten über den 13. Februar, die er als in der Zeitung gelesene Wahrheit mit nach Hause brachte.

»Tendenzen gegen die Alliierten müssen unter allen Umständen vermieden werden«

Wie sah man die Ereignisse des 13. Februar in Dresden ein Jahr später?

Zum 1. Jahrestag des 13. Februar fanden über 20 Gedenkveranstaltungen in Sälen von Gasthöfen, Lichtspieltheatern und Schulen statt, die als Großkundgebungen deklariert wurden. Der Leiter des Nachrichtenamtes des Rates der Stadt stimmte sich vorher mit dem zuständigen Major Broder der Sowjetischen Militäradministration über den Charakter dieser Veranstaltungen ab. Das Ergebnis hielt er in einer Notiz an den kommissarischen Bürgermeister Weidauer fest: »Es soll alles vermieden werden, was den 13. Februar als Trauertag erscheinen läßt. Über politische Veranstaltungen am 13. Februar wird er am 29. Januar Besprechungen führen. Die Meinung des Majors geht dahin, daß, wenn der 13. Februar eine falsche Note bekommt, sich sehr leicht Tendenzen gegen die Alliierten äußern könnten; das müßte unter allen Umständen vermieden werden.«[1] In diesem Sinne wurde schon vorher eine Resolution für alle Gedenkveranstaltungen verfaßt. Man bezeichnete darin den 13. Februar 1945 als den verhängnisvollsten Tag in der Geschichte Dresdens. Die Zerstörung der Stadt sei »die traurige Bilanz des hitleristischen Raubkrieges«. Weiter hieß es: »Ein Teil der Hauptschuldigen an dem Unglück Dresdens, an dem Unglück Deutschlands und der gesamten Welt steht jetzt in Nürnberg vor den Schranken des Ge-

richts. Wir fordern die schnelle und harte Bestrafung dieser Feinde des Weltfriedens.«

Eine Schuldfrage, Großbritannien und die USA betreffend, wurde nicht angesprochen.

Schlußfolgerung sei »durch intensive Arbeit am Aufbau unserer Stadt, den Beweis zu erbringen, daß wir gewillt sind, mit aller unserer Kraft ein neues, besseres Deutschland zu bauen.«[2]

Bürgermeister Weidauer benannte in seiner Rede die Zahl der Opfer der Bombenangriffe auf Dresden mit 25000. Dies sei ein sinnloses Opfer, das der Krieg in seinen letzten Monaten von der Dresdner Bevölkerung forderte. Die Redebeiträge zu den Kundgebungen variierten in ihren Einschätzungen.

So betonten Referenten der KPD, daß die Rote Armee nie offene Städte oder die Zivilbevölkerung bombardiert habe.

Felix Kaden von der SPD meinte, … »daß wohl manche Mutter durch die Wahl Hitlers einen Teil Schuld am Verluste ihrer Kinder trage …«. Auf einer anderen Kundgebung wurde gesagt, … »daß Dresdens Vernichtung mit einem beschleunigten Kriegsende nichts mehr zu tun hätte; der Krieg wäre bereits entschieden, …«[3] Ein Referent in Watzkes Etablissement schätzte ein, … »daß das verbrecherische Vorhaben der Coventrierung nicht England, sondern Deutschland selbst traf.«[4]

In den Jahren 1947 und 1948 fanden keine Gedenkkundgebungen zum 13. Februar statt. Die Dresdner Tageszeitungen veröffentlichten jedoch Gedenkartikel.

Unter dem Titel »Die Schreckensnacht Dresdens« schrieb die Union am 12. Februar 1947: »Die Geschichte kennt keine Parallele zu dem Tod von Dresden und späteren Chronisten wird es vorbehalten bleiben müssen, festzuhalten ob und inwieweit eine zwingende militärische Notwendigkeit bestand, mehrere Kulturepochen und eine ziffernmäßig niemals feststellbare Zahl von Menschenopfern innerhalb weniger Stunden zu vernichten.«

Die Sächsische Zeitung kommentierte unter dem Titel »Was wir verloren haben« am 13. Februar 1947: »Heute gedenken wir zum zweiten Male des Tages, an dem unsere schöne Stadt durch die furchtbare Schuld des Hitlerregimes in Schutt und Asche gelegt wurde und 25000 unserer Mitbürger den Tod fanden. … Alles zu tun, um unser Dresden in einem friedlichen, wahrhaft demokratischen und einheitlichen Deutschland wieder aufbauen zu können, sei heute unser aller Gelöbnis.«

Wieder, wie schon 1946, wurde die Zahl der Opfer mit 25000 beziffert. Weidauer behauptete später, daß 1946 eine Kommission die Zahl 35000 ermittelt hätte. Warum wurde diese Angabe nicht verwendet? Oder hat es diese Kommission niemals gegeben? In den Akten des Stadtarchivs Dresden fand sich kein Hinweis auf eine solche Kommission.

Zwei Jahre später, am 11. Februar 1949, verlautete in der Sächsischen Zeitung »Nach offiziellen Zahlenangaben beträgt die Zahl der Toten rund 32000. Von den Opfern wurden 13000 beerdigt, etwa 5000 auf dem Altmarkt verbrannt, und rund 14000 liegen unter den Trümmern begraben.[5] Daß noch 14000 Tote unter den Trümmern liegen sollten, bestätigte sich später nicht.

Zunächst jedoch noch einige Bemerkungen zum 13. Februar 1948. Für diesen Jahrestag gibt es keine Hinweise auf Gedenkveranstaltungen. Die Sächsische Zeitung schrieb am 13. Februar 1948: »Zum dritten Male jährt sich heute der Tag, an dem unsere schöne Heimatstadt, ehemals eine der schönsten Städte der Welt, unter dem Feuer und Bombenhagel des von Hitler provozierten Krieges in Trümmer sank. ›Fünf Minuten vor zwölf‹ wurde ein großer Teil der herrlichen Bauten, die wir liebten und die von zahllosen Besuchern des In- und Auslandes immer wieder bewundert wurden, in Schutt und Asche verwandelt. ... Niemals wird unser Haß versiegen gegen die faschistischen Verbrecher, die das deutsche Volk verführten, die Brandfackel des Krieges in andere Länder trugen und den deutschen Namen mit Schande bedeckten.«

Waren die Schilderungen und Wertungen zum 13. Februar 1945 bis 1948 noch sachlich und objektiv, so änderte sich das im Laufe des Jahres 1948 mit dem Übergang zum kalten Krieg.

»Das gesamte deutsche Volk wird aufgefordert, am 13. Februar in allen Betrieben, Dörfern und Städten Friedenskundgebungen durchzuführen«

Im Jahre 1949 fanden in Dresden wieder Gedenkkundgebungen statt, insgesamt 18, einberufen vom Kreisvolksausschuß für Einheit Deutschlands und gerechten Frieden.

In der Schuldfrage wurden nun andere Töne angeschlagen. So schrieb die Sächsische Zeitung am 12. Februar 1949: »Die Katastrophe von Dresden stellt eine furchtbare Anklage gegen das faschistische Regime und seine Machthaber dar ... Doch die Schreckenstage des 13. und 14. Februar 1945 sind zugleich eine Anklage gegen die anglo-amerikanische Kriegsführung, die sich durch diese Tat

nicht mit Ruhm, sondern mit Schmach bedeckt hat, und gegen die Doppelgesichtigkeit ihrer Politik, ... Die grauenhafte Vernichtung Dresdens war durch keinerlei strategische Überlegungen im Hinblick auf die endgültige Vernichtung der faschistischen Armee zu rechtfertigen, denn diese Armee existierte als ernstzunehmender Gegner überhaupt nicht mehr.« Diese Einschätzung wurde später mehrfach und in ähnlicher Weise wiederholt.

Waren Hitlers Armeen am 13. Februar 1945 kein ernstzunehmender Gegner? Warum war dann im April 1945 eine so verlustreiche Schlacht um Berlin notwendig? Zum Zeitpunkt der bedingungslosen Kapitulation Deutschlands am 8. Mai 1945 verfügte Generalfeldmarschall Schörner in Ostsachsen und Böhmen immerhin noch über 1 Million Soldaten.

Zum fünften Jahrestag der Zerstörung Dresdens änderte sich der Umgang mit diesem Ereignis grundlegend. Die Toten des 13. Februar wurden zum zweiten Mal Opfer, diesmal des Kalten Krieges.

Am 9. Februar 1950 erschien die Meldung, daß das Komitee der Kämpfer für den Frieden in Berlin einen Aufruf beschlossen habe »... in dem das gesamte deutsche Volk aufgefordert wird, am 13. Februar, dem fünften Jahrestag der Zerstörung Dresdens durch anglo-amerikanische Bomber, in allen Betrieben, Dörfern und Städten Friedenskundgebungen durchzuführen.«[6]

Am selben Tag forderte das Dresdner Komitee zur Vorbereitung des 13. Februar die Bevölkerung Dresdens auf, unter folgenden Losungen – wie es hieß gegen die amerikanischen Kriegstreiber – zu demonstrieren: »Die Nationale Front des demokratischen Deutschland kämpft gegen die Zerstörer Dresdens, die Kriegstreiber von heute!

Amerikanische Bomber zerstörten Dresden – mit Hilfe der Sowjetunion bauen wir es wieder auf!

Weil wir den Frieden lieben, hassen wir die amerikanischen Kriegshetzer!«[7]

Mit der Wahrheit nahmen es diese Komitees dabei nicht sehr genau. Denn nicht amerikanische, sondern britische Lancaster-Bomber waren es, die in der Nacht vom 13. zum 14. Februar Dresden schwer zerstörten.

Auch die Trauer der Angehörigen der Toten des 13. Februar sollte für politische Zwecke dienstbar gemacht werden. An schnell errichteten Obelisken am Postplatz, am Stübelplatz, am Platz der Einheit sowie an anderen Plätzen und Straßen wurden Kränze niedergelegt und, was das eigentliche Ziel war, politische Reden gehalten.

Wie zentral gefordert, fanden in vielen Betrieben, Dörfern und Städten der DDR Kundgebungen statt. Hunderte Resolutionen wurden an den Dresdner Oberbürgermeister gesandt, die sich heute im Stadtarchiv befinden. Viele dieser Resolutionen enthielten Unwahrheiten, die damals unwidersprochen blieben. So wollte zum Beispiel die Betriebsgewerkschaftsleitung der volkseigenen Weißthaler Spinnerei bei Freiberg wissen, daß die Amerikaner am 13./14. Februar 1945 einen Tag- und zwei Nachtangriffe gegen Dresden flogen und weiter hieß es: »Durch Bomben, Phosphor und Schwefel wurden 320000 Menschen ermordet, unter ihnen 150000 Umsiedler. Dieses Verbrechen gegen die Menschlichkeit, begangen an wehrlosen Frauen und Kindern, werden wir den Amerikanern nie vergessen.«[8]

Im Bericht der Sächsischen Zeitung von der Kundgebung am 13. Februar auf dem Karl-Marx- Platz wurde die Zahl der Opfer der Bombenangriffe am 13. und 14. Februar 1945 mit 45000 beziffert. Gründe für die Erhöhung der bisherigen Zahl wurden nicht genannt. An der Kundgebung hätten 100000 Dresdner Werktätige teilgenommen. Die Rede hielt Prof. Gerhart Eisler, Leiter des Amtes für Information bei der Regierung der DDR, der u. a. erklärte: »Die anglo-amerikanischen Flugzeuge warfen ihre Bombenlasten auf Dresden, weil die Wallstreet wünschte, daß es der Sowjetunion, dem Verbündeten, unmöglich gemacht würde, der deutschen Bevölkerung nach Kriegsende zu helfen. ... Nie wird die Dresdner Bevölkerung die Ruinen und Toten vergessen. Wir hassen aus vollem Herzen die faschistischen Unholde, die in Warschau, Amsterdam und anderen Städten den deutschen Namen in den Schmutz gezogen haben. Wir hassen aber genauso heiß die imperialistischen Kriegsbrandstifter von gestern und heute. Weil wir unser Volk lieben, hassen wir sie, die das Schicksal Dresdens auf die ganze Welt ausdehnen wollen.«[9] Die Kundgebung wurde mit einem Hoch auf die DDR und dem gemeinsamen Gesang der Nationalhyme der DDR abgeschlossen.

Das 1950 begonnene Ritual der Veranstaltungen zum 13. Februar wurde bis 1955 in gleicher Weise eingehalten. Es bestand vormittags in Kranzniederlegungen auf dem Heidefriedhof, am Postplatz sowie an anderen Plätzen mit politischen Ansprachen und einer kulturellen Veranstaltung im Großen Haus der Staatstheater. 12 Uhr war für eine Minute Verkehrsruhe angeordnet. Nachmittags fand eine Großkundgebung statt. 21.45 Uhr bis 22.00 Uhr läuteten die Glocken aller Kirchen in der Stadt und im Landkreis.

Die herausgegebenen Losungen zu den Kundgebungen dienten der jeweilig aktuellen Agitation. So hatte 1952 keine von den 8 veröffentlichten Losungen einen direkten Bezug zum 13. Februar. Der 13. Februar diente offensicht-

Ansprache des sächsischen Ministerpräsidenten Max Seydewitz anläßlich der Kranzniederlegung am Postplatz, 13. Februar 1951
Erich Höhne, Fotoarchiv Stadtmuseum

13. Februar 1951: Kranzniederlegung am Postplatz
Erich Höhne, Fotoarchiv Stadtmuseum

lich nur noch als Anlaß für politische Agitation. Das gipfelte darin, daß 1951 behauptet wurde, Dresden sei auf Befehl des Präsidenten der USA, Truman, zerstört worden. Nachdem Eisenhower Anfang 1953 Präsident der USA wurde, behauptete der damalige Dresdner Oberbürgermeister Weidauer anläßlich einer Kranzniederlegung am 13. Februar 1953, daß die Zerstörung Dresdens auf Befehl Eisenhowers erfolgt sei.

Wahrheit ist jedoch, daß der Präsident der USA am 13. Februar 1945 Roosevelt hieß. Die verheerende Zerstörung Dresdens in der Nacht vom 13. zum 14. Februar 1945 geschah durch britische Bomber. 12 Jahre später schrieb derselbe Weidauer in seinem Buch »Inferno Dresden«, daß der britische Premier Churchill dazu den Befehl gegeben habe.

Heraus zur Kampfkundgebung

der Dresdner Bevölkerung

am Sonntag, dem 13. Februar 1955, 11 Uhr auf dem Theaterplatz

Es spricht:

Ministerpräsident

Otto Grotewohl

Bürger Dresdens!

Macht diese Kundgebung anläßlich des 10. Jahrestages der Zerstörung Dresdens durch anglo-amerikanische Bomber zu einer machtvollen Demonstration des Volkskampfes gegen die Ratifizierung der Pariser Verträge und die Remilitarisierung Westdeutschlands.

Dresden mahnt, ruft und kämpft!
Verhindert die Durchführung der Pariser Verträge!
Weckt tausendfältige Kräfte zur Stärkung unseres wirtschaftlichen und kulturellen Aufbaus!
Stärkt die patriotische Bereitschaft zur Verteidigung des Friedens und der Heimat!

Aus dem Erlaß des Präsidiums des Obersten Sowjets der UdSSR:

Im Hinblick auf die Festigung und Entwicklung freundschaftlicher Beziehungen zwischen der Sowjetunion und der Deutschen Demokratischen Republik, die auf der Anerkennung der Grundsätze der Souveränität und der Gleichberechtigung beruhen, und unter Berücksichtigung der Auffassung der Regierung der Deutschen Demokratischen Republik und der Interessen der Bevölkerung sowohl Ost- als auch Westdeutschlands erklärt das Präsidium des Obersten Sowjets der UdSSR durch diesen Erlaß:

1. Der Kriegszustand zwischen der Sowjetunion und Deutschland wird beendet, und zwischen ihnen werden friedliche Beziehungen hergestellt.

2. Alle im Zusammenhang mit dem Kriege entstandenen juristischen Beschränkungen gegenüber deutschen Staatsbürgern, die als Bürger eines feindlichen Staates betrachtet wurden, werden außer Kraft gesetzt.

3. Die Verkündung der Beendigung des Kriegszustandes mit Deutschland ändert nichts an seinen internationalen Verpflichtungen und berührt nicht die Rechte und Pflichten der Sowjetunion, die sich aus den bestehenden, Deutschland als Ganzes betreffenden internationalen Abkommen der vier Mächte ergeben.

Herausgeber: Initiativkomitee für den 13. Februar

III/9/31 It 13140/55

Aufruf zur Kampfkundgebung am 13. Februar 1955
Schriftgutsammlung, Stadtmuseum Inv.-Nr. 1180/1979

Aufschlußreich ist in diesem Zusammenhang folgende Passage im »Bericht über die Krimkonferenz« (Konferenz der Alliierten in Jalta vom 4. bis 11. Februar 1945), den am 11. Februar 1945 Churchill, Roosevelt und Stalin gemeinsam unterzeichneten: »Ein voller Austausch von Informationen hat stattgefunden. Zeitliche Folge, Umfang und Koordinierung von neuen und noch kraftvolleren, gegen das Herz Deutschlands von Osten, Westen, Norden und Süden her durch unsere Heeres- und Luftstreitkräfte zu führende Schläge sind in vollem Einvernehmen beschlossen und in allen Einzelheiten geplant worden.«[10]

Seit 1951 wurden die Reden und Artikel zum 13. Februar stärker mit dem Wiederaufbau der Stadt in Verbindung gebracht. So hieß eine Losung 1951 »Die Kriegspläne imperialistischer Mörder zerschellen am Aufbauwillen – in Frieden wird Dresden schöner denn je.«[11]

In seiner Rede auf der Kundgebung am 13. Februar 1952 wandte sich der SED-Generalsekretär und stellvertretende Ministerpräsident der DDR, Walter Ulbricht an die Bürger Westdeutschlands »..., nehmt euch ein Beispiel am Nationalen Aufbauwerk in Berlin und am Aufbau Dresdens, nehmt den Wiederaufbau euerer bombenzerstörten Städte in eure eigenen Hände und macht ihn zur Sache des Volkes!«[12]

In Wirklichkeit wurden zu diesem Zeitpunkt unter dem Vorwand »Dresden schöner denn je« wiederaufzubauen, Reste der historisch einzigartigen Bausubstanz Dresdens endgültig zerstört (u. a. Abriß der

Seiten 155/156
Luftbildaufnahme Dresden Altstadtkern von Süden, 1943
Sächsische Landesbibliothek, Abt. Deutsche Fotothek
Arch.-Nr. 312960, Walter Hahn

Seiten 157/158
Blick vom Rathausturm auf das zerstörte Dresden in Richtung Neumarkt
Zustand 1946–49
Fotoarchiv Stadtmuseum, Arch.-Nr. 268, Erich Andres

Ruinen der Großen Meißner Straße, des Albert-theaters, des Narrenhäusels, der Rampischen Straße, der Kreuzschule, der Bürgerhäuser der Altstadt, des Hotels Bellevue, der Kirche des Ehrlichschen Gestifts, …).

Der 10. Jahrestag der Zerstörung Dresdens wurde unter die Losung gestellt: »Nie wieder Bomben auf Dresden, Coventry, Rotterdam, Stalingrad und Hiroshima!« Gäste aus diesen Städten wurden nach Dresden eingeladen.

In seiner Rede auf der Kundgebung am 13. Februar 1955 behauptete der Ministerpräsident der DDR, Otto Grotewohl, daß die Zerstörung Dresdens auf USA-Befehl geschehen sei.

Im Jahre 1951 erschien das Buch »Der Tod von Dresden. Ein Bericht über das Sterben einer Stadt« von Axel Rodenberger in Dortmund, das bis 1963 weitere 7 Auflagen erreichte. Max Seydewitz veröffentlichte 1955 im Kongreß-Verlag Berlin das Buch »Die unbesiegbare Stadt. Zerstörung und Wiederaufbau von Dresden«. Beide Veröffentlichungen trugen nicht zu einem Bild vom 13. Februar bei, das auf Grundlage belegbarer Quellen entstand. Beide verbreiteten u. a. die Legenden, daß sich über eine halbe Million Flüchtlinge am 13. Februar 1945 in Dresden befunden hätten und daß Phosphor auf die Stadt abgeregnet worden sei.

»Kampftag gegen die Bonner Ultras«

Zum elften Jahrestag der Zerstörung Dresdens am 13. Februar 1956 fand keine Großkundgebung statt.

In der zweiten Hälfte der 50er Jahre wurde der 13. Februar zum Kampftag gegen den deutschen Militarismus erklärt; die Schuldigen wären immer noch und wieder in der Bonner Bundeswehr vertreten.

Unter dem Vorwand, den Frieden schützen zu müssen, erhielten die Gedenkkundgebungen zum 13. Februar nun auch militante Züge. So bildete den Abschluß der Großkundgebung auf dem Altmarkt am 13. Februar 1957 »ein Vorbeimarsch bewaffneter Kräfte der Arbeiter- und Bauernmacht.«[13] Die Kampfgruppen hatten sich am Dr.-Kurt-Fischer-Platz zu stellen.

Von der Kranzniederlegung am 13. Februar 1958 auf dem Heidefriedhof wurde berichtet: »Während sich die Delegationen zur Gedenkfeier aufstellten, zogen über ihnen Flugzeuge ihre Bahn, kamen vom

nahen Flugplatz in Klotzsche oder kehrten zu ihm zurück – Maschinen unserer jungen Flugzeugindustrie, die von friedlicher Arbeit zeugen und nichts gemein haben mit den Bomberstaffeln, die vor nunmehr 13 Jahren Dresden in einer Nacht in Schutt und Asche legten.«[14] Nachdem ein Jahr später der DDR-Flugzeugbau scheiterte, wurden in der Flugzeugwerft Dresden Militärflugzeuge gewartet.

In einem am 13. Februar 1960 veröffentlichten Appell der Bevölkerung Dresdens an die friedliebenden Menschen der Welt wurden nun als schuldig an der Zerstörung Dresdens die westdeutschen Militaristen benannt. Es hieß in diesem Appell: »Die zehntausenden Toten unserer Stadt, Millionen Kriegsopfer aller Länder mahnen uns: Nicht zum dritten Mal darf es den westdeutschen Militaristen gelingen, das Leben von vielen Millionen Menschen zu vernichten.«[15]

In seiner Rede auf der Großkundgebung am 13. Februar 1960 gebrauchte Ministerpräsident Grotewohl den Begriff »anglo-amerikanischer Terrorangriff« nicht. Das geschah sicher mit Rücksichtnahme auf das zu diesem Zeitpunkt vom sowjetischen Parteichef Chruschtschow angestrebte Gipfeltreffen mit führenden Politikern der Westmächte.

Die Gedenkveranstaltungen in den 60er Jahren ähnelten sich sehr. Bis auf eine Ausnahme (1963 in der Halle des Straßenbahnhofes Waltherstraße) fanden die Kundgebungen stets auf dem Altmarkt statt. Redner waren sieben Mal Werner Krolikowski, 1. Sekretär der SED-Bezirksleitung Dresden, und zwei Mal Hermann Matern, Mitglied des Politbüros des ZK der SED und Vizepräsident der Volkskammer. Bereits damit kam zum Ausdruck, daß auf diesen Kundgebungen vorrangig politische Agitation der SED betrieben werden sollte. Der 13. Februar war nur noch Anlaß zu diesem Zweck.

Stets wurde als Schuldiger der Katastrophe des 13. Februar der deutsche Faschismus benannt, den man nun mit der Regierung der Bundesrepublik Deutschland in Verbindung brachte, was in der speziellen Begriffsschöpfung »Bonner Ultras« gipfelte. So berichtete die Sächsische Zeitung am 14. Februar 1962 unter der Überschrift »Dresden mahnt – schlagt die Ultras« von der Kundgebung am Vortag. Wenige Tage zuvor war in der DDR die allgemeine Wehrpflicht eingeführt worden. Zum anderen wurden in den Reden Bekenntnisse zur Stärkung des sozialistischen Systems beschworen. Krolikowski erklärte am

13. Februar 1963: »Die Lehren des 13. Februar richtig ziehen, heißt auf dem Wege des Sozialismus erfolgreich voranzuschreiten.« Oberbürgermeister Schill verkündete in einem Leitartikel der Sächsischen Zeitung: »Heute, 18 Jahre nach dieser Schreckensnacht, zeigt sich unsere Stadt bereits im sozialistischen Gewand.«

Mit dem verstärkten Engagement der USA im Vietnam-Krieg seit Mitte der 60er Jahre wurden Vergleiche zwischen dem 13. Februar und dem Krieg in Fernost gezogen.

In den 60er Jahren erschienen im Westen das Buch von David Irving »Der Untergang Dresdens« (Gütersloh 1964) und im Osten Walter Weidauer's »Inferno Dresden« (Berlin-Ost 1965). Im Unterschied zu den bereits genannten Publikationen von Axel Rodenberger und Max Seydewitz, die ihre Bücher als Tatsachenberichte verstanden, erhoben Irving und Weidauer für ihre Bücher den Anspruch wissenschaftlicher Aufarbeitung. Am 8. Februar 1964 hatte Weidauer in einer Sonderbeilage der Sächsischen Zeitung sein Konzept unter dem Titel »Dresden, Legenden und Lügen um einen teuflischen Plan« vorgestellt. Das war eine Raktion auf die Veröffentlichung Irvings, der in seinem Buch unter Berufung auf die nicht belegbare Aussage von Hanns Voigt, dem Leiter der Vermißtenzentrale, die Zahl der Todesopfer in Dresden nach dem 13. Februar mit 135 000 beziffert hatte.[16] Somit hätten die Dresdener Luftangriffe mit herkömmlichen Waffen mehr Todesopfer gefordert als die Atombombenabwürfe auf Hiroshima und Nagasaki. Die politisch-agitatorische Polemik gegen diese Darlegung wurde zum Hauptinhalt des Buches »Inferno Dresden«, das 1965 in erster Auflage erschien. Zu bemerken wäre hier, daß Weidauer selbst in vorangegangenen Jahren zu denjenigen gehörte, die Lügen und Legenden zumindest verbreiten halfen, da solche unwidersprochen blieben. Das zeigt sich auch darin, daß Weidauer, der nun verkündete, daß der britische Premier Churchill mit der Aktion »Donnerschlag« die Zerstörung Dresdens gefordert habe, 1953 verbreitet hatte, daß es der damalige Präsident der USA, Eisenhower war, der die Zerstörung Dresdens befohlen hatte. In seiner Gedenkrede am 13. Februar 1946 hatte Weidauer noch 25 000 Todesopfer genannt, was mit der angeführten Schlußmeldung vom 15. März 1945 übereinstimmte. Ausgehend von einer nicht belegbaren Zeugenaussage des Oberfriedhofsgärtners Zeppenfeld schrieb er nun von 35 000 Toten. Neben den hier benannten Ungereimtheiten erschlossen jedoch die Bücher von Irving und Weidauer neues Quellenmaterial – Irving besonders aus den Archiven der britischen und amerikanischen Luftwaffe und Weidauer aus der aufgefundenen Schlußmeldung vom 15. März 1945.

Zwischen Helsinki, nuklearer Nachrüstung und Wende

In den 70er Jahren änderte sich der Umgang mit dem Problemkreis 13. Februar grundlegend. Während die Kundgebung zum 25. Jahrestag der Zerstörung Dresdens im Jahre 1970 nochmals im Stil der 60er Jahre verlief (Großkundgebung auf dem Altmarkt, Redner: DDR-Ministerpräsident Stoph), fanden 1971 bis 1979 keine Großkundgebungen zum 13. Februar statt. Hauptveranstaltung war jeweils die Kranzniederlegung auf dem Heidefriedhof. Im Gegensatz zu den 50er Jahren wurden auch hier keine Reden mehr gehalten. Zum 30. Jahrestag der Zerstörung Dresdens fand zusätzlich eine Sondersitzung der Stadtverordnetenversammlung mit einer Rede des Oberbürgermeisters Schill statt. Neben den Kranzniederlegungen auf dem Heidefriedhof wurden zunehmend als Gedenkveranstaltungen Requiem-Aufführungen des Kreuzchores, der Staatskapelle oder der Dresdner Philharmonie in der Kreuzkirche und im Kulturpalast durchgeführt.

Die veränderte Art des Umgangs mit dem 13. Februar in den 70er Jahren stand ganz offensichtlich im Zusammenhang mit der weltweiten diplomatischen Anerkennung der DDR, dem Abschluß des Grundlagenvertrages mit der Bundesrepublik und der Unterzeichnung der Schlußakte von Helsinki.

Im Jahre 1977 erschien mit »Dresden im Luftkrieg« von Götz Bergander erstmals ein Sachbuch zum 13. Februar 1945, das frei von ideologischem Ballast war und durchgehend auf exakter Quellenanalyse basierte. Da als West-Literatur auf dem Index, kam es nicht im Buchhandel der DDR zum Verkauf. Interessenten mußten sich das Buch illegal verschaffen. Dennoch wurde in der Neuauflage von Weidauers »Inferno Dresden« im Jahre 1983 Berganders Buch mehrmals wohlwollend zitiert.

In den 80er Jahren erfuhren die Großkundgebungen zum 13. Februar eine Wiederbelebung. Als Friedensdemonstrationen deklariert, fanden sie vor dem letzten großen Trümmerberg Dresdens, der Ruine der Frauenkirche statt. Nachdem der Wiederaufbau der Dresdner Frauenkirche von den Regierenden der DDR als nicht wichtig angesehen wurde, hatte man den Trümmerberg zum »Mahnmal für die Lebenden im Kampf gegen imperialistische Barbarei. Für Frieden und Glück der Menschheit«[17] erklärt. Als Kriegsgegner hier mit brennenden Kerzen das Recht auf Wehrdienstverweigerung einforderten, sah man sich zu Gegenreaktionen in Form dieser neuerlichen offiziellen Kundgebungen herausgefordert. Der Stil dieser Ver-

anstaltungen wurde jedoch gegenüber den 50er und 60er Jahren wesentlich geändert. So traten nun zumeist mehrere Redner aus unterschiedlichen Bevölkerungsschichten auf. Die Angriffe gegen die Bundesrepublik und die USA erfolgten nicht mehr im Ton des Kalten Krieges und konzentrierten sich auf das aktuelle Thema der nuklearen Nachrüstung.

Einen anderen Charakter erhielt die Kundgebung zum 40. Jahrestag der Zerstörung Dresdens. Im Mittelpunkt stand hier die weltweit verfolgte Eröffnung der wiederaufgebauten Semperoper. Die Regierenden der DDR, die Dresden ansonsten im Rang einer einfachen Bezirksstadt behandelten, erschienen, um sich selbst und die Erfolge der DDR gleichermaßen anläßlich dieses internationalen Ereignisses zu präsentieren.

Als der Platz vor der Ruine der Frauenkirche in den Jahren 1988 und 1989 von den Baustelleneinrichtungen für das Devisen-Hotel »Dresdner Hof« belegt war, fanden die Kundgebungen auf dem Schloßplatz statt, der damals noch Georgi-Dimitroff-Platz hieß. Diese Kundgebungen ließen in ihrem krampfhaften Konzept bereits Zerfallserscheinungen der untergehenden DDR erahnen. Der Raum der Kreuzkirche dagegen konnte nicht mehr alle fassen, die an den Friedensgebeten, welche hier seit 1982 zum 13. Februar stattfanden, teilnehmen wollten.

Im Jahre 1985 bildete sich unter dem Dach des Kulturbundes der DDR eine Fachgruppe interessierter Dresdner Bürger, die sich nunmehr intensiv mit der Thematik des 13. Februar 1945 befaßte und insbesondere Augenzeugenberichte sammelte und dokumentierte. Der Initiative des Leiters dieser Gruppe, Matthias Neutzner ist zu danken, daß die Ergebnisse im September/Oktober 1989 in der Ausstellung »Lebenszeichen« im Museum für Geschichte der Stadt Dresden vorgestellt wurden. Anfang Februar 1990 veranstaltete die nunmehrige Interessengemeinschaft ein großes Forum zum 45. Jahrestag der Zerstörung Dresdens mit Vertretern aus anderen deutschen Städten, die ebenfalls durch den Luftkrieg schwer zerstört worden waren, darunter auch aus vielen westdeutschen Städten. Das war möglich durch die am 9. November 1989 im Zuge der politischen Ereignisse erfolgte Grenzöffnung. Damit änderte sich auch der Charakter der Gedenkveranstaltungen zum 13. Februar grundlegend.

Am Abend des 13. Februar 1990 versammelten sich zehntausende Dresdner mit brennenden Kerzen auf dem Altmarkt und am gleichen Tag bildete sich eine Bürgerinitiative zum Wiederaufbau der Frauenkirche. Im Kulturpalast fand ein spektakuläres Forum mit David Irving statt.

In den Jahren 1991, 92, 93 und 94 waren die Kranzniederlegungen auf dem Heidefriedhof wieder die Hauptveranstaltungen des Gedenkens neben Requiem-Aufführungen, Gottesdiensten und schweigendem Gedenken an der Ruine der Frauenkirche. Am 13. Februar 1994 besichtigten zehntausende Dresdner den freigelegten Altar der bereits in Enttrümmerung für den bevorstehenden Wiederaufbau befindlichen Frauenkirche. Die nun als eingetragener Verein wirkende »Interessengemeinschaft 13. Februar« eröffnete am 13. Februar 1992 im Dresdner Rathaus die erweiterte Ausstellung »Lebenszeichen«, welche dann auch von den Städten Hamburg und Mainz übernommen wurde und, wieder in Dresden, auch in der Kathedrale und im Schloßturm viele Besucher fand und findet.

Anmerkungen

[1] Stadtarchiv Dresden, Dez. OB 980
[2] Ebenda
[3] Ebenda
[4] Ebenda
[5] Sächsische Zeitung, 11. Februar 1949, S.1
[6] Sächsische Zeitung, 9.2.1950, S. 1
[7] Ebenda
[8] Stadtarchiv Dresden, Dezernat Oberbürgermeister, 150
[9] Sächsische Zeitung, 14.2.1950
[10] Zitiert nach Stoecker/Rüger im Handbuch der Verträge 1871–1964, Berlin 1968, S. 336
[11] Sächsische Zeitung, 13.2.1951
[12] Die Union, 15.2.1952
[13] Sächsische Zeitung, 13.2.1957
[14] Sächsische Zeitung, 14.2.1958
[15] Sächsische Zeitung, 13.2.1960
[16] Vgl. Irving, David: Der Untergang Dresdens, Gütersloh 1964, S. 257
[17] Text der am 17. August 1982 vor der Ruine der Frauenkirche angebrachten Gedenktafel